梁啓超 著

飲冰室合集

文集

第八册

中華書局

飲冰室文集之二十二

幣制條議

一本文爲鄙人對於我國幣制之意見原以按切事實爲主非侈談學理但制度之取舍必以學理爲衡苟於學理見之未瑩則無以定某種制度之當采不當采故篇中往往徵引學理非得已也

一貨幣爲生計學中最複雜糾紛之現象東西學者所著專書動數十萬言始能說明其概今此區區短論中既須自標所主張復須徵引以使人了解談何容易盡吾力所能逮而已要之國民當先求常識若常識太缺乏則實難與論事非獨幣制也

一篇中之文務取通俗幾於參用白話凡欲使讀者了解而已若律以文章義法惟有慚赧

著者識

第一　論中國當急頒幣制之故

吾嘗著論謂幣制頒定之遲速係國家之存亡僅就一二事論之未能盡也然其重要既若彼矣若具論之則幣制所以必當速頒之故蓋有三綱十八目焉

第一綱　就國民生計上論幣制之當速頒

第一目　貨幣爲交易媒介握全國生計之樞紐幣制不定則國民生計永無發達之期

第二目　幣制不定則物價無畫一之標準隨金銀銅市價爲漲落一日數變物價不與其供求之本率相應非漲而漲非落而落凡百商務皆含有投機的性質市場不能安謐

第三目　物價之對於貨幣旣若是矣。而甲種貨幣之對於乙種貨幣。其漲落無定亦如之。故爲兩重投機的性質。

第四目　如是則一市之內。混雜旣不可名狀。若甲市與乙市之交通。甲省與乙省之交通。其棼亂又更甚焉。無異分一國爲數十百國。國內之通商匯兌。視對外之通商匯兌尤爲繁雜。全國生計機關爲之凝滯。

第五目　幣制不定。故爲全世界銀價下落之大勢所壓迫。物價日騰。

第六目　幣制不定。故濫鑄銅元濫發紙幣諸惡政相緣而起。其極也至於百物騰踊。一切金銀受格里森原則所支配。盡驅逐於海外。其在國中之法幣。則無復購買力。一國元氣斲喪以盡。

第七目　幣制不定。則銀行業萬不能興起。一國資本無挹注增長之途。馴至生產事業。盡爲外人所奪。

第八目　幣制不定。則一切稅率無確實之標準。租稅行政萬無整頓之期。中飽之弊無從剔除。

第二綱　就財政上及政治上論幣制之當速頒

第九目　幣制不定。則預算無從編制施行。卽强欲行之。而繁雜不可言。作弊亦易。其究也與無預算等。

第十目　預算旣成具文。則國民監督財政之權無所得施。立憲政體全然無效。

第十一目　幣制紊亂之結果。致物價日騰。貨幣購買力日減。則國庫每年由租稅定額所得之收入。愈損其效用。而財政之竭蹶愈甚。

第十二目　以惡幣盛行。故地方官吏賠累不堪。勢必仍以他種貪汚手段取償於民。長官雖明知之。亦不能禁。而吏治將日加壞。

第十三目　若爲補國庫之不足或彌官吏之賠累而將各種稅率任意折算貨幣成色則其禍更烈於增稅必致民不聊生

第十四目　惡幣既已盛行將來若不設法補救則國遂將隨以亡然補救愈遲則國庫之受累愈重

第三綱　就對外政策上論幣制之當速頒

第十五目　頒定幣制我與英美德日諸國所定新商約洌爲專條故雖屬內政今已變成條約上之義務若因循不頒長此紊亂則外國之干涉必起更進則必至干涉財政而後已

第十六目　幣制不定則以金銀價漲落無常之故對於用金國之貿易全爲投機的性質而國際商業萬難發達

第十七目　以銀價下落之趨勢而我國入口貨物遠過於出口故我之虧累愈甚而每年償還外債本息之磅虧漏卮益不知所屆

第十八目　幣制不立則外國銀行紙幣無從抵制而全國金融機關終長爲外人所握得以制我死命

由是言之則幣制之關係於國家存亡也至章章矣以幣制紊亂之故而致外國之干涉財政則國亡卽不爾而稅制緣此不能整理國庫所入歲歲告不足則政府破產而國亡貨幣購買力日落百物騰踊民窮財盡救死不贍鋌而走險盜賊蠭起亂黨乘之則國亡卽不爾而全國食力之小民皆轉死於溝壑則國亡卽不爾而全國人皆匍伏於外國資本家金融家之下以求一飽則國亦終亡惡幣愈益充塞之後不圖補救則坐視其亡然愈遲則補救愈難至不可補救時而補救之或更以速其亡此皆其直接者也若夫以幣制紊亂故吏治更趨頹壞國

民不能舉監督財政之實。立憲政體。徒有空名。則亦間接致亡。若是乎亡徵萬千。而無一不與幣制相緣。然則今日當舉之政雖萬千。而頒定幣制。實爲其最重要之一端。可斷言矣。

度支部於光緒三十二年所上議定幣制諸摺。其大體蓋不謬於學理。天下想望謂將立見施行。而蹉跎數年。至今反若音沈響寂。嘗考厥原因。其一。蓋由築室道謀。有强作解事之人。倡異議以爲之梗。其二。蓋由無實心體國之人。肯負責任。怵於牽動之大改革之難。瞻徇因循。得過且過。其三。則亦未嘗實有見於幣制紊亂之害。以爲雖稍遷緩。卽亦無妨。姑徐徐以待之。其四。則未嘗通盤籌畫。確定下手之方法。雖欲施行。而苦無其途也。吾故旣極言頒定幣制之當急。復舉當今時論所致疑之諸問題。一一根據學理。按切事勢。以述其所懷抱。冀當道一采擇。亦使我國民瞭然於茲事之利害。共造輿論以督責政府焉。

第二　論本位銀幣之重量

數年來貨幣問題論爭最劇者。則銀幣每枚重量。或主一兩。或主七錢二分也。此本非幣制中最重要之問題。原不值得爾許劇爭。且欲論此事。又當有其先決問題焉。則本位問題是已。若欲定我國爲銀本位制。則銀幣重量問題。尚有討論之價値。若用金本位制。則凡所討論者。皆爲無效矣。夫國於今日之世界。萬不能復行銀本位制。至易見也。而疇昔之爭一兩與七錢二分者。則其眼光僅見及銀者也。此其所以可笑也。吾所主張者。實爲度支部前此所擬定之虛金本位制。故於銀幣之重量。原可不甚置重。雖然。凡行虛金本位制之國。其國際匯兌。雖以金計算。而國內所行用。仍以銀代金。則雖命其最高之銀幣爲本位幣焉。亦無不可。且欲行虛金本位制。仍必須於施行前之數年。先立銀本位以爲之基礎。今所論爭者。則此項本位幣也。吾得取其說而論評之。主一兩者與主七錢二分者。皆非有學理以爲根據也。叩其說則曰取便民之所安習而已。主一兩者之言曰。吾國古來用銀皆以兩爲單位。至今民間廣行之。且官府出納著於憲典者無一不以兩爲標準。因而仍之。故一兩便。主七錢二分者之言曰。前此計兩。不過銀塊而已。旣鑄成圓。事當別論。今沿江沿海多行墨西哥銀圓。又各省多鑄龍圓。其重量皆七錢二分。宜因而仍之。故七錢二分便。此其說皆若甚辯。要之皆不明貨幣之性質者也。今世貨幣之性質。以計枚不計重爲原則。各種貨幣皆數其枚數以爲物價之尺度。不衡其重量以爲物價之尺度也。惟本位幣則以嚴格定其重量。雖然。所謂重量者。指純重量。非指總重量也。何謂總重量。舉一枚囫圇秤之所得之重量是也。何謂純重量。蓋凡貨幣皆不能專以一種金屬鑄成。每枚必攙以他種雜質一二成。純重量者。則將其所攙之雜質除出。惟計其純金純銀重量幾何也。我國前此除銅錢外。別無貨幣。其用銀皆計重不計枚。此積習深入人心。故至今議幣制。仍斤斤然惟重量之計較。而其所謂重量者。又惟識有總量。而不識有純量。故有此使人發噱之問題發生。苟非將此種舊觀念剗除淨盡。則將來雖施行新幣。而官民之行用者。必仍一一取而秤之。則是用有花紋之銀塊。非用貨幣也。夫鑄幣所以必攙雜質者。以非是則不能堅牢也。所攙多少雖非一定。試以銀九銅一計之。則所謂一兩者。其純銀不過九錢。所謂七錢二分者。其純銀不過六錢四分八釐耳。以因習言之。則一兩與七錢二分。誠若有優劣之可言。若九錢與六錢四分八釐。則有何優劣之可言。而論者乃視爲一大事。而攘臂爭之。眞乃大惑不解也。考光緒三十一年財政處奏定章程。則鑄一兩銀幣。每枚含純銀九錢六分。攙以雜質一錢。合計總重量爲一兩零六分。面鑄庫平一兩字樣。若依此制。則其純量旣不足一兩。其總量又不止一兩。強而命以一兩之名。吾誠不知其何據也。當局者之意。豈不曰名價雖一兩。吾於每枚取其四分以爲鑄費。亦義所應得。非爲厲民也。殊不知實價小於名價。惟補助幣爲然耳。若本位幣則舍實價而名價無由立。此乃性質使然。非厲民不厲民之問題也。蓋補助幣以本位幣之價爲價。其所以能爾者。以本位幣先有定價耳。故得以法律規定若干枚當本位幣一枚。名價之與實相副與否。不必問也。若本位幣則自以其所含之價爲補助幣價之主宰。且爲凡百物價之尺度。則名卽實。實卽名。何從於其間更立差別。故如財政處之議。欲以九錢六分爲定量者。則將來新幣之重量。只能謂之以九錢六分爲一本位。而必不能謂以一兩爲一本位。夫一兩或可曰便民。九錢六分則何便民之有。若必欲以一兩爲本位者。則其總重量必應爲一兩一錢有奇。則其面上所鑄應爲一兩字樣乎。將爲一兩若干錢若干分字樣乎。此論者所未計及也。彼主七錢二分者。其所見亦若是耳。彼主一兩者。豈不曰人民所安習也。殊不思我國以度量衡制混雜之故。所謂一兩之重量。原無一定。以吾所知。則直隸有北京公砝平。市平。二兩庫平。天津公砝平。錢平。糧平。東錢平等。山東有汴錢平。東錢平。市平。貨平。周錢平。曹平。公估平等。山西有錢平。公平等。河南有汴錢平。口南平。口北平。道錢平。孟糧平等。湖北有樊城平。沙錢平。河錢平。九八五平。花平。洋例平。庫平。九八六估平等。湖南有錢平。湘公布平。常錢平。街市平等。江西有九三八平。老河平。錢平等。安徽有皖平。估平等。江蘇有省估平。鎭估平。浦平。上海曹平。上海公砝平。上海九八規平。海關平等。浙江有曹平。江北平等。福建有南臺新平。南臺新議平。新平。庫平等。廣東有司碼平。九九七平等。廣西有江碼平。廟平等。雲南有滇市平等。貴州有錢平。市貴平。庫平等。四川有九七川平。渝川平。沙川平。會平等。甘肅有蘭錢平。涼紋平。甘銀平等。奉天有瀋平。西公砝平。錦平等。此皆就各大都會所行用。隨舉記憶所及者。然其差別既已若是。其他各小市所用不同者何限。一市之中各行所用不同者又何限。而其銀色又各各殊別。雖同一平同一重量。而價值往往懸絕。又不惟民間所用爲然耳。即官府之出納。其所謂兩者。亦處處不同。今欲悉就其所安習耶。則當一一而就之。如此豈復成爲幣制。若定以庫平足紋爲標準耶。則所便者惟向用庫平足紋之地。且其地中向用庫平足紋之人耳。其他之不便如故也。便者一而不便者百。其所謂便安在。若夫謂七錢二分之便於沿江沿海者。其他之不便亦若是矣。要之持此說者。皆由狃於秤用銀塊之積習。全不識貨幣作用。苟所立新制。不能將此積習打破。則將來仍必秤衡而用之。不啻於諸平之外又添一平。諸銀色之外又添一色。只以益幣制之棼亂耳。是故欲便民所習。則便此者必不便彼。便彼者必不便此。均之不能悉便也。則何必偏徇其一。夫幣制者。欲以齊一國之不齊也。所習既不齊。乃因仍而欲齊之。蔑有當矣。然則欲解決此問題。亦惟有將便習之一念除去。而徵信諸學理。按切諸事勢而已矣。

欲徵信諸學理。按切諸事勢。則其所當研究之問題有五焉。

第一　爲交易運帶之便。則每枚之重量。以何爲最適乎。

第二　按照人民生活程度。則每枚重量幾何。最能與下級補助幣相應乎。

第三　爲國際匯兌之便。每枚重量。以何爲最宜乎。

第四　將來行虛金本位制。此種銀幣。爲本位金幣之代用。其重量若干。則可以免起格里森原則之作用乎。

第五　施行新幣時。其重量若干。則可以免前此債權債務之關係大生混雜乎。

吾合此諸問題。錯綜研究之。則擬定本位銀幣一枚之純重量爲六錢六分六釐。請言其理。

就第一問題言之。則每枚總量一兩。已嫌其笨重。若純量一兩。再攙以雜貨。爲總量一兩一錢有奇。笨重更甚。若用吾說。而鑄造時以銀九銅一爲成色。則總量七錢四分。與現在龍圓略同。最爲得中。

就第二問題言之。凡有系統之貨幣。必本位幣與補助幣相維。例如日本現行幣制。以一小銀元當本位十分之一。以一銅元當本位百分之一。我國將來幣制系統。必當仿之。而現在當局所議。亦實欲倣之者也。日本最小之交易。其所用者即爲銅元。故銅元實日本人生活程度最低之標準也。而日本之本位貨幣一圓。其重量爲純金二分。現在金價約值銀三十八換內外。故其本位一圓。實約值銀七錢六分。一銅元爲百分圓之一。故所值約銀七釐六毫。即日本人之最小交易。不能出七釐六毫以下也。我國將來之貨幣系統。於銅元以下。尚須設一級更低之補助幣與否。此事爲別一問題。然因現在以各省濫鑄銅元之故。格里森原則之作用起。制錢被逐以盡。人民無錢可用。以致最小之交易。不得不用銅元。故銅元亦幾已成爲我國人生活程度最低之標準矣。然銅元之法價。例須當本位幣百分之一。故本位幣之輕重。與人民生活程度之關係。實爲極密。使率今日習慣。聽銅元市價時漲時落。則其束縛吾民。雖不至過甚。然此豈復成爲幣制。他日幣制確立。則雖忍無量之苦痛。猶當維持銅元法價。此稍有識者所能見及矣。於其時也。試以一兩爲本位幣之純量乎。則銅元一枚之法價。應值銀一分。而人民最小之交易。亦必須用銀一分。其理甚明。日本國民富力倍蓰於我。而最小之交易用銀七釐六毫。猶虞竭蹶。今我最小之交易。乃必須用銀一分。我民其能堪乎。近年來百物騰踊。民之疾苦。已不可紀極。今更若此。幾何其不敺全國之民以轉於溝壑也。一兩之說所以萬萬不能行者。實在於此。若用吾說。則一銅元法價僅當六釐六毫有奇。將來若能更鑄一種制錢當本位千分之一者。固善也。即不然。而能增當五百分之一者。當二百分之一者兩種。（即當五錢與當二錢）以調劑之則民亦可以稍蘇矣。

就第三第四問題論之當今日萬國交通之時代。國際貿易之盛衰。實爲國民生計榮悴所關。然欲發達國際貿易首當求國際匯兌之便利。欲國際匯兌之便利。則與交際最密之諸國其幣制宜不甚相遠以吾所計畫。則我國將來行虛金本位制時。每本位金幣一枚其重量應定爲純金二分零八毫。十枚總量爲二錢零八釐。實當七格林七九八九與各國貨幣相比對每十枚約當英國一鎊一喜林四辨士弱。當德國二十馬克二他黎强。當法國二十六法郎八十六銑鎮强。當美國五打拉十八仙强當日本十圓四十錢弱。以此爲匯兌中價除法國小有參差外。其餘則或以十當其十。或以十當其一。或以十當其五。或以十當其二十。計數皆甚便易。而此種銀幣在國內爲本位金幣之代用品。定爲金一銀三十二之比價。據現在時價以測將來趨勢。雖曰事實未可知然尚不至起格里森原則之作用也。

就第五問題言之。此則持一兩說者最有力之論據也。蓋幣制之精神。雖曰以齊一國之不齊。然當新舊嬗代時。欲速其流通。終不可太予民以不便。我民用銀計兩已垂千年。前此債權債務之關係。大率以此相約束。譬有某甲當新幣未行前欠某乙銀一百兩。後此某甲欲償以新幣。若新幣每枚純重爲一兩者。則償以百枚彼此皆無爭論。若重不及一兩則不得不一一而秤之矣。是返於用銀塊之舊也。況國家所徵糧丁漕銀釐金關稅等。無不以兩起算。一一重新折算。爲事更煩雜乎。此用兩說之根據也。吾惟有鑒於此。故不惟不主七錢二分。並不主六錢四分。而用極畸零數之六錢六分六釐。其前此債權債務以兩起算者。則命以一枚有半而當一兩。一枚有半所含純銀爲九錢九分九釐。所不足者一釐而已。而疇昔尋常通用之銀塊。未必皆足色。故雖缺此區區。而於債權債務者兩無所損民必安而便之其有仍喜用銀塊者聽兩造自爲議定國家絕不干涉然民之舍彼而趨此殆有不待敎而後能者矣若夫前此用制錢起算者則以每千文當本位幣一枚百文十文以下以此類推此則補助幣之原則不待論也如此則貨幣系統分明不亂而下之換算制錢既無與生活程度懸絕之虞上之換算銀塊又無與舊習扞格不入之患外之通匯各國更無投機錯紛之憂所謂一舉而數善備也

第三　論中國當采用虛金本位制及其辦法

所貴乎有貨幣者以其能爲一切物價之尺度也貨幣所以能爲一切物價之尺度者以其自體有一定之價格也夫貨幣自體一定之價格則恃本位幣以爲之綱故語幣制而不先致意於本位蔑有當矣綜舉各國幣制則有金本位制有銀本位制有金銀複本位制有跛行本位制有虛金本位制凡五種（其性質別具貨幣主位制說略篇中）今我國果當何采乎金銀兩本位制者實緣歐美諸國未解重視本位制以前先有多數之金銀兩幣相沿並用及其後乃極力思維持之夫本位幣者幣之主也本位而有二則是天有二日國有二王本已不適於理論而欲利用兩性之相軋以劑其平苟非萬國協行爲事決無可幾故前此各國政治家嘔心血以圖之者皆成徒勞今則衆共識其不可矣此法意葡班諸國所以一歸爲跛行制也我國現在非直無金幣也並無銀幣（我國現行者銀塊耳即龍洋小銀元等亦不過有花紋之銀塊不得謂之銀幣）今所務者惟在制定新幣而非在處置舊幣則複本位不成問題事至易睹而跛行本位制實由複本位制蛻化而來專以救複本位之窮其與我無關益章章矣故今日所當研究者則金本位銀本位虛金本位三者孰適之問題而已

凡選擇本位之標準。略有三端。一曰就幣材性質以觀其孰適。二曰就國民生活程度以觀其孰適。三曰就四鄰交通利便以觀其孰適。夫幣材貴具八德。惟金斯八德咸備。銀則雖具餘七德。徒以近十數年來。供求不能相劑。其價漲落無定。於價格確實之一德闕焉。故就第一標準論之。銀不逮金。已成通義。惟是各國人民生計程度高下不齊。在工商業盛之國。懋遷出入。爲數常鉅。惟金能以小量直厚價。始便轉運。在產業幼稚之國。則無須此。故就第二標準論之。則兩者各有利害可言。而當視各國情形以爲斷。雖然在今日交通大開之世。無論何國。皆不能閉關而與人絕市。坐是故不能矯然與四鄰立異。苟立異者則彼我兩損。而我所蒙損尤巨。故就第三標準論之。則雖有人民程度不必用金。而大勢所迫。有不得不用者矣。先明此義。則可以語於我國選擇本位之方針矣。我國行銅本位制。相沿已數千年。至今西北各省。猶或並銀塊而不用。故以第二標準論之。則行銀本位最宜。且即以對外政策言之。苟用銀而善於操縱。有時或收奇效。蓋當此銀價趨落之時。苟能大獎實業。則我能以廉價所產之物。與他國高價所產者競。非惟可以抵制外貨。勿使入。且能使內貨得侵略外國市場。此銀本位最優之點也。雖然以今日我國情形論之。全國資本乏絕。實業人才希少。加以政治機關種種腐敗。無一不爲興業之梗。欲工藝之盛大。遐哉未有其期。而現在每年輸入之超過輸出者。常數千萬。銀價日落。其購買力日減。物價緣而日騰。吾民日用飲食所費。先受其病。況加以各種外債。總額凡十餘萬萬。皆以金計。年年須輦巨萬於外以償本息。銀價益落。鎊虧歲增。其博禍又爲人人所共見者耶。若夫以四鄰列强及其屬地。悉用金。故我以用銀國。孤於其間。緣銀價漲落之無常。一切懋遷皆含投機性質。爲國際商業之障。而彼我交蒙其害者。抑又無論矣。夫以通義言之。銀之不適於爲本位旣若彼。即以我國特別情形言之。銀本位之弊餘於利又若此。是故生今日而猶墨守用銀之議者固已持之不能成理矣。

旣不用銀則必用金。雖然。致疑於金本位之難行者。則亦有說焉。

第一說　我國今日人民生活程度尚低下。用金能無流弊乎。

第二說　就貨幣行政上言之。由銅本位一躍而進於金本位。能無扞格乎。

第三說　行金本位必先蓄多金。我國現在財力能堪此乎。

答第一說。以人民生活程度言之。有不得不用金之國。而無不得不用銀之國。所謂生活程度宜用銀者。謂可以無須用金。則何必爲此僕僕云爾。而非謂程度不及而用金則立見其弊也。蓋生活程度已高者。懋遷所需媒介物。其額常巨。銀以笨重。種種不便。蓋以貴金屬不能爲賤金屬之補助。而本位幣居金貨幣系統最高之位。更無他種異材之幣。能立乎其上以代之。（鈔幣期票等不在此數）懋遷額巨而用銀。勢必至一次貿易而授受之銀盈斗。其不便莫甚。故易而用金。非得已也。若夫宜用銀而用金者。其形勢則異是。置金幣一種以爲本位。而其下有銀鎳銅各種輔幣。（卽補助幣也。度支部所定名。今從之）以佐之。懋遷額小不及一本位者。有輔幣以代其用。若全國貿遷額恆小。則不過本位幣虛懸而罕用耳。於事無害也。蓋與人民生活程度關係最密者。實爲最低級之補助貨幣。而本位幣則非其最密者也。夫所謂用金不適於貧國者。豈不曰現今各國所鑄金幣。大率每枚重七格林以上。合以銀價。約值七八兩。卽折而五之。亦値三四兩。折而十之。亦値七八錢。而貧國之民。不任受此乎。不知本位之下有輔幣。其輔幣之級數種種。或當本位五之一。或當十之一。或當百之一。乃至或當千之一萬之一。惟人所置。若慮值昻之幣。不周於用。則多置一級以爲補助足矣。而本位可以毫無牽動也。例如日本以金幣一圓爲本位。其重二分。以現在比價。約値銀六錢餘乃至七錢。而其最低級之輔幣。爲一錢銅幣。當本位百分之一。約値銀六釐餘乃至七釐。此卽日本人民生活程度最低之標準也。使日本之輔幣。而僅以當本位十分之一者爲最低級。則固不周於用。又使雖有百分一之輔幣。而其本位一枚之重量。如英國之一鎊。則亦不周於用。然今若是。則固已與彼民程度相應矣。今使吾行用金幣。其本位每枚之重量。略與日本等。（假定爲純金二分）吾民生活程度。雖不逮日本。最甚亦不過當其十之一已耳。日本今以當純金二分百之一者爲最低級輔幣。我則更於其下加一種。以當純金二分千之一者爲最低級輔幣。如此則尙何不周之足爲患者。質而言之。則規復舊制錢。使與銅元相輔。而完補助之用耳。銅元當本位金幣百之一。所値爲銀七釐。小銅元（卽舊錢）當千之一。所値爲銀七毛。以七毛爲最小額交易媒介之用。雖至貧者亦不以爲病矣。然此固與金本位之系統。一毫無傷也。而不然者。如當今時流主用銀者之說。以純銀一兩爲本位。又不爲規復制錢之計。民間最小額之交易媒介。必須用一銅元。而一銅元當本位百之一。其値爲銀一分。此則眞乃與人民生活程度相去懸絕耳。然則豈必用金乃爲病民。反以用銀而病滋甚矣。蓋貨幣之職務。以量度物價爲最要。應乎國中各物價之高下大小。而有種種多級之貨幣以名之。斯其幣制爲適宜。歐美市上。殆無値銀一錢以下之物價。故其輔幣不必有値銀一錢以下者。日本市上。殆無値銀七八釐以下之物價。故其輔幣不必有値銀七八釐以下者。今我國腹地市上。値銀一釐以下之物價。往往而有。苟爲對照人民生活程度起見。則其所最不可缺者。爲値銀一釐以下之輔幣。而謂惟行銀本位。始能有値銀一釐以下之輔幣。行金本位則不能有之。此理之決不可通者也。夫生活程度說。實爲主用銀者最强之論據。明乎此義。則其壘不攻自破矣。

答第二說　由前之說。則中國之宜用金本位。既章章矣。而當其實行之始有極難者。蓋中國向來無所謂本位幣也。強曰有之。則銅錢而已。今由銅一躍而進於金。即銀亦僅得列於輔幣之數。夫輔幣者以行使有限制者爲原則也。我國民於銅錢之外。則用銀爲最習。今忽限制銀之行用。則民將安所適。此實對於用金說一有力之論難也。欲解此問題。則閱至終篇方能明了。蓋吾所主者爲虛金本位制。而凡行虛金本位制之國。其銀幣之系統有兩大別。一曰純爲輔幣者。一曰爲本位金幣之代表者。而此第二種。就其功用言之。雖謂與本位幣無異可也。故行虛金本位制之國。必以本位銀幣爲其中堅。此無他。以彼國中本絕少金幣。而惟有多量之本位銀幣故耳。蓋虛金本位制。實由銀本位制蛻變而成。猶跛行本位制之由金銀複本位制蛻變而成也。夫既由銀本位蛻變而成。則非俟銀本位確立之後。而虛金本位無自施行。至易見矣。故吾所主張者。一方面爲虛金本位之預備。一方面確立銀本位。蓋金本位爲其目的。銀本位則爲達此目的之一手段。吾之所以異於用銀說者在此。雖然。躐等之進。亦吾所未敢苟同也。（此理或驟難索解閱至終篇自了）

答第三說　用金本位必鑄金幣。欲鑄金幣須先蓄金。以我國之大。人民之衆。且鈔幣及其他信用期票等皆未發達。則需用貨幣額之鉅。不問可知。而年來金價騰貴未艾。以我國財力之竭蹶。安從購蓄以爲鑄幣用。此亦行金本位制之一大梗也。雖然。若欲行純粹之金本位制。則値此誠爲束手。吾今所主者。則虛金本位制而已。泰西生計學家常言。虛金本位制者。貧弱國之續命湯也。何以故。以其不必蓄多金而能收用金之利故。彼斷斷以乏金爲患者。由未解此中妙用耳。

吾請自是語虛金本位制。

虛金本位制實最近十餘年間始行發明。而現在印度墨西哥菲律賓及南洋羣島之英屬等所共行。而灼著成效者也。其特色有四。

一　虛懸一本位之標準。以金爲之。　如定以金若干格林爲本位幣一枚所含之純量是也。

二　政府不鑄金幣。惟以銀幣代之。而以法律規定金銀兩者比價之率。　但其比率必須視市場銀價爲稍高。如現在市價爲金一銀三十五六之間者。則定爲金一銀三十二。

三　所鑄銀幣須有限制。使適如全國所需用之額而止。

四　中央銀行須相機發賣寄往外國之匯票。又在外國各大市場設立分行。相機發賣寄回本國之匯票。隨時操縱出入匯兌市價。使與國家法定之比率相應。

我國之擬采此制。實發議於前總稅務司赫德及美國調查幣制大臣精琪。而光緒三十二年度支部擬爲甲乙丙丁四種辦法上奏。得旨報可。然則此制雖未實見施行。而固爲已定之方針矣。但國中人士。明其性質者絕少。即現在度支部及幣制調查局中人員。恐亦什九未能了解。以故或生異議。而沮其成。即不爾。亦視之爲不足輕重。所以久遷延不辦之故。當由於此。昔精琪初建議時。張文襄公嘗上疏力詆之。大指謂金銀漲落時價自有行情。人人共知。政府何能强爲定價。而因謂此制之法定比率爲不能成立。一時耳食之輩。咸附和之。以至此議久梗。今文襄雖往。而國中人與文襄同一疑團者。當復不少。蓋此理本甚奥衍複雜。苟非細心領會。未易索解。不足怪也。今不避詞費。次第說明之。

第一　當先明國際借貸貨幣來往之理。　凡兩國既相交通。則每年必有本國人應給與外國人之錢銀。謂之國際債務。（舉其種類則入口貨之價值也本國人游歷游學於外國者之所用也本國在外國公使領事館之費用也本國人營業於外國所投之資本也外國人在本國營業所得之利息也其在有外債之國則本國償還外國之本利錢也此外尚有數種不備舉）同時亦必有外國人應給與本國人之錢銀。謂之國際債權。（舉其種類則出口貨之價值也外國人游歷游學於本國者之所用也外國在本國公使領事館之費用也外國人營業於本國所投之資本也本國在外國之工人所寄歸本國之錢也其在借外債時則外債輸入之本錢也此外尚有數種不備舉）然此債權債務之決算。非一一用現銀也。皆以匯票而已。使彼此各種債權債務之總數適相合。則匯價常平。若債權多於債務。則由外國來本國之匯票求過於供。而其價必騰。由本國往外國之匯票供過於求。而其價必落。反之。而債務多於債權。則由外國來本國之匯票其價必落。由本國往外國之匯票其價必騰。（如每年外國人須匯來本國之錢共一萬萬而本國應匯往外國之錢僅八千萬則在外國欲買匯票之人多銀行雖稍抬其價不能不買也同時在本國欲買匯票之人少銀行非貶其價則無人願買也若每年本國匯出外國之錢共一萬萬而外國應匯來者僅八千萬則其現象亦適相反）雖然。其騰其落。有一定之限度。其限度以不逾輸送現錢之實費爲斷。名曰實幣輸送點。譬如有一千元由上海運往倫敦或由倫敦運來上海。其運費皆須八元。則上海往倫敦之匯票。其價不能落至九百九十二元以下。若落至此數以下。則不如由倫敦運現錢來上海。反爲有利。必無買票者矣。亦不能騰至一千零八元以上。若騰至此數以上。則不如由上海運現錢往倫敦。反爲有利。又必無買票者矣。由是觀之。則兩國來往匯票之價。雖時漲時落。然自有一定之規則。不能太相懸絕。其理甚明。然則有國於此年年本國應收入之數。常遠不及其應支出於外國之數。則其現象當如何。本國匯出之票。其價常騰至輸送點以上。外國匯來之票。其價常落至輸送點以下。則兩國皆將無復買票之人。而惟將本國之現銀日日運往外國矣。然而此局萬不可以久也。凡資本必以流通速而始獲利。外國商人賣貨一單於本國。前此一面發貨。一面跟票而即可得現錢者。今則待其貨運至本國。售畢得現錢。乃將其現錢運回。所需動費數月。誰願爲之。且本國貨幣流出於外者既日多。則其所存於本國之貨幣自日少。日少則不敷市場之用。而其價必騰。貨幣價騰。則凡百之物價必落。物價落則外貨之入口者無所得利。以此兩原因。則外貨入口者必日減。入口貨減則由外國來之匯票亦少。而漸至與本國匯出之票數略相等。供求互劑。而必底於平。故無論何國。其匯票漲落之價常不逾輸送點。其偶有漲落於輸送點以外者。不過暫時之現象。而斷不能久。卽如我國歷年出口貨所值不及入口貨者常五六千萬兩。而外債本息須償者又二千餘萬兩。在理我國每年應運現銀八九千萬兩出於海外矣。然其實乃不然。蓋海外華工華商每年匯還本國之銀。與外國人在我國營業所投資本之銀。其數略足相抵。故彼此皆不用現銀。而惟用匯票。每年由本國發出之匯票。與由外國發來之匯票。總數相去固不甚遠也。明乎此理。則知匯票時價之漲落。有一定範圍。而可以人力操縱之明矣。

雖然。更有當注意者一端焉。金本位國與金本位國互相往來之匯票。其時價漲落之原因。全由彼此債權債務時有伸縮耳。若金本位國與銀本位國互相來往之匯票。則於此原因外。別有一原因足以令其漲落者。卽金銀之時價是也。蓋前者之匯票。惟以供求最多最少之限爲輸送點。後者之匯票。一面既應於供求最多最少之限。一面仍折算金銀時價。乃能定其輸送點也。譬如平常市價爲三十二換。使長此不變。則英國人應在中國收銀三千二百兩者。卽在倫敦以金一百兩買匯票。雖小有漲落。所差者不過數元之間耳。若忽變爲三十三換。而其匯票價仍不變。則彼將金一百兩運來上海。可換得三千三百兩。除運送費以外。所獲尚多。彼銀行專營運送業足矣。誰肯復賣匯票者。而在中國亦誰肯收匯票者。故必將金銀時價添入合算。而輸送點乃得定也。而金銀時價漲落無常。故輸送點漲落無常。而匯票時價亦因以漲落無常。雖欲從而操縱之不可得也。若能以法律之力規定其比價。則第二原因不足以影響於匯票之漲落。所餘者惟第一原因。而第一原因。則合國之所同。而其規則有一定者也。得其術而操縱之。可以無不如意矣。然國家法律之力何以能强定其比價。此則必須明貨幣與金塊銀塊性質之別。然後可

第二　當明貨幣與金塊銀塊性質之別　昔張文襄奏摺自謂所最不解者。在國家法律何以能强定金銀之時價。不知以法律强定金銀之時價。無論何國。皆所不能。然以法律强定金幣銀幣之比價。則無論何國。皆能之也。夫貨幣最大之功用。則在其能爲物價之標準耳。質而言之。則量度一切價値之尺也。彼金塊銀塊者。當其用以製成貨幣之時。固有量度一切物價之能力。當其未爲貨幣時。則亦與他物等。而由貨幣以量度其價耳。金本位者。以一定重量所鑄之金幣爲尺者也。銀本位者。以一定重量所鑄之銀幣爲尺者也。虛金本位者。本以一定重量所鑄之金幣爲尺。而因金幣無多。暫以一定重量之銀幣代之者也。旣定此尺。則量度百物之價。舍此無以爲用。例如以金二分爲本位之單位。名之曰元。則一元能買米幾何。能買鹽幾何。能買煤幾何。乃至能買金塊幾何。能買銀塊幾何。其標準皆須歸於一。斷不許云以米若干合換鹽若干兩。以鹽若干兩換煤若干斤也。則不許云以金銀塊若干分若干錢換米若干升若干斗。其理亦猶是耳。量價之尺一定。則惟能以此尺量度金銀塊之時價。而不能以金銀塊之時價量度此尺。金本位國有然。卽虛金本位國亦有然。試證諸印度而可知也。印度當光緒十九年。改爲金銀匯兌本位制。其比價定爲金一銀二十二。卽所謂二十二換也。故約以十五銀盧比當英國一金鎊。然當時之市價已二十六換。明年卽漲至三十換。以後逐年騰漲。最高時乃至三十八九換。十五盧比所含銀。不及四兩。而一鎊所含金則二錢。當市價爲三十八換時。二錢之金値銀

七兩六錢。則一鎊當值二十八盧比强矣。而考其歷年之匯票行情。則最低時不過以十六盧比內外換一鎊。最高時且能以十四盧比內外換一鎊。而從未聞有以二十餘盧比始能換一鎊者。其故何也。盧比爲印度量度一切物價之尺。一入印度境內。則舍此無他可用也。譬如有英人欲游印度。攜游資十鎊。若在倫敦買匯票。則到印度時收得百五十盧比。其所含銀不及四十兩。若在倫敦買銀塊帶往。則十鎊可得七十六兩。豈非大利。無如此銀塊帶至印度。不能購一物。與土石泥沙無異。欲得其用。非仍以換盧比不可。然以七十六兩銀塊在印度。亦適換得百五十盧比而已。則人亦何苦帶此笨重之銀塊。而不買匯票哉。然則人民之挾有銀塊者。得毋大吃虧乎。曰否否。譬如有米一石。於此值銀七盧比半。而因其法價爲二十二換之故。七盧比半等於金一錢。卽等於銀二兩二錢。使市場銀價亦適爲二十二換也。則以七盧比半能買金塊一錢。能買銀塊二兩二錢。而以金塊一錢或銀塊二兩二錢。亦能買米一石。其毫無吃虧。不待言矣。若金價米價皆無變動。惟銀價忽落至三十三換。則以七盧比半能買銀塊三兩三錢。持盧比以換銀塊。似乎太占便宜。而不知其時以三兩三錢之銀塊。亦僅能買米一石。乃至買鹽買煤以及其他百物。其價皆須加前此二之一。則用銀塊者何便宜之有。（俗人所稱物價騰貴者其實非物價騰貴乃貨幣之價下落耳）夫持盧比以換銀塊者。既非便宜。則持銀塊以換盧比者。必非吃虧。一反勘而自明矣。彼法美等國采用所謂跛行本位制者。而美國之法定金銀比價爲十六換。法國爲十五換半。其與現在市場時價相去不止一倍。而未嘗聞其不可行。且行之而民亦未或以爲病。是知貨幣之爲物。超然立於金塊銀塊之上。而與彼異其性質。國家雖不能以法律定金塊銀塊之比價。而能以法律定金幣銀幣之比價。既定金幣銀幣之比價。則金塊與銀塊之比價。聽其時高時下。而總不能搖幣制之基礎。此猶銀塊與米之比

價時高時下米與鹽之比價時高時下國家固無從强制之抑亦何必强制之哉

此其理在幣制已定本位已立之國五尺之童皆能明之若在專用銀塊之國則雖老宿或亦有苦難索解者即如我國現在除制錢外無所謂本位無所謂貨幣則百物之價悉無標準而惟以甲物對於乙物各各自爲標準是故有米一石欲問其價則只能答云值金若干值銀若干值制錢若干昨日值銀三兩今日忽值三兩五錢似其價爲漲矣而不知昨日值制錢三千者今日仍值三千未嘗漲也又或昨日值金一錢者今日僅值九分則是反爲落矣米價之果爲漲乎爲落乎爲平乎無從知之必取金銀制錢三者逐一與百物之價件件比較然後知之何也以其未嘗有一量價之器焉立夫百物以外而爲之標準者也既無標準則亦聽物與物之自相比較而已夫金銀亦百貨中之一也則其自爲比較而隨時價爲漲落亦宜使中國而常如今日之情狀無一定之貨幣以爲量價器或雖有之而其效不强量價器不可無一而不能有二有二則必至盡失其效而後已如張相國之說任新銀幣與銅元制錢各隨市價爲漲落則貨幣者非能立於百物之外而量其價乃下與百物爲伍而互相量耳多一種貨幣無異多一種物品則貨幣之用復何有哉譬諸度量衡然十寸必爲一尺十尺必爲一丈則以度百物不爽絫黍可也若一度尺之器與度寸之器不相連屬今日十寸者明日或不及一尺又明日則或不止一尺則有帛一段於此以量寸之器量之明明十寸矣而果爲一尺與否未能定也以量尺之器量之明明一尺矣而果爲十一寸與否又未能定也如是尙得謂有量長短之器乎直等於無而已夫絕無貨幣而惟用銀塊是猶無尺而任彼長短參差萬有不齊之物一一互相量也有兩種異質異量之貨幣並行而不立系統不嚴定其比價是猶任量尺之器與量寸之器日日各異其度而任人隨所好而擇用之也是亦等於無貨幣而已以張文襄之特達而於貨幣之性質全無所知其所立論純然視銀幣與銀塊爲同物人情蔽於所習賢者亦不免乎則金塊銀塊各自以其價迭爲他物之標準且彼此互爲標準即有貨幣而其所以爲物價之標準者不以貨幣之資格而以銀塊之資格無花紋之銀塊與有花紋之銀塊即貨幣同一功用於此而欲强定金塊與銀塊或金塊與銀幣之比價其道誠無由若幣制既大定以後整齊嚴肅全國一律舍本國貨幣以外絕無他物可以爲百價之

標準金塊銀塊雖盈掬然非以易得貨幣則在市場上不能充交換媒介之用如此則以法律定金幣與銀幣之比價有何難哉

既明此二理則可與論金銀匯兌本位制之性質矣彼其爲一國之量價器者則金幣也而銀幣則代表金幣法價之具其實價能適合於所代表之法價與否不必問也即如各國鈔幣其實價蓋不逮所代表法價百分之一然而無傷也但借之以爲一切物價之標準而已而彼銀價亦不過物價之一種不能因其漲落而搖動幣制猶之米價之漲落不能搖動幣制也夫如是則在國內之基礎既已大定矣所難者則在與外國交涉之一問題耳若本國每年應支出之款與應收入之款其總數可以相抵則以平價之匯票比對兩訖別無難事若應支出之款多於應收入之款則必須以現銀找續數尾矣苟其所差不甚多不過匯票之價稍騰而已萬一差至不已則匯票之價將騰至輸送點以上非輂送現銀以爲找續不可然一國之貨幣在本國內固有一定之法價一出境則與金塊銀塊無異祇問其所含金銀之實値幾何不問其在本國內之功用若何也於斯時也在金本位國則輂金幣以往彼此毫無所損在銀本位國當銀價漲時固坐收鎊餘之利當銀價落時則不勝鎊虧之害金銀漲落無常則幣制基礎之動搖必自茲起矣然則救之之法何如惟有由中央銀行相機發賣匯票司其事者常常留心察看內外行情一遇匯票價騰時立刻稍貶其價以維持之務使不能騰至輸送點以上如匯一千元往日本尋常銀行須收一千零五元乃肯代匯者中央銀行則收一千零四元則人民不致爲普通銀行之所挾制而匯價必不至騰至輸送點以上其中央銀行在外國之支店亦然一遇匯來之票價落時立刻稍騰其價以維持之務使不能落至輸送點以下如日本匯來之票尋常銀行每千元收九十五元乃肯代匯者中央銀行支店則收九十四元則常能保護國幣不使外流而法定之比價亦可以歷久而斷無搖動矣或疑似此辦法萬一只有在本國買票匯往之人而無在外國買票匯來之

人。則仍須將國幣運往外國支店。乃能供支票之用。則中央銀行毋乃大吃虧乎。不知此必無之事也。兩國通商。其彼此每年之債權債務除相抵外。所餘數尾。實不能太大。而匯票之價漲落至輸送點以外。其勢萬不能久。此其理前已略言之。此實經濟學上鐵鑄之公例。不必致疑。（此非吾之私言。不過述各大家之學說耳。若猶以學說為不可憑。則試觀我國近十餘年來賠款年年數千萬。而出口貨又不能抵入口貨。就外面論則每年應運往外國之銀約九千萬兩內外。十年合計則我國之銀當分釐皆流盡矣。乃查海關報告册則非惟不見銀之外流而已。而近十五年來銀塊之流入我國者總數乃一萬萬零二千萬餘兩。即金塊有流出。其數亦略足相抵而已。是知我國利權之所以喪失者。絕不在此。若僅就此而論。則我國之金銀塊合計其量。固十年來如一日。未嘗大有增減也。觀此則匯單之數尾。萬不能太大。而金銀之流出流入。非甚劇變。其鐵證矣。）而虛金本位制確實可行。亦不必致疑矣。

今試依前議。以（純銀）六錢六分六釐為本位一元純銀之重量。而定為金一銀三十二之比價。則我國之本位幣實為金二分零八毛。十元總量為二錢零八釐。實當七格林七九八九。於是與各國貨幣相比對。每十元約當英國一鎊一喜林四辨士弱。（一鎊純金七格林三二二三）當德國二十馬克二他黎强。（十馬克純金三格林五八四二）當法國二十六法郎八十六銑錪强。（十法郎純金二格林九〇三二）當美國五打拉十八仙强。（五打拉純金七格林五二三二）當日本十元四十錢弱。（十元純金七格林四九九九）以此泐為比價。來往匯單。悉照此率。雖有漲落。不許太劇。稍劇則中央銀行及其支店自賣匯單以矯正之。如是則我國幣不至為銀價所左右。不徒賠款永免虧累。而其有益於國民生計者。正不可量也。

由此觀之。則此法實為銀本位國自衞之妙策。我國采行之。有百利而無一害。其理甚明。而張文襄乃力駁之。謂以法律强定金銀幣之比價。為萬辦不到。夫天下事無徵則不信。既有徵則能不信乎。現今世界中美國法國奥國意國比國瑞士荷蘭墨西哥巴拿馬菲律賓印度。皆以法律定金銀幣之比價者也。豈文襄一人獨智。而彼十餘國數萬萬之人皆愚哉。昔電線汽車機未入中國。雖老師宿儒聞之。猶且不信。謂世界斷無是物也。文襄之所見毋乃類是要之持此論者全不知貨幣爲何物認爲與銀塊同一性質故誤以定金銀幣之比價即爲定金銀之比價又不知兩國來往款項皆用匯票劃兌而誤以爲交易必須現銀則無怪其於此種良法美意掊擊不遺餘力也而國家幣制遂受其梗矣哀哉

張文襄原摺謂若用精琪說則是使中國商民以值四十換之金納諸政府而僅得三十二換之用外人以三十二兩之銀一入中國即得金一兩之用謂其貪利太酷立法太橫云云此實孩稚之言也今試定本位幣一元爲金二分我國以二分〇八毛爲宜此處言二分者取便於設譬耳則金一兩實當本位幣五十元使其時米價以金一兩能買十石則是每石值五元也商民挾金一兩者持以易米固可得十石若納諸政府換取國幣五十元再持以易米亦適得十石曷嘗有絲毫吃虧者若挾金一兩不以換國幣而以換銀塊則當銀價適爲三十二換時換得三十二兩其重量恰與國幣五十元之重量相等其兩無損益固人所共知矣若銀價落至四十換則能換得四十兩驟觀之豈非大利不知銀價落時不徒與金價比而見爲落也即與米價比而亦爲落前此以三十二兩能買米十石者今則必須以四十兩乃能買米十石然則金塊一兩也國幣五十元也銀塊四十兩也其究竟皆能買米十石耳何以異哉試更舉一例以證明之譬如有房屋出租與人其租錢訂明以金計算每月收金二錢若用銀代納當銀價三十二換時應納六兩四錢及落至四十換則必須納八兩其理甚明若國幣定以金二分爲一元則無論何時皆納十元而已足即當銀價落至四十換時而賃此屋者或挾金塊二錢或挾國幣十元或挾銀塊八兩總之適足以敷房租之用耳有銀塊八兩不爲多而有國幣十元不爲少也夫商民無論挾有金塊挾有銀塊挾有國幣其志皆欲以易得貨物耳今將此銀塊四十兩換取國幣五十元無論銀價漲落若何皆可以得米十石若不肯換國幣而惟寶此銀塊萬一再落至四十二換則只能得米九石五斗矣孰利孰害豈待再計而決哉由此觀之則文襄所謂商民以四十換之金而僅得三十二換之

用者其不合情理明甚由文襄之說必民之饑者可以銀爲食寒者可以銀爲衣則不問銀與百物之比價何如而惟以多得銀爲務斯可耳而不然者前此以三十二兩銀所能易得之物與後此以四十兩銀所能易得之物其量適相等則民之多此八兩銀徒增囊底之笨重耳究何益哉夫國家設立貨幣之本意凡欲以使物價有一定標準而不爲銀價所左右也而文襄則全不明此理則其以爲厲民也亦宜

至其謂外國人以三十二兩銀一入中國而卽得金一兩之用此由未明虛金本位制之性質也此制之性質其銀幣不許自由鑄造（自由鑄造者謂人民納銀塊於政府政府薄收其鑄費而卽給以同一重量之幣也現在各國之鑄金幣皆用此法銀幣則不然其在金本位國固無論矣卽在兼用銀本位之國如美法印度墨西哥等皆不許之）而由政府以法定之比價收買銀塊如旣定爲三十二換者則無論銀價落至如何政府惟以三十二換之定價買之而已（此法中國今日立刻可行與否下段別論之）故外國人持銀塊以入本國者不欲在本國買物則已苟其欲之必須照政府定價換取國幣卽不換取國幣而於彼亦絕無所利試再以前例說明之如米價每石値金一錢而本位國幣每元値金二分則每石實値國幣五元當銀價値三十四換時則外國人持銀三兩四錢可換得國幣五元可買米一石値至四十換時則外國人持銀四兩可換得國幣五元亦可買米一石若僅持銀三兩二錢者當銀價値三十四換時僅能買米九斗四升有奇當銀價四十換時僅能買米八斗耳而其時以金一錢能買米一石如故也以國幣五元能買米一石亦如故也則彼有銀三十二兩者一入中國又安能得金一兩之用乎如文襄言彼美國定十六換之比價法國定十五換半之比價然則他國人持十六兩銀以入美國持十五兩五錢銀以入法國而皆可以得金一兩之用誰不爲之而美民法民之脂膏不將爲他國朘削以盡乎實則此理極易明無奈文襄爲用銀塊之積習所窘絕不知貨幣爲何物故有此奇怪可笑之

論耳。

文襄原摺又謂精琪續送條議中言以此銀幣支外國賠款。仍作爲銀塊。隨時價爲漲落。因斷言此法於賠款無錙銖之補。此又不通之論也。文襄之意得毋謂十年來之賠款爲每年運此數千萬兩以輪船載往外國乎。豈知我政府雖將此巨款交與匯豐德華華俄正金等銀行。而彼諸銀行不過以匯票匯還於其本國耳。而此數千萬兩之現銀實仍流通於我國中未嘗去也。若猶不信試一檢海關册而可知矣。夫當幣制未定以前。猶且如是。而謂幣制既定以後每年反須輦國幣以致諸國乎。但使能由中央銀行操縱匯票行情。使其漲落不逾輸送點。則無論銀價落至若干。金價漲至若干。而我之賠款要不越三十二換內外。則其補益於國家豈有量哉。而惜乎文襄之執迷不悟也。

由此言之。則金銀匯兌本位制其爲我國所必當采。殆無疑義。雖然。鄙見與精琪不同者。亦有一焉。精琪欲我國立刻即行此制。而吾則謂現下未能遽行。尚當待諸幣制確立之一二年後也。蓋行此制時。其法定之金銀比價。必須視現在時價低三四換。（如現在三十五六換之間則定三十二換最合）非政府欲貪此鑄幣出息也。若所定比價一依現在時價。萬一銀價忽漲。則格里森公例之作用必起。而銀幣將盡被驅逐也。（菲律賓初行此制時定爲三十二換及日俄戰役起銀價忽騰乃倉皇改爲二十八換今尚用二十八換也）所定比價既較時價爲低。則斷不能許自由鑄造。必須由政府按法定比價購買銀塊以供鑄幣之用。雖曰幣制既頒以後。前此百物之價以銀爲標準者。今則以金爲標準。百物之價緣此必落。人民挾有銀塊者。其購買力與前無異。未嘗吃虧。然人民狃於目前。知二五而不知一十。必將有如張文襄所疑。以三十五六換之銀僅得三十二換之用。謂國家爲厲己者。夫以相國之博學卓識。猶昧此理。豈可以責諸氓庶哉。信如是也。則民將仍取新造之幣。一一秤其重量。而不復問其法價。是復反於用銀塊之舊也。故爲今日計。宜暫勿揭法定比價之議。惟速定銀本位制。人民有納銀塊於政府求換本位幣者。除收回鑄費外。即如其所納之重量給以新幣。（如本位幣一元總重量爲七錢四分內含純銀六錢六分六釐含銅七分四釐折銀價不過一釐半故人民有納足色紋銀六錢七分者即給以新幣一元國家約收回二釐餘之鑄費最爲合式若多收則無以昭信也國家鑄幣出息當求諸補助幣不可求諸本位幣也）如是則民樂於納銀以換新幣。而漸覺用銀塊之可厭。一二年後。舉國之民安而便之。而已成之幣又略足敷一國交易之用。然後布虛金本位制。而不許自由鑄造。則大局定矣。彼精琪之勸我立行此法者。誤以我國現在爲銀本位國。與印度墨西哥同一情形也。不知我國現尚爲無本位之國。何能一蹴而幾此。彼印度墨西哥等國。其國中本已有銀盧比銀打拉等極多。足敷市場之用。無待重新鑄造。無待多收銀塊也。若我國則今日尚無一枚本位幣。非新造一萬萬枚以上不可。則其所需銀塊之多可知矣。今當未有一幣以前。而先定此三十二換之法價。若使人民照此法價納銀於政府耶。誰肯納者。（實則雖照法價以納而於納銀之人亦無損特人民見不及此不能家喻而戶曉之耳）若照時價購買耶。則外國銀紛紛流入。而政府之吃虧。不可思議矣。然則此制者。雖爲銀本位國所當急行。然爲銀塊國所未能行。我國而欲行之。則必由銀塊國而進爲銀本位國。乃可耳。

問者曰。如子所言。以金若干分若干釐爲本位之純量。如此則與行金本位制何以異乎。答之曰。誠無異也。不過金本位制必先蓄積多金。然後能行之。此制則不必蓄積多金。而亦能行之耳。既如是則金銀本位之孰利孰害。又不可不講矣。張文襄原摺力主銀本位。而指用金之議爲浮慕西法者之嚮言。其大意謂宜利用金貴銀賤之機會。獎厲生產。廣興工藝。則出口貨多。入口貨少。實爲富國保民之第一要義云云。此誠含一面之眞理。即吾亦深爲欽佩者也。雖然利之所在。而害亦相與爲緣。利害果能相償與否。又謀國者所不可不先審也。凡一國貨幣之價格恆與其物價成反比例。貨幣價騰則物價落。貨幣價落則物價騰。此稍治生計學者所能知也。我國近十五年來百物之價日日飛騰。愚民愕然莫審其所以然。豈知皆由我國用銀爲百價之標準。銀價日落則物價安得而不日騰也。是故前此每年入息有銀一百兩而八口之家可以雍容度日者。今則須有三百兩然後生活程度乃適如其前。若仍僅得一百兩則瀕於凍餒矣。何也。今者三百兩所能購之物與前此一百兩所能購者。其量適相等。而今者以一百兩乃僅能購前此三十三兩所購之量也。今卽云以銀賤之故製造工廠等可獲大利。然享其利者不過百中之一二人耳。蒙其害者則徧於全國也。以少數人之利易多數人之害。善謀國者豈宜出此。況其所謂利者。又正不可恃也。何以言之。假使內地製造日盛。出口日多。堵截外貨一切不能輸入。如此似爲大利矣。然其時由外國來之匯票其價必騰至輸送點以上。無人肯買票。惟運送貨幣原料以入我國。而我國所用者爲銀幣。現在各國廢銀不用。正患銀塊無人消受。適有中國爲之尾閭。勢將滔滔流入。不可抑制。（自光緒十九年美國采用跛行本位制明年法蘭西等六國繼之又明年荷蘭奧大利繼之坐是銀塊之爲用驟大減流入中國如水就壑試查歷年銀塊入口之數光緒十九年一千零四十萬兩二十年二千六百三十餘萬兩二十一年乃至三千一百餘萬兩此年以後其勢略定二十二二十三兩年皆不及二百萬兩然二十四年則日本改金本位制明年俄羅斯又繼之又明年印度改用金銀匯兌本位制於是此三國所唾棄之銀又流入我國故二十四二十五兩年銀塊入口者又各四百餘萬兩二十六年以後其勢漸殺每年不過百餘萬然二十九三十兩年英屬南洋羣島美屬菲律賓及巴拿馬墨西哥兩國相繼改用金銀兌匯本位制則其流入者又必驟多殆無容疑惜未見近年海關報告册不能得其詳耳要之自今以往全世界各國之銀塊除用爲補助貨幣及工藝裝飾品外他無所用而每年全球產銀之額平均一萬四千萬兩內外供過於求有加無已將來銀價落至五十換以外亦意中事耳夫光緒初年不過十五換卽十六七年間亦不過二十換當時若有人謂十餘年後將落至四十換其誰信之然竟已見諸實事矣兩年前銀價所以略騰者一由日俄戰爭屯大兵於用銀之地一由美國市場大恐慌各銀行用爲準備金之一種耳然此乃偶然非常軌也總之銀價日落之大勢不可挽回而各國無用之銀盡以中國爲壑其極也將有持一銀盈掬而不足以謀一醉者而我國民之彫敝乃不可復振矣言念及此能毋寒心而無識之徒乃以銀賤爲有利於我何其傎哉）彼以其所欲棄之銀。易其所欲得之貨。未爲非利。而我國以銀幣太多之故。不徒銀塊之原價日落而已。而貨幣之價又且日落。凡一國貨幣太多則價必日落不獨銀幣爲然也即金幣亦有然例如全世界金塊之價並未嘗落而其中有一國焉所蓄金幣及其代用鈔幣等太多則其價必落而物價必騰我國銀塊年年有入無出自光緒十九年以至今日流入者已一萬萬餘兩此後每年各國銀礦所產其流入者總居十分之二三銀塊充牣國中若行自由鑄造之制其十之八九皆當改成貨幣則銀價雖永不復落而我國貨幣已有太多之患物價緣此而必騰矣況銀幣之必日落又可斷也故銀幣之價落合兩原因並行而其勢日劇也物價之騰日甚一日。多數小民不能聊生。固無論矣。即製造工廠等。其所用工人亦安能不加工錢。其所用原料。亦安能不出重價。蓋工人無論若何馴良。終不能枵腹以從事。前此每月工錢十兩而所購食物等類足以自給者。當物價騰至三倍時。苟工錢不加至三十兩則寧槁餓不肯執役也。而百物皆騰於前三倍。則製造所需原料品其價亦自必騰於前三倍。而謂彼工廠之製造品其成本猶能遠輕於他國乎。必不然矣。況物價既騰。外貨之輸入者自能獲利。前此出口多於進口者。不旋踵而進口又多於出口矣。此其現象迭爲循環。各國前例數見不鮮。其所以然之故。則生計學家言之綦詳。舉世大儒萬口同聲。必不容疑者也。信如是也。則所謂利用銀賤之機會以富國保民者。其利益不過鏡花水月耳。安可久耶。不然。彼日本俄羅斯美利堅墨西哥等國。向來用銀本位者。豈無一人能知此利。顧乃汲汲焉棄銀用金。若將不及。豈全世界中惟張文襄獨智。而餘子皆愚哉。毋亦以大勢所趨。非一國所能獨抗。而不肯以目前之小利貽永久之大患也。夫就國民生計上言之。其害既若此矣。就國家財政上論之。則其害又更甚焉。國家歲入皆以銀定其稅率。而所徵之稅。又皆無伸縮力。今年歲入一萬三千餘萬者。明年未嘗有加增也。然物價騰至十分之五。則國家僅得一萬萬之用矣。物價騰至一倍。則國家僅得七千餘萬之用矣。即所支用者全在本國。而事勢所趨。猶將不給。況復有賠款數千萬年年須貼鎊虧耶。故我國今日特苦於無金耳。苟其有之。雖立刻行金本位制。猶嫌其晚。而文襄乃以浮慕西法誚之。豈得爲知言哉。

今雖以無金之故。未能行金本位制。然此虛金本位制。苟得其人而行之。則亦與金本位同一功用。故爲中國計。今日惟有急變用銀塊之習。以成爲銀本位制。一二年後。即進爲虛金本位制。既進爲虛金本位制。則幣制基礎已定。不致動搖。將來遇有特別機會。或在本國開得金礦。或戰勝他國而得償金。乃進而爲完全之金本位制。此則先後之序也。

抑吾更欲有言者。凡一政策之行否。恆視政府當局者之意嚮何如。此萬國所同也。今者虛金本位制之議。我度支部既以入告矣。且得旨裁可矣。今者度支部當局依然前此度支部當局也。而議定已數年。至今曾不見爲實行之準備。其事全泯滅於若有若無之間。豈築室道謀。是用不潰於成耶。抑自始未嘗有實行之意。不過託空言以塗飾天下耳目。今則並其所自言者而遺忘殆盡也。雖然。政府不足道也。吾聞之。雖有極頑愚之政府。終不能反全國多數人民之意向以施政。夫幣制之良否。則全國人財產生命所依繫也。而今也國民絕不措意。即間或論及。亦未嘗深究本原。其病在未知耶。夫未知而不求所以知之。則又何也。然則徒責政府。安見其可。吾故不避詞費。爲陳說之如右。

（附言）文中多引張文襄說而折駁之。非好揭文襄之短。但借其言以反示眞理而已。蓋文襄之言。實代表全國中大多數人之意見。至今猶然。而此等謬想不除。則良法恐無實行之日。吾非好辯。不得已也。

節省政費問題

昔之治財政學者。每曰私人生計。當量入以爲出。國家財政反之。當量出以爲入。此說在十年以前。舉世靡然從之近今學者則謂此不足稱爲財政上之原則蓋人民負擔力自有限度超此限度則民敝而國亦隨之也近數年來國帑所入不加於舊而政府託籌辦新政之美名增署增局增差增員冗費至於無藝於是度支部屢次奏議皆援引量入爲出之先訓以撙節經費爲言此種消極的理財策吾不敢謂僅恃此而可以拯危局然此爲今日救時下手之方則吾所同認也今則度支部對於中央各部地方各省核減經費之舉漸將實行矣而反對之聲亦漸蠭起反對者之爲公爲私姑勿論雖然度支部所以自處者不可不審也故吾竊欲進一言欲節省政費而適得其當則必須先懸一標準焉以定「必要政費」之範圍其在此範圍以外者則其可省者也所謂「必要政費」者何謂國家非得此費則無以完其職務者也然則其標準於何定之曰是有三

第一　以國家職務最狹之範圍爲標準

第二　以各種職務必要及有益之程度爲標準

第三　以辦理此種職務所需最少之勞費爲標準

第一　以國家職務最狹之範圍爲標準　國家職務範圍之廣狹古今學者言人人殊即並世各國亦往往相懸絕蓋國家施政本以國利民福爲目的而所以致國利民福者爲道非一於是有采干涉主義者謂天生民而立之君使司牧之當纖悉周備代爲謀也有采放任主義者謂聞在宥天下未聞治天下毋取代大匠斲也二者皆言之成理而各有所偏其是非且勿論要之采放任主義則國家職務之範圍狹而政費減采干涉主義則國家職務之範圍廣而政費增此事理之至易見者也雖然既已謂之國家則無論若何放任而必有萬不可謝之職務此種職務卽職務之最狹範圍也而亦「必要政費」之第一標準也試列舉之

(甲)國家根本組織所必要者。　如君主國之皇室費。共和國之大統領費。凡立憲國之議院費及議員選舉費。乃至中央最高獨立官署若內閣若弼德院若審計院若行政裁判院諸費皆是。

(乙)爲國家自身利益及國民全體利益所必要者。　國家自身利益。望文可知。國民全體利益。對一私人或一團體之利益而言也。凡事非關涉國民全體利益者。不能支國帑以興作。此財政學上規定國費之一原則也。雖然。關於國民全體利益之事。其範圍仍廣漠無垠。故當更立消極的條件以限制之。

(子)凡事業之性質。不能委諸個人者。當以國費支辦之。　凡百公安事業。如軍備司法警察刑罰查封徵稅諸務。非有絕對的命令服從之關係。則不能行。欲委諸私權平等之個人。在勢不可。故當以國費支辦。毫無疑義。

(丑)凡事業爲公益起見。不宜委諸個人者。當以國費支辦之。　此種事業。就其性質言之。非必爲個人所不能辦到。然苟委諸個人。則易於獨牟厚利。或舞弊長奸。致生種種妨害公益之惡果。故以國家獨專其權爲得策。如鑄幣郵政電報鐵路電車小民貯金小民保險等事業是也。此財政學者普通之學說也蓋以國家必不借此牟利必不舞弊作奸爲前提然後此說得成立若中國現政府則此種職務毋寧少辦一件國民猶可少受一分之害矣

(寅)凡國人所不欲辦之公益事業。當以國家經費支辦之。　此等事業。其性質上非必爲個人所不能辦。卽私人辦之。亦絕不至有妨公益。而或以其事業之性質。絕對的不能收支相償。故私人莫肯擔任者。如軍用鐵路大學校天文臺圖書館博物館農事試驗場等類是也。或其收支雖將來可以相償。而興作伊始需極大之資本。且非有特長之技術閱歷。則難以圖成。以故私人相顧動色。莫肯從事者。如大

鐵路。大郵船。遠洋漁業。等類是也。其種類太多。不能枚舉。

以上(子)(丑)(寅)三項。或爲不能委諸個人者。或爲不宜委諸個人者。或爲欲委諸個人而莫肯擔荷者。則皆宜以國家任之。此劃定國家職務範圍之標準也。雖然。猶有一界線焉。則國家與地方團體之分擔政務是已。以上所舉三項。雖皆立於私人事業範圍以外。然其中有可以委諸地方團體者。若(子)項下之警察及徵稅事務之一部分司法刑罰事務之一部分(丑)項下之電車鐵路小民貯金(寅)項下之大學校天文臺圖書館博物館農事試驗場實業敎育等類是也有並不能委諸地方團體。而必須由國家自專之者。其必須由國家自專之事務。即國家職務最狹之範圍也。

以吾國現象論之。只有國家應踐之職務廢而不舉。而過度之干涉溢出國家職務範圍以外者蓋甚希。故舉此以爲節省政費之標準。直等於無標準而已。雖然。亦非無一二可以淘汰別擇者。我國政府雖非能采過度之干涉主義。然政務軼出範圍外者亦往往有之。而其動機亦有數端。一曰由當局者好飾外觀而辦之以自炫者。如一市之公園馬路等。本宜由市之自治團體自辦。而農工商部首設萬生園於京師。桂撫張鳴岐在桂林首辦公園。前江督鄂督張之洞所至必辦城中馬路。而皆動用國帑。是其例也。二曰由當局者與民爭利。而侵私人營業區域者。如輪船招商局商辦已久。農工商部忽議攘其權。如郵傳部陸軍部各各設立銀行。如前鄂督張之洞設織布局織呢局等等。前粵督張人駿設火柴局等等。其餘各省設立此種營利局所者甚多。不可枚舉。此等事業本非如前列(丑)項所謂委諸私人慮妨公益者。而乃以國帑支辦之。徒增糜費。而阻該業之發達。甚無謂也。三曰由當局者別懷私意。而以國帑謀其私益者。如前江督端方命其屬僚買收上海各報館以爲箝塞輿論地步。其他各督撫師其技者尚不少。無論何國。皆未聞有國家應辦報館之職務。而獨於我創之。又如各種民立學校。民辦公司。動借官督爲名。派員以與其事。又如各國留學生。派無數之監督。凡此皆不待國家之助力而已足者。徒以位置宂員之故。慮攬此種職務。皆軼出範圍以外者也。故卽懸此標準以糾正之。而可節之宂費。蓋已不少焉。

第二　以各種職務必要及有益之程度爲標準。　此實今日言節省政費最有力之標準也。請言其理。前所舉第一標準。謂此範圍內之政務宜由國家舉辦。此範圍內之政費宜由國家供給也。何以宜由國家舉辦供給。以其爲國家自身所必要。或爲國民全體之公益。而又不可委諸私人自辦也。雖然。緣各國時代地位之有異同。而一切政務必要及有益之程度不能無異同。此絕非可執一而武斷也。例如民智大開民德大進之國。其個人之所以自爲謀者。旣甚周且密。不勞國家爲之顧慮。則國家職務之範圍可以狹。而政費範圍亦隨而狹。反之若民智未開民德未進之國。非有臨乎其上者以干涉督厲之。民且不能自善其事。則國家職務之範圍不得不廣。而政費範圍。亦隨而廣。此猶父母之於子弟。長成以後。提命可減。而孩提之際。顧復當勤也。又如民富充溢之國。其公益之大舉事業。疇昔爲私人所莫肯辦莫敢辦者。今則競奮起而辦之。則可以大分國家之勞。而政務與政費。皆緣此而減。反是則政務與政費。皆緣此而增。又如自治習慣發達之國。可以舉公共事業之一大部分委諸地方團體。則國家中央之政務政費。緣此而減。反是則緣此而增。又人類之向上。無有已時。而進步亦當有次第。如彼文化未盛之國。其所謂必要及有益之事業。恆帶消極的性質。故政費可緣而減。文化日進。其所謂必要及有益之事業。愈益帶積極的性質。前此可以暫置勿舉者。今則必舉之。乃始躊躇滿志。故政費緣此而增。凡此皆以言夫時代也。若言夫地位。則其差別益更僕難數。如環海之國。託命於海軍。四衛之國。託命於陸軍。則此項之政費。緣此而增。不爾。則緣此而減。如水患之國。當務堤堰。（如荷蘭及我國之黃河）火山之國。當務防震。（如意大利）瘴溼之國。當務防疫。（如南洋羣島）林隰之國。當敺猛獸。（如印度）地廣之國。當務徠墾。（如前此美國）人滿之國。當務移殖。（如歐洲諸國及日本）則凡此等項之政費。緣之而增。不爾。則緣之而減。略舉數端。他可隅反。要之。國家政務及政費之範圍。甲國與乙國決不能同。一國之中。甲時代與乙時代。決不能同。舉彼以例我。無有是處。舉昔以例今。舉今以例後。無有是處。若夫審本國之時代與地位。別擇某種政務政費。與現時所謂必要及有益之程度適相應者。此則事實上之問題。非可一言而決也。

復次。卽此程度略決定矣。而國庫現在之實收入。與國民現在之負擔力。勢不能將應舉之政務。而悉舉之。則惟有將各種政務精細比較。於必要中擇其尤必要者。於有益中擇其尤有益者。以其彼此相較緩急輕重之程度。以爲政費分配增減之標準。此則尤爲事實上縝密複雜之問題。更非可一言而決也。吾請遵此學理。而以吾管見所及之事實。以求中國現在政費適當之標準。一國之政費。大率可分爲十類。曰憲法費。（憲法上規定諸機關之政費。如皇室費議院費選舉費等是也）曰國防費。（海陸軍）曰司法費。曰內務行政費。（民政部所屬）曰外交行政費。曰敎育費。曰生計行政費。（農工商部所屬）曰交通行政費。（郵傳部所屬）曰財務行政費。曰公債費。（此非科學的分類但取易了解耳）以上十種。吾國惟憲法費尚缺一部分。其餘則皆與各國同者也。而此十種中。果以某某種爲必要及有益之程度甚强。而某某種較弱乎。請先以國防費言之。現今列强中。其國防費動居全歲出四分之一或三分之一。趨勢滔滔。莫知所底。我國亦與之競走。於是乎有練陸軍三十六鎭之成案。而海軍處亦已設立。將次第措施。夫國於今之世。而謂海陸軍爲不必要焉。不可也。謂其絕無益焉。亦不可也。雖然。徵諸我國現勢。其必要及有益之程度則何如。夫海陸軍非以爲裝飾品也。將以戰也。而我國於最近之將來。果能有與他國開戰之事乎。此卽必要之程度所由決也。夫今日而妄言與人戰。稍有識者旣知其不可矣。然則我國現時之養兵。亦曰以維持國內之治安而已。準此以談。則海軍其絕對不必要者也。陸軍雖必要。然多至三十六鎭。則其不必要者也。更就其有益之程度言之。所謂有益者。其積極的方面。則所練之軍。能達國家練軍之目的。斯爲有益。其消極的方面。則毋以練軍之故。而累及國家。斯爲有益。今以言夫陸軍。國家練陸軍之目的。旣在維持國內治安。而欲達此目的。則一面改良巡警。一面仿日本在臺灣所行保甲之制。而練勁旅數鎭。以備不虞。最爲得策。今徒騖三十六鎭之美名。而將校不敷指揮。器械不敷分派。則其結果將不能收一鎭之效。不見乎一年以來。新軍滋事頻仍。而各處亂民蠭起。新軍且不能奏絲毫戡定之功乎。故使軍政一如今日。則雖謂練軍絕無益焉可也。若海軍則更有甚者。海軍之目的。在於與他國開戰。欲與他國立於可戰之地。則其力須能與他國頡頏。苟不能頡頏。則先立於必敗。不如無有也。然試觀現今世界數强國。其海軍力之膨脹。已達於何度乎。他勿具論。卽如美國今年造兩戰艦。每艦費三千六百萬打拉。兩艦所費。都爲我國一萬四千四百萬圓。罄我國歲入之全部。猶不足以舉之。夫欲編成一艦隊。最少亦須戰艦二艘。巡洋艦六艘。礮艦六艘至十艘。水雷艦驅逐艦各十餘艘。水雷母艦驅逐母艦各一艘。其器械資糧薪俸稱是。如是則將於五年之內。凡國家奉公之人。上自大皇帝。下至府吏胥徒。皆勺米不入口。悉舉國帑以投諸海軍。仍須各國不向我索外債本息。則庶幾可見其成。然此願能辦到乎。不能辦到。則歲分數百萬以造艦。其所造者。除送迎官眷之外。不知更有何用。而國民則旣已疲於負擔。力竭聲嘶。而殖產興業之資。從茲永絕矣。由此言之。則海陸軍費。其必要之程度。置諸他政費中。比較的最爲薄弱也明矣。又試以巡警費言之。今日國中徧地伏莽。觸機輒發。每發一度。則國家之財政及國民之生計。直接間接受其損害者。不知凡幾。防患未然。舍巡警何恃。而一切行政法規。欲使之得實施而普及。尤非俟巡警辦理完善之後。不能爲力。是巡警費必要及有益之程度甚强也。又試以生計行政費論之。國民生計。爲國家稅源所自出。苟生計日以萎悴。國庫安從取盈。況其敝之所極。能使全國人轉死溝壑。或鋌而走險。而國命遂以剿絕乎。夫私人生計之業。原非宜以國家而事事代爲之謀。然在今世生計組織之下。有種種必要之機關焉。苟此機關不具。或雖具而不良。則生計發育之機。必緣此而窒。而此種機關。多有必待國家之力而始成立者。（如確立幣制畫一度量衡之類）有必待國家之保護獎勵者。（如我國現行之私立銀行及實業教育等）國家若憚勞費而不爲之。則不惟民困無自而蘇。而國帑亦終涸耳。是此種政費必要及有益之程度甚强也。試更以教育費論之。今日所以日言新政而新政之效百不一舉者。雖其原因甚多。然最足痛者。莫如任事之無人。以舉國人常識缺乏。至於此極。雖至瑣末之事。猶將不克舉。況乎各種行政。又莫不賴有高等之專門智識乎。今之當局者。於其本職所需之學識經驗。空無所有。而訑訑然自以爲如是已足。且妒後輩之勝己。故於教育事業。益淡漠而摧鋤之。殊不知今日之中國。非別造一番人才。使分任諸政務。則未有能拯之於淪亡之淵者。而普通之國民教育。所以養一國之元氣。使之萃而不渙。奮而不偷。有用而不竄者。其爲切要。更無論矣。是教育費必要及有益之程度。實較諸凡百政費而爲最强也。以上不過略舉數端以爲例。其他皆可類推。凡此本非有甚微妙之理。但使稍留心於事實之現象。觀其會通。以審其比例。則未有不能別擇以求其是者。孟子所謂權然後知輕重。度然後知長短。度支部何以名爲度支。亦在乎度之而已矣。

今世諸立憲國無論何國之政治皆以編製預算案爲第一大事政府與議院之激爭恆於是其或政府辭職或議會解散大率因此問題此其故實我國大多數人所不甚了解也（政府諸公度尚未有一人能了解之）使如我國現在編製中之預算案（九年籌備案定以今年試辦各省預算現已循例開辦矣）僅將本年出入之項目照樣謄寫一通則編製預算案不過一鈔胥之勞何待有財政學政治學之智識而所謂國會議決預算權卽爲監督政治權所攸寄者果何所取義也殊不知預算案者卽一年中國家所行職務範圍之具體的表示也蓋政務之屬於必要且有益者其數量無限而人類之向上心復無有已時欲以國庫現在所收入之款項而將現在國家所應行之職務悉圓滿興舉無論何國皆所不能則惟有於各種政務中熟權其輕重緩急其急者則並力赴之其稍可緩者則暫置之削其輕者之所費以挹注其重者之所費各國政治家所以慘淡經營於預算案而朝野政爭舉懸以爲鵠者凡以辨其所謂緩急輕重者之得當與否而已夫若何而爲得當若何而爲不得當此雖屬於各人之主觀的判斷然主觀的判斷終不能離客觀的事實抑明矣而欲得事實之眞相必須高懸眼光立於各箇事實以上而普徧觀察之苟限於一局部則必有所蔽夫任海陸軍大臣者必謂國事無視國防爲更重任外部大臣者必謂國事無視外交爲更重任學部大臣者必謂國事無視敎育爲更重推之他部舉莫不然各欲攘奪別部之政費而擴充己部之政費此萬國之所同也而制國用之冢宰則必須大公無私目光四射上察國情下審民力有所斟酌損益於其間而使緩急輕重適得其宜所謂財政計畫者此耳計畫有誤財政基礎猶將不免動搖若漫無計畫而謂財政基礎猶能存立吾未之聞也夫以今日中國財政匱乏一至此極苟猶不確立計畫而欲東塗西抹剗減涓滴其安有濟今也議節省政費而於爲數最鉅之軍事費不敢一置議乃獨於關係最重

大之巡警費教育費等。前此已失諸太微觳者。今復從而朘削之。曾亦思雖舉全國之巡警教育悉行停辦。其能紓司農仰屋之憂者幾何。而將來間接之損失。則豈可思議矣。而其他一切重要行政類此者更何限。今若將漏卮最甚之軍事費節省之。而以其款分布於各行政。則行政或有整理之時。而不然者。以今日之趨勢。不及一年。無論舊政新政悉皆廢絕。試問軍政復何所麗。而國家將誰與立也。夫吾此言豈特爲軍政而發。凡以見吾政府現在之舉措。太不審輕重緩急之序。舉此以爲例耳。

第三　以辦理此種職務所需最少之勞費爲標準。　能遵前述之第二標準。則將國家歲入之全部。比例於庶政緩急輕重之程度。而畫分之。使某項占幾分之幾。其他某項占幾分之幾。略有端緒矣。然節省政費之能事。遂盡於此乎。未也。財政學上所謂節省者。以能適用「生計主義」爲期。生計主義者何。謂以最少之勞費。得最大之效果也。（生計主義者譯英文之Economic Principle德文之Princip der wirtschaftlichkeit實生計學上最重要之原則也）　故各國財政學者。欲求財政上浪費與非浪費之區別。常立四義以繩之。

（甲）有勞費無效果者。則爲浪費。　此最淺之理也。故凡有俸糈而無職掌之官缺差缺。皆爲浪費。如我國之乾修乾薪等是也。其效果可以無須國家之勞費而能得之者。則所用勞費等於無效果。是亦爲浪費。如我國之漕運。徒欲致米於京師。然雖無漕運。商民必能致米於京師。故漕運爲浪費也。

（乙）可以無須爾許勞費而能得同樣之效果。或更良之效果者。則其額外所用。皆爲浪費。　如一局主任一員已足。而多立督辦總辦會辦襄辦隨辦坐辦等名以咕囁之。是其一例也。驛遞事務。委諸官辦民辦之交通機關。其效果可以更良於現在驛站之制。而歲歲坐費百餘萬以易此最微末之效果。又其一例也。

一部之中既有司又有局僅存其一而事已舉乃兩置以養宂員又其一例也督撫同城州縣之上復有管轄地方之道府又其一例也

(丙)將以求大效果之勞費而用之以易小效果則爲浪費　國家所需其種類與分量皆極廣衍欲一一而同時具足爲事實難故輕重緩急先後不可無所別擇而所以決定之者則以其效果之必要及有益的程度爲斷遺重而取輕急緩而緩急斯浪費矣例如移巡警之費以辦公園移學校之費以辦博物院夫孰謂公園博物院之絕無效果然以比諸巡警學校則大小不侔矣

(丁)當用此勞費時預計可以得若干之效果而後此乃反於其所期或絕無效果或雖有不逮預計遠甚者則其所用皆爲浪費　此條有一例外焉若戰爭及天災地變其權不能由立此計畫之人所自操者固當別論若夫普通之政務其效果大半可以操劵以求按圖以索用勞費而效果不能如其所期則必其所用之非人也辦理之不如法也無論爲故意爲失誤要之將國家勞費擲諸虛牝則一也故曰浪費也

此四原則者除第三條恰當前此所舉第二標準不必複論外其餘三條則皆此所謂『辦理此種職務所需最少勞費之標準』也而持此標準以繩我國現行之政費則雖謂歲出全部悉爲浪費可也國家設官之原則以人奉職而今也則以職豢人故國家本可以不辦此事因有人欲辦以自豢斯辦之矣辦此事本一機關而已足因欲借以自豢之人太多則分之爲數機關矣一機關本以若干員當之而已足而待豢之人不能徧則多爲其員額矣猶不能徧則別立名目以位置之矣當某種機關之人例應有某種之學識閱歷始爲合格而因待豢之人並無此種學識閱歷則舉此格而豁除之矣是故今日之中國其所踐職務之範圍甚狹凡國

家必應舉之職務。闕而不舉者不知凡幾。而勞費則已無藝。而效果乃不一見。質言之。則凡今日財政所支出者其什之八九。則有勞費而無效果者也。所餘一二。亦以最大之勞費得最小之效果者也。夫如是。則國帑安得不匱。國事安得不壞。國民安得不困。國家安得不亡。今日言清理財政節省經費。而此積習絲毫不能革。此所謂刮毛龜背終不成氈者也。若欲行之。則盍反其本矣。

以上所論。實爲節省政費問題最重要之原則。苟非遵守之。則未有能達節省之目的者也。雖然。此譚何容易者。苟欲行之。則（第一）須有總攬京外統籌全局極强有力之一機關（第二）當此機關之人須有財政上政治上圓滿之學識經驗（第三）其人當有大氣魄不畏强禦有大精力能任繁劇（第四）其人須爲最高主權者所信任決無或爲流言所中。（第五）其與此機關相輔之京外各機關雖未能悉完善。亦必其稍異於今日（第六）此機關中分任各事之人皆須公忠體國。而有相當之學識經驗。六者缺一。則此原則無從適用也。夫以此六者望諸今日此如責卵於雄雞。而索魚於喬木已耳。然則此原則殆終無適用之時。信如是也。則國家破產之慘禍。決不能逃避。而且決不能待諸三年以後者也。逮國家破產。則恃國家之職務以自豢者。亦與之俱盡已耳。譬諸鼠日穿墉。墉破而鼠安託。蠹日蛀木。木腐而蠹安棲。庸詎知其所自以爲智者。正乃其大不智者耶。嗚呼。誰爲爲之。孰令聽之。

（附言）此文之性質本欲忠告政府。然政府諸公。必無人省覽。卽省覽之。而亦斷不能行。不待問也。但今者旣有資政院諮議局之兩機關。此兩機關雖非能有完全之監督財政權。而於財政事項未嘗不可以容喙。竊願議員諸君。稍留心以繹此原則。（此原則非鄙人所能發明皆稗販各國學者之學說耳）而以系統的整理策責諸政府疆吏。或能補救一二則亦國家之福也。

外債平議

比年以來司農仰屋於上比戶懸磬於下於是外債可否之論遂成爲朝野囂囂之一大問題外人日以此相餂政府則漫無策畫惟思急假以自蘇其舉措本予人以可議民間一部分人士乃起而掎之掎之宜也獨乃橫一成見視同蛇蝎一若外債之本質與國家所以圖存之道不能相容既已不衷於學理而又乖於史實徒爲識者所笑甚則意氣橫決欲以暴力排異論斯益非士君子之行也已矣而矯其說者又若外債之爲物利百而害無一以謂國家百事可緩惟舉債之爲急債一舉則凡百迎刃而解此又與於不祥之甚者也夫道有陰陽言非一端而義之至者恆存乎執中常人之持論也多有所爲有所爲則有所蔽有所蔽則雖至明者不能自見其睫而常人之聽言者率皆非能深入乎事理之中而察其是非也而識足以佐其斷者益萬不得一以故俗論最爲世所悅而眞理久湮晦孔子所以惡似而非者也吾以爲今之借款論拒款論皆似也而皆非也故折其衷以作平議抑古之欲明一義者必始終其條理乃能使聽者以無惑與其簡而漏毋寧瀆而明吾之此議非爲學識圓贍之君子言之也將以告凡衆也其或傷蔓非吾之所敢避矣

一　公債之作用

國家曷爲而有公債乎。無論東西。其在古代。皆無公債也。有之自三數百年以來耳。古之有國者。以負債爲病。周赧之臺。良史垂戒。今則列强舉債。動累數十巨萬。安之若素也。此何故歟。蓋古代國家之政務。其範圍本甚狹。一切多聽民之自爲。計國家不過問也。今世欲舉其國以競於外。勢固不能純恃在宥以爲治。故政務日孳。而政費隨而日博。且同一政務也。而所以舉之者。今茲所需什伯於古。古者天子六軍。賦之邱甸而足。今則磬萬室之入。不能以練一鎮也。古者司空以時平治道路。使所在供徭役而已。今則散九年之蓄。不能以成一鐵道也。此銳增之費在勢既非僅恃常歲正供所能給而古之理財者歲恆有所別儲以備非常國家有大興作則出所儲以應之今之理財者則以出入適相覆爲期而謂聚財於府庫有乖泉流布布之義足以梏民生也又以離事別儲所儲究祇涓滴以資大興作等無濟也故毋寧勿儲焉而臨事乃圖舉債此公債之所由興也夫國爲萬衆所託而其受命與天無極自非亂亡則逋責之憂末由而起是故信用博而稱貸易也而可以毋盡民力而能舉大政不責方今之民以所不能堪而弛負擔之一部分以遺其子孫則事弗廢而民弗病兩得之道也公債所以爲財政一大妙用皆此之由

公債之用匪獨在財政也抑國民生計之滋長實有待之夫民之生事愈進則其貨財之交易也愈繁欲爲利用厚生之謀則以使之流通敏速爲第一義見錢之數不必增其舊也見錢二字見陸宣公奏議今稱現錢或稱現銀現乃後起俗字而一日中流通之度數能倍於昔則母財不啻增一倍之用欲致此效其樞機在銀行固也而公債亦與有力焉民之持有見錢者貸諸國家而取其息則此見錢爲母財而能殖子者一矣國家獲此見錢還以興業則其爲母財而能殖子者二矣民以見錢易得債券脫有不時之需還可質債券以得見錢券息未虧而見錢復資以治產則其爲母財而能殖子者三矣如是展轉相引可以以一見錢而並時爲百數十人所利用則豈特管子所謂再其本三其本而已哉見管子國蓄篇本謂資本也蓋公債之爲物今之學者名之曰有價證券有價證券之種類雖非一而用之博毋過公債苟一國而無公債則其國民生計之象將凝滯而不敏局促而不舒故今世各國之不諱舉債匪直以便計臣抑亦以前民用也

二　公債之用途

然則國家不擇時不擇事而舉債可乎。曰是大不可。舉債必償。天下之通義也。匪直償本也。而於未償之前。且歲賦以息。不逆計他日所以爲償者安出。則債不能舉也。不逆計未償以前歲賦之息安出。則債不能舉也。齊民之質劑乞貸。恆兢兢於是。國家何獨不然。且以政費所需。不徑醵之於民。而易之以債者。果何爲也哉。弛今日之負擔以移諸將來耳。弛吾儕之負擔以遺諸子孫耳。何也。債之本息。今日不償。將來不得不償。吾儕不償。吾子孫不得不償也。事僅爲今日之利者。義不容以治事之費責諸將來。僅爲吾畢生之利者。義不容以其費諉諸吾子孫。於是言理財者得一公例焉。曰國之恆費。以舉債爲厲禁。惟特費爲得舉之。恆費者何。司農簿籍。既有一定。來歲不能殺於今歲者是也。特費者何。惟今歲或今後數歲特用之。過此以往。則當停廢者是也。夫今世政費之歲增。萬國同揆。所增者非獨特費也。卽恆費亦有然。而善理財者。則謂當國家恆費之不給也。無論若何竭蹶。惟當取盈於租稅。若增稅爲民力所不堪。則節費以應之已耳。而斷不容妄舉債以圖彌縫。所以者何。蓋恆費之性質。非能用之以有所殖也。嘗一往而不復。則他日所以償本賦息者。將安出。此其與舉債之旨不相容者一也。既曰恆費。則歲歲惟均。今歲舉債以贍今歲之乏。來歲又將若何。況今歲舉債。來歲應賦其息。是愈以益來歲之乏也。展轉相引。則數歲以後。將舉所入之半以賦息。猶懼不敷。何以爲國。此其與舉債之旨不相容者二也。且以恆費所舉之政務。凡以爲現在之國民捍患興利也。而嫁其負擔於將來之國民。豈得曰恕。此其與舉債之旨不相容者三也。是故恆費不能舉債。實爲言公債者之一大坊。苟踰此坊。則財政之基。未有不壞者也。比年直隸湖北安徽之公債及最近湖南擬辦之公債皆踰此大坊者也

而又非謂特費之必當仰給於債也。一歲正供所入。恆以其一大部分支恆費。以其一小部分支特費。著諸預算

案中而復有所謂預備金者以資不虞則特費之小者其有所出矣然則特費之當仰給於債者維何曰其事繫國家永世之利害而其費非一二年間之民力所能任者是已舉其大別可得八焉

一　殖利之業造端宏大需費至博者如布築鐵路浚渫運河修治海塘等

二　整飭財政別造機軸藉豐帑入者如料地均賦肇制簿籍等（日本所謂調製土地臺帳）

三　改革行政廣設新職以康庶務者

四　增修軍備設險儲力以鞏國防者如增置船械增築壘港等

五　應敵交戰調兵轉饟急於星火者

六　喪亂災變亟事振救且謀善後者

七　激勸民業特給補助獎其外競者如補助航海獎厲特種農工業等

八　獎厲蓄藏保聚游資以養國力者如郵政貯金換取公債及年金公債等

八者有一於此則可以舉債此其理可得而說也殖利之業如鐵路運河等工既竣則緣此業而得莫大之歲入足償本息而有餘此如懋遷者貸母財以求贏其不為病明也而此鐵路運河閱百數十年而猶資利用吾子孫長食其賜則分任其負擔之一部亦義之宜整飭財政機軸如料地正籍等勞費雖大然國帑可緣而驟增後此恆費賴之（吾嘗計吾國若行各國土地臺帳之法調查一次最少須費三萬萬金然以後每年田賦所入增於今者亦當得二萬萬金年以為常）憚勞費而不舉則帑無自加充苟政務範圍日恢恐財政之基遂壞而此等大舉洪非常歲正供所克任非賴稱債實行難期也改革行政例如我國今日行政機關校諸並世諸文明國所闕滋多義當補置而所費不訾此其事雖非徑能殖利而常間接以

長國力。如警察備則民各安其居而業日以昌。敎育普則民能善其事而業日以進。不備不普者反是。夫以改革行政之故而民富增。此人民將來之利也。民富增斯稅源裕。此國庫將來之利也。故以公債舉之宜也。以上三者辦理既著成效。則國之歲入必加。不患償本賦息之無出。仰給公債。無憂增累。此易見矣。若夫修軍備之費與戰時之費。其性質皆一擲而不可復。前三者譬猶出資播種。可計日以期收穫也。此二者譬猶投資塞河。一沈沒而不再見也。然則經一次舉償之後。徒以重將來之負擔。或累數世而不能卸。其非福明矣。然有時不可得避者。國苟不競。日以侵削。則民將憔悴彫瘵以死。更何力以供租稅。故以戰自衛。有國所不能免也。而戎兵非詰於平時。則未戰而先立於必敗。故日討軍實。毋使弱於其鄰。又所謂武之善經也。是故此等政務。雖非能積極的濬發財源。實能消極的保護財源。而保護之效。不僅在今日。而兼在將來。不僅在吾身。而兼及吾子孫。故舉債而使後之人共分其負擔。不得云非義也。若乃天地不虞之災變。爲人力之所不能禦。非振救而圖善後。則見毁之富源。將不可復。此其利害。又現在與將來共之者也。故舉債爲宜。又如國家經喪亂之後。或以舊政府失政之故。致帑藏空虛。民力彫殘。今僅恃租稅。勢固不足以舉百廢。則爲道亦不得不出於舉債。此蓋前事不臧。承其乏者無可如何。而所以待之者。則亦與驟蒙災變同例也。若夫以獎厲特種產業之故。給以補助。在政府之意。原非有所私於一人。徒以此業克興。則舉國之民。將受其賜。（如各國獎厲航海獎厲造船日本在臺灣獎厲製糖種茶俄國獎厲遠洋漁業之類）而利既在於方來。則舉債亦所宜爾。又節儉蓄藏。殖富之本。而非有以獎之。則民性恆易流於侈耗。獎之之術奈何。宜使欲蓄藏者得至便之機關。復措其所蓄藏於至安之地。故各國咸有所謂年金公債者。取便薄有資產而倦於營業之人。復有所謂郵局貯金。使婦孺咸得節日用之費以儲爲母財。所積漸多。則換給債券。凡此皆非有公債不能神其用者也。八者有一於此則爲國家可以舉債之時非此而舉債則君子所不許也要而論之國家之舉債以施政也其所施之政以能殖利於將來者爲歸而所殖之利有直接者（如辦鐵路等）有間接者（如改革行政等）有積極者（前所舉直接間接兩途皆屬之）有消極者（如戰爭救災等）以此爲公債政策之標準其亦可以無大過矣

雖然公債政策之標準不能以此抽象的理論而遂足也更當徵諸事實焉例如以增修軍備鞏固國防故而舉債宜也然使其國爲不必廣設軍備之國而貿然擴張溢乎其度則所舉者爲浪費矣以改革行政藉康庶務故而舉債宜也然使其改革有名無實徒養宂員則所舉者爲浪費矣以殖產興業補助激勸故而舉債宜也然使舉辦諸業悉無實際無所得利或任事人絕無學識經驗以致失敗則所舉者爲浪費矣其他諸政悉以是推要之所謂殖利於將來者尤必以將來所收效果確有把握爲歸蓋支應國費恆當以「生計主義」爲衡生計主義者何謂以最小之勞費得最大之效果也是故有勞費無效果者則爲浪費不須勞費而可以得同一之效果者則爲浪費以大勞費求小效果者則爲浪費此其費無論用租稅以支應用公債以支應而此原則固莫能易也是故恆費不能舉債旣爲言公債者之一大坊特費之悖於生計主義者不能舉債又爲言公債者之一大坊謹此二坊然後舉債之塗術乃可得而議也

（附言）以上兩段本在本題範圍以外徒以吾國人於財政上常識多未具備並此至淺近之原則而猶不解者甚多故不憚詞費述之以爲立論之基礎

三　外債之性質及其功用

歐美諸文明國無所謂外債也以普通之條件聽本國人與外國人自由應募而已故有在本國市場所募而其劵强半入外國人之手者亦有在外國市場所募而其劵强半入本國人之手者故生計學者稱之曰國際流通之有價證劵既頻繁流通於國際間則內外之別固不得而立矣若强分析之則在本國市場募集者可名曰內債在外國市場募集者可名曰外債以本國貨幣積算者可名曰內債以他國貨幣積算者可名曰外債其在歐美諸先進國「生計無國界」之一恆言既現於實此種差別不足以爲輕重也生計現象愈幼稚之國則此差別愈著而其相緣而生之利病亦愈大故有雖以普通條件向外國市場募集而其債劵常在外國人之手罕流通於本國者如俄羅斯及三十年前之美國是也有向外國市場募集不能用普通條件而須以確實稅源爲質者如日本土耳其波斯南美洲諸小國及吾中國是也若是者則外債之性質功用釐然有以示別於內債而利病乃可得而論矣

國家之支應特費不悉取盈於租稅而常仰給於公債此其故何哉誠以人民負擔租稅之力蓋有定限苟逾其限則舉鼎絕臏勢所不免苟取民每歲力作之所贏餘者盡以充租稅甚或誅求之於其所贏之外則民將無所復留以爲資本而來歲之稅源將自茲涸害且中於國家故毋寧易以公債公債者民以財貸諸國庫而取其息者也其性質與購買各公司之股票無異持母殖子非如租稅之一往而不復也而租稅之完納由於强徵公債之應募趨舍自擇民苟非囊有餘畜而欲持之以有所殖者則決無從自進而爲債主而民之囊有餘蓄者非必皆能自行企業苟國家不爲之別闢一安全殖利之途則易習於揮霍而坐耗全國母財之一部分而公債者則最足以已此弊者也由此言之國家舉債之本意一則以減殺租稅之負擔保護稅源而勿使涸一則以吸集游

資。使能爲全社會殖將來之利。而不致徒費。公債妙用。實在於是。此以言乎內債也。然明乎此義。而外債之功用。亦從可推矣。

夫必人民於負擔租稅之外。猶有餘蓄。然後力足以應募債。則民力不贍之國。欲舉內債。爲事至難。蓋可睹矣。顧又非謂在此等國中。則其內債爲絕對的不能舉也。蓋民力無論若何不贍。一國之大。要必有素封之家。但使國之信用能孚於民。豈必舉焉而一無應者。雖然在此等國中。其息率恆必甚昂。公債苟非給以相當之息。誰則趨之。夫在外國市場以三四釐之息率而能舉債者。在本國市場以七八釐之息率而始克舉。等是負債也。舍外取內。則國庫坐耗倍蓰之息。而財政直接受其病。此倍蓰之息。仍不得不取之於租稅。則國民生計間接受其病矣。匪直此也。民之有餘蓄者。非可悉搜括之以投諸公債也。公債雖將以爲全國殖將來之利。（若不能殖利之事業而募公債則大悖財政原則其流弊無窮更不待言）顧一國所宜殖者。不徒在社會公共之利。而兼在箇人別分之利。箇人殖利之法。貸財以取息。雖安獲而所殖常微。投資以企業。雖冒險而所殖常鉅。一國富力之增。恆恃乎冒險企業者之衆。（法國人不喜企業其民惟好出所蓄以購債券故各國募債者恆往巴黎而法之工商日退其富漸不足恃矣英人則最喜企業常冒險爲之故興且未艾也）故善謀國者。不徒量其民負擔租稅之力所能逮。然後制賦也。尤必量民應募公債之力所能逮然後舉債。所謂應募公債之力所能逮者何也。民從事職業。一歲所入。約可分爲三級。其第一級則所以供其一身及其家族日用飲食之需。苟缺焉則無以全其生者也。此級也。雖租稅不許朘削及之。若及之則是國家以政殺人也。其第二級則用作資本以維持其固有之職業。且謀擴充之者也。租稅之一小部分。於茲取焉。其第三級則除前兩級所需之外。猶有贏餘。而此贏餘者。或以企辦新事業。或貸於人以取息。或竟揮霍之以縱娛樂。惟其所擇者也。租稅之一大部分。於茲爰取。而應募公債之能力。則又全屬此級者也。夫使國家懸重息以舉債。其息乃逾於尋常企業之所獲。則民之應募者。固不患無人（此就財政基礎穩固國家信用深厚之國言之耳。我國今日雖歲息半其本亦無應者。此不俟論也）充其量能使民舉此第三級之全部以投諸公債。甚且更投其第二級之一部。夫投第三級之全部。則新事業無復企辦者矣。投第二級之一部。則舊事業且有不能維持擴充者矣。國家之募債也。將取彼第三級中貸人取息之一部分與揮霍縱樂之一部分。暫移諸國家之手。以爲全社會殖利云耳。一國內債之額。當以此爲界線。苟逾此界。則國與民交受其病。而在民力不贍之國。此界線之達其極也至易。既達其極。而猶以事故不得不出於舉債。則非求之於外焉不可也。由此言之。則國家當必須募債之時。時或舍內債而取外債者。（第一）使國庫免受重息之累。直接以爲財政上之利益。間接以輕國民負擔。（第二）不以內債奪個人企業之資本。而消極的以保護稅源。勿使澌涸。（第三）以外資潤澤本國之金融市場。獎厲企業。而積極的以發育稅源。使之日進者也。各國政治家之舉外債。其動機蓋未有不在是者。

四　各國外債利病實例及其受利受病之由

由此言之。國如有政。則利用外債。於國於民。皆有大裨。此徵諸各國以往各事而可知者也。其在法國。素以富聞於天下者也。然當普法戰役時。戰爭中所需戰費及戰後償金。兩年之中。舉債四次。其總額爲八十一萬萬零七百四十一萬五千五百五十佛郎。雖以法之富。固非所堪。當時德相俾士麥思以此朘削法人。使之彫瘵以死。然法蘭西銀行當事者。以非常幹敏之才。能巧用外資。故其債劵爲外國人所購買者。殆三分之二以上。即德人亦多有焉。其法人自購者。不及三之一。即此三之一。亦非輦見錢以償德人也。以國際動產之流通。（公債劵公司債劵公司股分票）

（等皆國際動產）假塗期票以致諸德意志銀行而已。其在意大利。自其建國之始。卽已繼承前此諸小邦之舊債二十四萬萬三千七百萬黎拉。（意大利以諸小邦合成）建國以後事事步趨列强修鐵路興敎育奬工藝日不暇給政費歲增無藝。悉仰給於公債。以一九零四年之統計。其公債總額。蓋一百二十四萬萬黎拉有奇云。而此種公債其始蓋强半在外國人之手。蓋自一八八五年以前。其每歲債息。在外國市場支給者。居百分之七十八。在本國市場支給者僅百分之二十二。斯可證也。夫以法意之負累於外國者如此其重。當時旁觀鮮不爲之危。然法蘭西則僅閱五六年。而債券殆悉歸還本國人之手。意大利亦以此恢復至一九零三年。而歲息在外國市場支給者僅十之一。在本國市場支給者居其九矣。此蓋由前此國民應募公債之力有所不給。不得不假之於外。及後此而應募力加增。自能將己國公債之在外者購回之也。夫所謂應募力加增者何。亦曰國民富力之加增而已。（觀前段述人民所得之三級貧者祇有第一級次富乃有第二級更富乃有第三級而應募公債力則在第三級中者也人民能漸次購回外債則必其有第三級富力者日加矣）法人本富力能逮此。不足爲異。若意人則謂之純食外債之賜焉可也。彼蓋以外債之故。將全國鐵路開通。國中增設無數之工藝廠。又改良土壤使農業大進於昔。而其人民遂緣此諸業。以各自殖其富。歲有所贏。有所蓄。而持之以購還在外之債劵。苟非藉外債之力。則此所贏所蓄者。決無術能致也。故公債之總額。今雖不減於昔。然昔也意大利國對於外國而負債。今也則意大利政府對於意大利國民而負債。此如其父以求田起宅之故。致逋負於鄉鄰。而諸子各出私財以收回其質劑。雖復子有債權。父有債務。然以一家生計論之。則固已脫然無累。而坐得此田宅矣。質而言之。則意大利國民於此二十餘年間。歲費少許之息。而易得新殖之財產百萬萬黎拉以上也。此外債之明效最易睹者也。

其在俄國。則始終恃外債以爲國者也。距今百三十年前。俄后加沙鄰時始募外債。自此歲有增加。據一九零三年之統計。其國債總額。六十四萬萬七千三百七十五萬四千一百五十一盧布。而外債殆居十之八。英德法荷意諸國。皆其債主。而前此最大之債主爲英。今茲最大之債主爲法（以一八八八年爲變遷之界線）。今之俄。猶爲債務國。未能息肩也。然以利用外債之故。能實行解放農奴政策。令全國農民富力漸進。又藉外債以確立金主位之幣制。行完滿之兌換制度。使全國金融機關穩健圓活。工商業因以漸興。此其所獲。蓋已不貲矣。然猶不止此。其收效最大者。實惟鐵路。俄國當一八六六年。僅有鐵路百餘英里。至一九零四年。有二萬七千六百九十一英里。其建設費五十三萬萬八千七百餘萬盧布。殆涓滴皆仰給於外債。俄國外債之重。强半由鐵路來也。據其前度支大臣瓦忒氏所報告（瓦忒或譯視脫當世最著名之理財家也）謂近二十年來。國債雖有增加。而所支出之息反減於舊。且租稅所入遞增十分之六。足爲人民負擔力增進之徵證。而彼國生計學大家布特彌力駁之。謂瓦忒所報皆僞。實則俄國之國有鐵路。每年虧耗四千萬盧布以上。租稅僅遞增十之二。而人民負擔力已達極點云。俄夙爲專制國。其財政上之祕密。局外驟難窮詰。二說孰當。終莫能明也。要之。俄人自百餘年來。恃外債以自活。而至今迄未能脫債務國之地位。謂其成效卓著。固不敢言。但其財政當局者。代有異才。常能彌縫其闕。俾有基勿壞。以維繫債主之信用。故絕未嘗受外債之害。然使非藉外債。則俄國各種政治機關生計機關。安得有今日之整備。而其民生事之觳。或且倍蓰於今耳。故俄之外債。利餘於弊。不可誣也。其在日本。現存公債二十二萬萬四千四百七十五萬二千五百零二圓。外債居十一萬萬六千五百七十餘萬圓。就中惟一千五百餘萬圓爲行國有鐵道政策之用。自餘則皆日俄戰役時所舉也。然則日本外債。什九爲不能殖利者。揆諸恆理。實爲可危。然國家爲自衛起見。舉債以從事戰爭。爲事本非得已。況日本以茲役之故。遂縣朝鮮。且植不拔之基於滿洲。其國民富力。將緣此而日進。而政府今方注全力以行公債之整理，著著奏效，則日本受賜於外債，抑已多矣。此外若美國，若澳洲，若印度，前此皆爲債務國，蓋其一切公私事業所需之資本，涓滴皆仰給歐洲。不過其政治素不采干涉主義，百業多委諸私人，故其債權債務之關係，不甚以政府公債之形式行之，而多以公司債券或公司股票之形式行之耳。蓋此諸國之公司，前此殆無一不募債於歐洲，即其股票亦强半在歐洲人之手。今則富力日增，負擔悉已償訖，而股票亦全返於本國，而所建鐵路諸工廠等，悉爲己物，將來贏利，外人不得而分之。蓋僅二三十年間，遂翛然脫離債務國之地位，就中美國更一躍而爲債權國，大放資於外而取其息矣。此如以赤貧之夫，見信於一二豪右，假以資使自擇業，自爾孳孳豐殖，不數歲而悉償所負，而裘馬麗都，且駕彼豪右而上之。今之美國，正此類也，非賴外債何以至此。（本文稱澳洲印度爲國，讀者或不免駭詫，不知就國法上言之，彼等雖不過英國一領土，就國民生計上言之，彼等實別爲一生計主體，與英國對峙，故生計學家恆稱之爲一國也。就中若印度，其爲英國人之印度而非印度人之印度，固無待言，但其財政機關及生計上種種施設，非直接受監督於英國，蓋英國人之印度與英國人之英國，常立於對等之地位者也。當印度與英國利益相衝突之時，印度政府印度國民往往不肯假借，此談印度事者所不可不知也。特所謂印度政府者，指英國人所組織之政府，所謂印度國民者，指在印度之英國國民耳。）若是乎外債之利益如此其章著也。然則有國者凡百不務，而惟汲汲舉外債焉，其可也。曰：是又不然。外債猶烏附也，善用之可以引年，而不善用之必至殺人。吾見夫最近數十年間以外債取滅亡之國，比比然也。其最著爲埃及。埃及於一八六二年始向英國借外債一千八百五十萬打拉，一八六四年復向英法借二千八百五十二萬打拉，皆有所謂經手周旋費者，埃政府所得實額僅十之七耳。其初驟進多金，外觀忽增繁盛，埃王心醉其利，復於一八六五年、六六年借三千餘萬打拉，六八年借五千九百四十五萬打拉。土耳其者，埃及之上國也，慮其後患，從而禁之，而埃王左右有歐人而爲顧問官者，附會學理，誘以甘言，復以一八七零年更借新債三千五百七十萬打拉。而所謂周旋費者去其千萬焉。土國政府愈禁之。歐之資本家愈趨之。卒至行四百五十萬打拉之重賄以路土廷。求弛此禁。自此益滔滔莫禦。不數歲而埃之外債達五萬萬三千餘萬打拉矣。夫以埃廷政治現象之腐敗。埃民生計能力之缺乏。其所借外債。悉以供揮霍。而不能爲社會殖分毫之利。理有固然矣。然而債固非可以久逋也。揮霍既罄。而償還無著。埃及國命自茲遂絕。當一八七四年。埃及財政漸不可收拾。債主愈迫。國帑全空。於是英國領事迫埃廷聘英人爲顧問矣。七六年。更迫使設立清理財政局。而以英法人爲局長矣。局長履任之始。因本國度支大臣議論不合。立置諸重典。遂分任外人監督歲入。管鐵路。掌關稅。而財權全外移矣。七七年。而財政局增聘歐人數十。支俸給十七萬五千打拉矣。未幾又以領事之勸。而給債主以厚祿矣。不寧惟是。關稅之權既握於外國。而歐人在埃者十萬。皆私販運而不納稅矣。至七八年。遂使埃及兩倍其人頭稅。三倍其營業稅。羅掘以還利息。而每年歲入四千七百餘萬。僅能以五百三十五萬供本國政費。其餘盡投諸外人矣。全國官吏經數月不得俸給。而歐人之傭聘者。其厚祿如故矣。未幾而歐人訟埃王。裁判於歐人司理之會審法院矣。未幾而將埃王所有私產典與歐客。以償債息矣。其究也。卒以英法人入政府。尸戶部工部二大臣之位。實一八七八年事也。二大臣既進。託名於更新百度。謂埃人老朽不可用。遽免要官五百餘人。而悉代以歐人矣。爾後三年間。全國官吏次第嬗易。馴至歐人在位者一千三百二十五人。俸給百八十六萬五千打拉矣。遂乃裁兵士之餉。加貴族之稅。使其困薾。不能抵抗。又欺小民無識。以甘言誘。以強威迫。使全國土地什九歸歐人手。民無所得食。鬻家畜以餬口。餓莩載道。囹圄充闐。而埃王卒乃被廢。擁立新君之權。自債主出矣。埃民不能復忍。羣起爲難。英人遂以數萬之師壓埃境。挾埃王以伐埃民。未浹月而全埃爲墟矣。前後僅二十年間。以區區金錢細故。遂至君俘社屋舉國之人泰半宛轉就死慘酷之狀有史以來未之聞也埃及之轍已覆及今踵其後者則有波斯昔之埃及欲有債主也甚易而今之波斯欲得債主也甚難非歐人之富力不足給波斯之求也彼見夫昔之所以待埃及者縱冒犯不韙而已借出之本至竟無著經茲懲創後益矜慎以故今年三月間波政府欲向英俄兩國舉債而兩國所提出之條件有聘法國人爲財政監督之一條蓋因波斯所有稅源久已充舊債之擔保今欲募新債則非以債主代握財權莫之肯應也乃未幾而有德人忽願借給之事議尚未定而烏爾米亞湖航路權先落德手矣夫德亦何愛於波斯但使德攙入其間占債權國之位置則自能與英俄兩國鼎足並立以監波人之腦云耳故波斯他日必以外債亡國其末路一如埃及此稍有識者所能逆睹也其他若土耳其若委內瑞拉若哥侖比亞皆以外債之故見挾於强國而損其主權之一部分其事實不及縷敘就中情實稍異者則有一阿根廷（南美洲一小國也或譯爲亞爾然丁）阿根廷當四十年前圖治太銳大舉債於英國以獎厲產業其始驟得巨金舉國欣欣向榮儼呈大進步之幻象乃實利未收而償還本息之期已至於是全國騷然百業中止而國勢從此不可復振一八七六年其大統領亞威拉彌達嘗自懺悔謂本國人口不滿二百萬而外資輸入之額乃與六百萬人口之國家相應實爲失計云云其意蓋謂借債非病而病在太多斯固然也然猶知其一未知其二也苟國民乏企業之能力者則所借之債雖適如其量亦未必遽能以殖利則臧穀之亡羊等也雖本意欲借債以勸業而其結果與彼揮霍者將無所擇阿根廷之所以失敗蓋坐是也

由此觀之同一外債也而法意俄美日諸國享其利也若彼埃波阿諸國蒙其害也若此然則外債之性質果爲善乎爲惡乎曰此非可以一言而決也今試以一私人論卒然問曰借債爲有利乎爲有害乎此無論何人不能

具答者也。使其人從事農工商等業而借以爲資本也。本愈饒則業愈恢。而贏亦愈厚。雖多借豈爲病。然猶當視其人之才足舉此業與否。倘不能舉而業敗衄。則債固爲累矣。若乃漫無生業。惟恃債以給米鹽。則債愈多而愈以自縛。甚或紈袴無賴。借以供飲博冶游之資。則其不至蕩産殺身焉而不止也。國之有債。亦何莫不然。凡債之爲物。必歲賦息而及期還本者也。他日所獲。苟確信其能償本息而更有贏。則用債求贏。固天下之達道耳。而非然者。圖給目前。不顧其後。迨償限既屆。乃水益深而火益熱。蓋必至之符。無可逃避矣。此實債務普通之性質。無內外而皆同一者也。吾儕稍讀埃及史。則聞外債而色變。一若外債之本質含有至可怖慄之一屬性。實則埃及所以狼狽若彼者。徒以不能履行債務耳。夫國家而不能履行債務。則豈惟外債。雖內債固亦可以亡國矣。記曰。與國人交止於信。國家而不爲其民所信。則更誰與立。若誠能履行債務。則因時制宜。或舉債於內。或舉債於外。各有短長。惟其所適。謂內債性善。而外債性惡。其說終無以自完也。必矣。然以外債亡國者。所在多有。以內債亡國者不少概見。何也。凡債之爲物。以兩造自由意思相貰貸。而不能强逼者也。苟强逼焉。斯亦不得復謂之公債矣。（强逼公債在今世久已絕跡）而凡不能履行債務之國。必其財政久已紊亂者也。財政既已紊亂。則在本國中斷無從得一文之公債。雖欲以內債自亡而不可得也。而外國之能以債假我者。則必其爲富國也。既富則必其爲强國也。既强於我。則不畏我之不履行債務。不履行則彼之力足以自取之也。故財政紊亂之國。雖不能舉債於內。而尚往往能舉債於外。此外債所以易速亡者一也。財政紊亂之國。必其政治極腐敗。宮廷奢汰。而官吏貪黷者也。使無外債以爲補苴。則當羅掘俱盡之時。其橫流之欲。亦不得不稍有所節。或見菁華已盡。則退而避賢路。以艱鉅讓後人以收拾。誠有賢能代興。則浩劫或將可挽。又不然。則或低首下心。求其民之相濡以沫。民因得有挾而求。則監督財政之機關或緣茲而立而國家得所託命英國憲政之建樹半由租稅半由公債職是故也一旦闢外債之門則惡政府有恃不恐不復感民喦之可畏而國庫驟有所進又羣思聚而咕囁之益戀棧而莫肯引避不斷送全國而不止此外債所以易速亡者二也租稅及內債得之也艱且爲數少故雖驕汰者用之猶不得不稍有節外債不得則已既得則其來也驟且爲數鉅晏然自忘其危而益其侈故雖初意不欲以借債供揮霍者債已到手不期而自濫費以至償還無著致受干涉此外債之所以易速亡者三也且外債不徒易導政府以失政而已外資驟進全國金融必忽形潤澤苟其民非經敎育有節制則全國奢侈之風將緣此而起民由儉趨奢易由奢返儉難本期持以殖利之資轉瞬而消費殆盡此外債之易速亡者四也又不必其純然消費也夫以外債爲母財而勸民興業宜若無弊矣而猶當視其民企業能力之强弱何如使其民於生計學常識絕無所有於近世企業之組織絕無經驗則投資經營若以石投水終必至本息無著而後已夫苟無外債則民不過無企業之資而已緣得債而企業緣企業而喪資則無資等於前而復益以債而有債權者遂得制我死命此外債之易速亡者五也又不必無企業能力之國民始蹈此病也凡一國中通貨（通用之貨幣也）驟增人民企業之熱狂驟起則恐慌恆隨之德人之驟得償金於法日人之驟得償金於我皆以大恐慌繼其後致全國產業彫悴經數年而不能復振其明驗也若公債政策失宜輸進外資太驟且鉅則亦可以起同一之現象經恐慌而不能履行債務則債權國之干涉遂起此外債之易速亡者六也又不必企業失敗而始蒙其害也驟得多債通貨必增一國之通貨供過於求則物價必騰騰則外國物品必競入以承其乏而貿易差負（即輸入超過）之現象必驟起起則通貨復流出而物價旋暴落矣故泛言曰借得外債在淺識者以爲是卽貨幣自外國流入之意義也而不知其結果往往導貨幣

使自本國流出，坐是金融物價，忽生擾亂，國民生計，或意外蒙損害，無術以防之，可以一蹶不振，甚則生出不能履行債務之惡果，此外債之易速亡者七也，以上七端，前三者受病起於政府，後四者受病起於國民，前三者爲直接之病，後四者爲間接之病，前三者爲失政之國所獨有，苟有之則不可治者也，後四者無論何國，皆常難免，而有政策則足以防之者也，故前三者爲外債召亡之主因，後四者不過其從因，雖然，後四者爲附麗於外債固有之病，前三者則本與外債無涉，而實爲一國政治上之病態，借外債以發現，是故平心論之，外債之本質，非有病也，卽有之，其病亦微，而非不可治，天下事弊恆與利相緣，豈惟外債，而外債之特以病聞者，則政治上之病而已，明乎此義，則可以論我國外債之得失矣。

五　中國宜借外債之故

甲　財政上宜借外債之故

我國財政實狀，今雖未能周知，然竭蹶之情，則已天下共見，大約每年入不敷出者在一萬萬內外，雖不中當不甚遠，似此則雖舊有政務，既已無術能舉，而新增之政務，更不必論，據九年籌備案所臚列，苟一一實行，則政費年增一年，洞若觀火，而歲入祇有此數，則惟於已舉之政，悉行中止，未舉之政，永遠閣置而已，苟得外債，始蘇此困，此財政上宜借外債者一也，且現在以財政竭蹶之故，官俸兵餉，動致延欠，欠官俸則更無以養官廉而飭吏治，欠兵餉則大亂且起於眉睫，非得外債，則無以救死亡，此財政上宜借外債者二也，況現在入不敷出之數，政府固終不得不取盈於民，窮無復之，則惡租稅、惡貨幣、惡內債等，必紛紛繼起，愈以朘民脂膏，使舉國成枯腊，而大亂益無所逃避。資外債爲挹注。則目前之荼毒。或稍可減殺。此財政上宜借外債者三也。要之就財政上以論。外債之宜借者。不過爲苟安目前挖肉補瘡之計。非確能持之有故言之成理也。但爲現政府計。則舍此固誠無以自存矣。

乙　國民生計上宜借外債之故

若就國民生計上立論。則外債功用之鉅。有不可殫言者。請不避詞費。敷陳其理。

凡社會之所恃以爲生利者。不外三事。曰土地。曰勞力。曰資本。企業者則結合三事而利用之。土地所得名曰租。（日本稱地代）勞力所得名曰庸。（日本稱賃銀）資本所得名曰息。（日本稱利子）企業所得名曰贏。（日本稱利潤○嚴譯原富以租庸贏分配土地資本勞力三事蓋亞丹斯密時未嘗發明企業之性質故將資本家與企業家混爲一談至今英國學者猶多犯此弊不能爲嚴氏咎也）然租庸率之高下。常與息率之高下成反比例。蓋同一資本。投諸租昂之土地。而用厚庸之勞力以治之。則其所得息必嗇。反是則其所得息必豐。此理之至易睹者也。爲企業家者。苟能利用廉息之資本。而得租庸兩賤之地以爲業場。則獲贏之鉅。將莫與京焉。次則廉息而租庸二事有一賤者也。又次則租庸雖貴而息尚廉者也。若以厚息而企業於租庸兩貴之區。則匪直無贏。且蔑不敗矣。此實生計學之公例。無所容難者也。生計發達之國。息率常日趨於微。而租庸之率。常日趨於昂。例如歐美。當百年前。息率率在一分內外。歲歲遞減。今則常在四釐以下。且有至二釐者矣。而其地價則日漲。都會衝盛之區。寸土動値萬金。卽野外耕地。其值亦未嘗不歲進也。勞庸亦然。吾民僑美之執澼濯業者。其所入乃過於道府班官吏之一要差。則其他可推也。此息微而租庸昂之明徵也。生計幼稚之國。則反是。例如我國。雖以恆產爲質以向人稱貸，猶非納息一分以上不能得資。其在窮鄉僻壤，則二三分債息恬不爲怪也。而土地除一二通商口岸外，其值皆至賤，甚則以一畝索錢數百而無人過問者，比比然也。勞庸亦然，人浮於業，競貶庸以求職役於商廛者，月給率不過一二金，若穡事之工，有終歲勤動而僅得數金者矣。其並此而不能得者，且徧地也。此息昂而租庸微之明徵也。是故歐美人挾其過溢之資本以企業於其本土，雖有白圭陶朱之技，而終不能以博奇贏。彼政治家之嘔心擰臂，競思攫取生計幼稚之域以爲殖民地者，凡以恢其業場而已。中國問題爲今日世界第一大問題，實坐是也。此勿徵諸遠，卽觀日本之在臺灣而可知也。日本息率雖昂於歐美，而臺灣之租庸實更賤於中國內地，日人出其資本以拓臺灣之地，役臺灣之人，則所蕃植製造之物品得以廉價適市，而歐美所產莫之能禦矣。夫以我國地兼三帶，其土所宜物不可勝量也。礦之蘊於地中者無盡藏也。其人勤敏而慧巧，百工之事悉能善也。此其所憑藉，豈直倍蓰於臺灣而已哉。而有一事焉，足以梏其生者，曰資本缺乏。今靡論欲創一百萬金以上之公司，經歲大索於國中而莫能集也，乃至負販懋遷之資，穡事牛種之費，其所以謀給之者，抑已大觳矣。坐是之故，擁天府之腴壤而不異石田，虛生此無量數昂藏七尺之軀，而莫或能以自養，蓋以無資本之故，而土地勞力皆失其用有如此也。而今也歐美人方患資本過溢，欲挾以求三四釐之息，猶兢兢惟恐不得。然則特患其不願以貸諸我耳，苟其願貸，則我雖出五六釐息率以歲賦之，而利用此以闢我未盡之地力，收我失業之小民，租庸之廉什伯於彼，則安所往而不得數倍之贏率。夫以贏率至厚故，則吾之企業者受其利；闢未盡之地力，則租率必漸增，而吾之有土者食其利；收失業之小民，則庸率漸騰，而吾之食力者受其利。而利之溢於人者，不過區區之息，是我得三而彼得一也。食報之豐，豈有過此哉。彼美國自新造迄今，僅逾百年，疇昔爲貧無立錐者餬口之所。而今也豪富甲於大地。皆操此術也。由此言之。生今日之中國而侈言拒外債。雖謂之病狂焉可也。是故苟能有堅明責任之政府。樹統籌全局之政策。則於財政方面借外債以整理舊債。且以供改革行政之費。於國民生計方面借外債以建設交通機關。確立金融機關。皆今日所亟當有事。而其利可以傳諸無窮。吾黨所以於拒款之俗說不敢貿然附和者。蓋以此也。

六　中國不宜借外債之故

然則外債果得稱爲中國救時良藥乎。是又不然。請言其弊。

甲　財政上不宜借外債之故

今政府所以情見勢絀。而汲汲焉思借外債者。豈非以補年年歲入之不足耶。夫吾固言之矣。國之恆費。以舉債爲厲禁。夫所謂年年歲入之不足者。則其性質必爲恆費者也。坐是舉債。此如治家計者仰債以給度日之米鹽。爲事安可以久。蓋於公債之第一大坊。先抉之矣。此吾黨所不敢苟同者一也。政府或自文曰。今歲費所以告不足者。以籌備憲政。政費驟增也。既曰籌備憲政。則斯亦特費矣。且吾子述公債用途。固嘗謂改革行政。廣設庶職以康庶務者。義得以舉債矣。今舉債以籌憲政。豈不以此顧昌言反對之何也。應之曰。不然。凡國費之支出。本有一定之原則以爲之坊。苟逾此坊。即爲浪費。雖國家已有之歲入而浪費焉。猶且不可。況乃本無此款。而預浪費之而乃特舉債以爲彌補之道乎。夫欲察數年來所辦新政之果爲浪費與否。至易易也。（第一）凡政務必以國利民福爲目的。數年來所謂新政者。曾有一焉能爲國利民福者乎。藉曰有之。而財政上之蒙其損害也既若彼。其所得福利之程度。果能償彼損害而有餘乎。(第二)所新增支之費。果皆以爲辦新政之用乎。辦一新政果需爾許人員乎。所用人員果皆爲能辦此新政者乎。辦一新政果需爾許經費乎。其所謂新政經費。亦有雖將經費節省一部。而仍能得同一之效果或能得更良之效果者乎。同此一政也。外國之費途與我國之費途。得毋有異乎。立此諸義以糾之。則我國支出之政費。其屬於浪費者。蓋什而八九。而新政爲尤甚。吾民特漠視國事。故置之不議不論。聽官吏之迭相攘奪耳。苟稍有絲毫政治思想者。則雖國庫所儲。充牣貫朽。猶不能許彼冠帶之虎狼任擇而噬。而況乃稱貸以益之乎。夫吾豈不知我國苟實行福國利民之新政。則此區區至觳之歲入。原不足以善其事。而舉債承乏之策。終非得避。雖然。此必政府有實行新政之誠心。有實行新政之能力。然後可以語於是。乃若現政府者。則愈借債愈以益其浪費。而政務之腐敗乃愈甚。國利民福乃愈爲所斲喪耳。此吾黨所不敢苟同者二也。復次。今世各國公債之加增。其原因大半起於軍備。今我政府方厲精右武。則緣此以舉債。似亦萬國之通義。雖然。國家政務。自有本末先後。而無論欲舉何事。恆必有他事與之相緣。百政咸弛而欲强其軍。此如養身者。舉臟腑百骸之榮衞。一切墮之。而惟欲强其一股。無論一股終不可得而强也。藉曰得之。而試思此人當作何狀者。其成爲至可憐至可怖之狠疾人必矣。夫今日豈我國言練兵之時耶。練兵猶可言也。練三十六鎮何爲者。練陸軍猶可言也。練海軍何爲者。今者括舉國人民粒粒辛苦之財。以養此驕惰闒冗必不能一戰之兵。亦既哀哉耗矣。天如佑中國者。則乘此司農仰屋之時。舉國輿論反對政府之擴張軍備政策。或得多數大吏。灑實情以上告。極言民力之不可復堪。與現在所養之兵之決不能爲用。冀政府有幡然知悟之一日。而將現在之軍事費。移其一大部分以辦他種要政。則國其庶或有瘳。今若贊成政府借債之議。則所借得之債。必以泰半投諸軍事。不問可知。而其結果則不過爲軍諮處海軍籌辦處陸軍部增無量數之美差美缺。使嗜利無恥之賤丈夫多一鑽營之孔。爲外國槍砲廠船廠增無量數之大宗生意。使經手周旋人多一可沾之餘瀝而已。而於國家究何利焉。此吾黨所不敢苟同者三也。

比年以來。度支部力持量入爲出之主義。以節省冗費爲言。吾黨固非謂此種消極的政策。遂足以拯我國財政於危亡之淵也。然使果有善理財者出。則固不能不以此爲下手第一著。何也。彼必要而有益之政費。其應增於今日者雖甚多。然此無用而有害之政費。其汰之更一日不容緩也。然政府今日所以議汰議節者。非誠能精白乃心爲國家謀幸福。而確有見於其必當如是也。終已無見款之可羅掘。迫不得已而出此耳。而緣此之故。或竟能將冗缺冗差冗員冗費。汰節一部。則亦未始非國家之福。今一旦漑潤以外債。而前此以見汰見節而觖望者。行且欣欣相告。而濫費之增。必又甚於前。蓋可斷也。此如旱暵之餘。麥苗與稂莠同槁。雖有惰農。猶將辛勤抱甕以謀蘇其苗於萬一。於茲時也。必亦且切齒於莠之分其潤也。而耘而去之。若一旦得雨霑足。自謂無復足患。荒而不治。有舉其田以鞠爲莠場已耳。此豈必徵諸遠。卽證以數年前之現象。而可見也。自辛丑以後。國家驟增數千萬之歲出。財政實狀。本已儳然不可終日。使其時非有意外之款以爲挹注。則政府其或於困心衡慮之餘。瞿然知警。而謀所以立財政之基礎焉。未可知也。乃無端而發明濫鑄銅元濫發鈔票之一伎倆。安坐而攫一二萬萬金。又無端而遇有日俄戰爭一事。銀價驟漲。緣此而既定之歲費。以磅餘而見其贏。當此之時。內而樞臣部臣。外而疆吏。若蛙之得雨。閣閣而鳴。若雞之對鏡。傞傞而舞。而疏附奔走於其左右者。承下流霑餘瀝。津津然樂且無極也。有告以財政之險象者。則蹴而去之耳。豈復肯一傾聽。於是祖述桑弘羊長駕遠馭之讕言。蹈襲蔡京豐亨豫大之邪說。朝增一局。夕添一差。今日練一鎮。明日購一船。政費之所以視十年前驟增一倍者。豈不以此耶。殊不知木槿之榮。不可終朝。石火之光。祇能俄頃。今則其意外所獲者。蕩然無復存矣。而所增之費。乃若疽之附骨。而迄莫能拔。嗚呼。我國民之受茲痡毒者。豈猶未極耶。夫外債亦若是則已耳。使政治組織一如今日而無所變也。則不借外債而財政或猶有整理之時。一借外債。其不至爲埃及焉而不止也。傳不云乎。美疢不如惡石。今政府之不名一錢。雖惡也而石也。得債而使政府得予取予攜。雖美也而疢也。夫豈特爲國民計。毋寧取石。即爲政府計。其亦安可甘疢以自即於死耶。

乙 國民生計上不宜借外債之故

財政上外債之利病。直接而至易見者也。國民生計上外債之利病。間接而較難察者也。吾既言外債爲國民生計之大利。然則其病亦有之乎。曰有之。夫外債所以能有利國民生計者。亦曰用之爲資本以從事企業。可以獲厚羸。而一國富額之總殖緣而日進云爾。而外債能收此效果與否。則（第一）當以其國士能否有企業之餘地爲斷。（第二）當以其國民能否有企業之能力爲斷。昔阿根廷蒙外債之害。則以其國無企業之餘地也。我國情形。截然與彼相反。此可勿論。若我國人企業之能力。果能運用厖大之外債而無或隕越乎。此吾所不能無疑也。吾國人常以商才自負。今吾乃竊竊焉以其企業能力爲疑。聞者鮮不訶其妄自菲薄而汚衊國民之神聖。雖然。吾安忍言。吾又安忍不言。吾以爲吾國人以小資本爲舊式企業。固有一日之長。以大資本爲新式企業。則非大加訓練之後。恐難有功也。二三十年來。以股份公司之形式從事企業者。所在多有。近數年而滋益盛。雖其中固有一二能獲贏者。而較諸他國之同業。既若霄壤矣。（如招商局與日本郵船會社之比較）而其大多數則虧蝕以敗。資本愈大。規模愈恢。則其敗也亦愈劇。若粵漢川漢等鐵路。其最著矣。日本人嘗調查我國自光緒二十八年至三十四年所立之公司。其資本合計一萬三千餘萬。而其有成效可期者。不過十之一二。此其言雖未可盡信。然亦決非無因矣。其故何也。（第一）股分公司。集多數人零碎之資本以設立。而委諸一二人代司其事。與自挾少數資本而躬營一業者有異。故司事之人。易於不忠厥職。或朘衆資以自肥。非公共觀念甚發達。而道德制裁稍峻整之國民。弗能舉也。而以我國現在之人心風俗。則其最不適者也。（第二）雖不可盡人而責以道德。然臨以周備之法律。則智者固不肯干觸焉以自絕。故各文明國之法律。其所以爲現在新式企業之保障者。至纖悉焉。我國則無之。即有而亦不足恃也。（第三）就令法律足恃。猶當有無形之監督。然後司事者乃不敢自恣。此如國家之有政府。然苟非人民常監督於其旁。則雖憲法亦將成死物。而我國民有漠視公事之惰性。小股東投資本於公司。惟坐待其派息。而他事一不過問。故易導司事者以爲惡也。（第四）今世之生計社會。與昔大異。有種種生計上之機關。爲數十年前所未嘗夢見者。（如交通機關金融機關等）必此種機關大備。然後新式企業起於其間。乃得運行圓活。今我國於此種機關。百不一具。而惟斷鳧續鶴。欲襲取其企業之形式以移植於我國。是以格格而不入也。（第五）即此種新式企業內部之組織。亦至複雜而至奇異。蓋公司之大者。其財產動數千萬。其所役職員職工動數十萬人。殆如一小國之政府。非槃槃大才。不足以運之。我國諸公司司事人。或未嘗學問之駔儈。或寡廉鮮恥之巧宦。或尋章摘句之迂儒。其抱異才而肯從事斯役者。蓋可一二數耳。蓋舉國中眞能運用新式企業之人實太缺乏。故成者一而敗者九也。（第六）今日而從事於大企業。則必與世界列强之企業家相競爭。非饒有生計學上之常識。深通全球生計界之大勢。將無所往而不敗。今我國之企業家。能主持一大公司。使其內部秩序井井者。已難其人。若能挾其公司以競勝於外者。則更絕跡。是以常爲勍敵所扼。而日即於衰亡也。由此言之。則吾國人企業能力之缺乏。信不可爲諱矣。夫生當今日。不能不從事於新式企業者勢也。吾所以謂外債能有造於國民生計者。徒以我國現有之資本。僅足以舉舊式企業。而墨守此舊式。則一國生計。決難向榮。欲新是謀。不得不利用外資以爲灌潤云爾。夫使所企業而悉成就。則所贏足以償外債之本息。而猶有餘利。莫溥焉。使所企業而悉敗衄。則血本無著。而債累乃如附骨之疽矣。昔普法之役。普人驟得數百兆償金於法。百業浡興。一年之內。而新設之公司四千餘所。徒以其企業能力尚屬幼稚。僅數月而紛紛倒閉。牽動全局。所得償金。蕩然以盡。故法人笑之。謂其勝於疆場而敗於闤闠也。（日本甲午戰後亦然）夫用償金以企業而失敗焉。不過蕩其意外之獲已耳。用外債以企業而失敗焉。則匪直不得魚。而且有後災也。夫一國於固有資本之外。忽焉而輸入巨額之外資。則其金融市場必驟生活氣。此無論爲得償金爲借外債。而其現象皆同一者也。金融市場既驟生活氣。則新公司之發生。必如春草之齊茁。此非必辦公司者直接以向外人借債也。又非必政府以所借得之債轉貸諸辦公司之人也。處一波動而萬波隨。莫之爲而爲。莫之致而至耳。於斯時也。苟其人民有企業之能力者。則外債之食報可以無窮。苟其人民無企業之能力者。則外債之流毒。亦可以罔極。不審乎此。而侈口以談外債之利。則一言而喪邦者有之矣。

不特此也。當驟得外債。而金融市場忽生活氣也。則國中奢侈之風必起。物價必騰踊。外國貨物必紛紛輸入。而貿易差負之現象必生。此實生計學上不磨之公例。稍治此學者所能知矣。苟其國家有紀綱有教化。則能禁之於未發。而矯之勿使過甚。獎勵人民以勤儉貯蓄。使毋眩於一時虛幻之繁榮。以侈然自恣。而常厚其母財以期於有所殖。我國之言外債者。其亦嘗知有此義。而一計及所以防之於豫者否耶。比年以來。歐風輸進。儇薄之子。以時世粧相競。而先哲勤儉之教義。不復足以維繫人心。蓋驕奢淫泆之習。視十年前殆如隔世矣。生之者愈寡。而食之者愈衆。爲之者愈舒。而用之者愈疾。一國之蓄舉投諸不可復之地。母財日微。而民生日悴。今方滔滔乎未知所屆也。益以外債。則更乃汨其流而揚其波。就令企業能力不後於人。且恐所借之債。其用以爲企業之資本者。什不一二。而供朝野上下熱官豪客揮霍以盡者。將什而八九也。信如是也。則天下之險象。豈復過此也。質而言之。則借債之第一義。莫急於求償還本息之有著。其債而用諸財政上者。則此本息責諸將來之稅源。確自信有能新濬之稅源。則其可借者也。不然。則其不可借者也。其債而用諸國民生計上者。則此本息責諸企業之贏利。確自信有必能得之贏利。則其可借者也。不然。則其不可借者也。而今日國中之言借債者。似皆未暇及此。是故吾黨雖深信外債之有益於人國。而獨於時流所稱道。則期期以爲不可也。

若誠欲借債乎。則吾請以先決問題進。

七　外債之先決問題

外債之各有利害。而其利害皆至鉅也。既若彼然。則外債可否之論。終無自以決定乎。曰。有之。有之。則其立乎外債問題之上者也。夫舉公債云者。一種之政治行爲也。政治問題未有所決、而嘵嘵然論舉債之可否。斯所謂不揣本而齊末。其不誤天下者寡矣。孟子曰。今有殺人者。或問之曰。人可殺與。則將應之曰可。彼如曰。孰可以殺之。則將應之曰。爲士師則可以殺之。吾於外債論亦云然。卒然問曰。外債可借歟。則將應之曰可。彼如曰。孰可以借之。則將應之曰。惟政治組織完善之國家。則可以借之。然則政治組織若何而始得稱爲完善。請得以次論列焉。

國家譬猶一人也。（所謂國家人格說。今世學者久有定論。）凡人必自有其意思焉。自有其行爲焉。而意思之決定。常在行爲之先。苟意思不備具者。（如瘋癲白癡及未成年之幼童等。）則民法上嚴其治產之禁。蓋不認其行爲之能有效也。惟國家亦然。有意思機關。有行爲機關。行爲機關。常在政府及其屬僚。此各國所同也。意思機關所在。雖古今有國者不能一致。而今世强立之國家。恆以委諸國會。最少亦必使國會參預其一大部分。無國會之國。其國家意思機關決不能具足。雖命之爲公法上之禁治產者焉可也。今世諸國。凡租稅公債。皆須經國會決議。以徵稅舉債。皆國家之治產的行爲故也。是故外債之第一先決問題。實爲國會。未有國會。則外債之可否。實無置議之餘地也。

執行國家之意思者曰政府。而執行之必貴統一。必明責任。政府而不統一。此如有人於此。耳目手足。各自妄動。而不相屬。無所節制。則不得復謂之人也已。政府而無責任。則執政之人。各自事其事。而非復事國家之事矣。若此者。雖謂其國家未嘗有執行機關可也。國家而無執行機關。此如痺痿之夫。雖復中心了了。而寸步不能以自動。此如欲有所資以託之營運。有坐耗之而已。是故外債之第二先決問題。實爲統一之責任內閣。苟無統一責任內閣。則舉此債而利用此債者。屬於誰氏。與談得失。不亦遠乎。

責任內閣立矣。然猶當問尸其位者之爲何如人。此則非法理上之問題。而事實上之問題也。夫國家一舉一措。其影響立被於全國。事後始圖補救。而所損失固已不可復矣。今使有責任內閣。以爲舉國大小庶政之所從出。

苟尸此位者而非其人也。或作奸犯科。假權位以自營其私。稍進焉者。或心雖絜白而識力兩有所不逮。動則以折鼎覆餗爲患。二者有一於此。皆足以僨國家之事。及其既僨也。雖復引責斥退。而前此所設施。豈能一一取而反之。即能反之。而緣彼設施所已蒙之害。又得湔祓乎。凡百政治皆有然。而公債亦其一也。是故外債之第三先決問題。實爲政府之能否得人。苟不得人。則外債之利決不可見。而其害乃先覩也。

此者一知半解之識時俊傑。憤拒款論之頑舊橫恣。於是矯枉過正。持偏至之論。以謂中國百事可緩。惟借外債則可以立起衰而致强。（聞有大名鼎鼎之在野政治家某君見人言請願國會言改革行政機關則嗤之以鼻問其何術以救中國則曰大借外債而已）雖然。吾試詰之。以今日中國財政基礎之脆弱。政府信用之墜地。欲借鉅債。人其肯應乎。此吾所未喩一也。若知吾財政之紊亂。明知吾政府之無信用。而猶肯以資假我。則其用心果居何等。我之借債。豈眞欲爲埃及耶。此吾所未喩二也。今之言借債者。無論出若何手段。豈能無抵押而得之。而關稅釐卡。抵舊債已略盡。今益以莫大之新債。行將抵及丁糧。論者果有何把握。能信現政府之必不爲債累耶。如其不然。則一切稅源。皆供外人干涉之具也。此吾所未喩三也。若曰以鐵路作抵。則路權所及。國權隨之。使債務不能履行。此即啓瓜分之漸。此吾所未喩四也。夫鐵路誠屬生利之業。然使現在無責任之政府管理之。則利且日減。即有利。亦豈能歸諸國庫以爲還債之用。論者得毋見現在京奉京漢之有利乎。使循此政治組織而不變。吾恐不及數年。此二路且仰補助於國庫矣。他更何論。以此爲言。此吾所未喩五也。就曰抵路決無害也。而所借之債。豈能專以築路。築路以外之債。可盡以路抵乎。此吾所未喩六也。今之言借債者。必曰吾所借之債。將用之於生產的也。然以現在之政府。復無國會以監督於其旁。債一到手。論者敢具甘結。保其決不用之於消費的乎。如其不能。此吾所未喩七也。藉曰消費的事業。如改革行政等。

未嘗不可以舉債。然要當視其效之能否可期。論者又敢保現在政府能舉改革行政之實效乎。如其不能。則何必負巨債以推廣優缺優差之額。此吾所未喻八也。復次卽果能舉所借之債盡投諸生產的矣。然生產事業其舉之必待人。今之政府其果爲能辦理生產事業之人乎。謂余不信。試一觀頻年所號稱生產事業者。其結果何如矣。夫辦理非人。則雖生產亦等於消費。而論者乃遽謂名之可恃。此吾所未喻九也。論者又或謂得一封疆賢大吏。舉債以辦一地方之事。亦未始無補。今勿論一地方之事業應否以國家代負其責任也。勿論就國家政治全體上觀察之。此一地方舉債辦事。能否適於輕重緩急之宜也。而以現政府之漫無策畫。惟私利是圖。此所謂賢大吏者。能保其久於其任乎。一易人而賢大吏之政策能保其必繼續乎。此吾所未喻十也。吾以此大吏爲賢。而他大吏則政府又豈謂其不賢者。此端一開。紛紛效尤。何道以禁。故吾黨於贊成借債論之範圍內。決不能認各省自借之爲得策。而論者或貪一時之安便。忘永久之患害。此吾所未喻十一也。論者或曰。今日非藉外債。決不能蘇國民生計之彫敝。今請以政府名義借之。而間接布諸民間。資人民以營生產事業。則當能舉殖利之實。而不至如官營之多弊。此誠見遠之論。吾黨所深佩也。雖然。勿論現政府決不能如論者之所期也。藉曰能之。猶當視國民企業之能力何如。以吾前者所推論國民企業能力之缺乏。旣已若彼。竊恐所企者什九失敗。而恃爲資本之外債。其一擲而不可復也。與投諸不生產之地等。與政府營私浪費等。不見乎最近市場之恐慌。其原因皆起於公司之倒閉與投機之敗衄乎。過信國民而輕下武斷。此吾所未喻十二也。夫吾固非謂以國民企業能力幼稚之故。遂因噎廢食。不思所以潤澤其資本也。夫助長國民企業能力而匡救其失者。責實在政府。使有善良之政府。一方面爲之整備種種之企業機關。一方面實施保護企業之法律。一方面施企業上有形無形之敎育。然後挹注以新資本以使之應用。而注意於失敗之所由來。隨時先事而預防之。則國民生計。誠可以大食外債之賜。而試問今之政府足以語於此乎。如其不能。斯所未喻十三也。且驟然輸入巨額之外資於本國。則金融上必大生變動。或銀價緣之而漲落。或物價緣之而低昂。或貿易出入緣之而生差正差負。其他一波動而萬波隨。相次發生之現象。縷指難盡。惟眼明手敏之政治家爲能通其變而坊其敝。而試問今之政府。足以語於此乎。如其不能。斯所未喻十四也。而持極端之偏至論者。甚乃曰。就令所借外債。供政府或國民霍揮。而其金錢至竟散布我國中。即使他日以政府破產而亡國。吾民猶得賴以稍富贍。此吾親聞諸一達官有力者之說。諒國中亦有一部分人同此心理。此又與於嚮言之甚者也。凡資財之能有於己者。必其用以爲資本而有所殖者也。若消費不復。則一時娛樂。更何足貴。夫驟進外資。其本質固易導民以侈。若更持此說以甘自暴棄。則毒且滋甚。雖勞庸與不動產之價率。或暫時驟進。舉國若欣欣向榮。不移時而此幻象全消。而其反動力所生之困苦。必甚於其舊。若以此爲言。斯所未喻十五也。要而論之。凡借債者。於未借之前。必先立償還計畫。所借債而用以補政府現在財政之不給者。則取償於政府將來稅源之所入。所借債而用以潤國民生計資本之不贍者。則取償於國民將來企業之所贏。政府將來稅源所入。固由政府直接全負其責任。國民將來企業之所贏。亦由政府間接半負其責任。而政府之性質及其人物不堪負此責任者。則借外債決爲有害而無利者也。今論者眼光全見不及此。而貿然主持借債以鳴得意。此吾所未喻十六也。

綜以上所陳。可得一結論焉。曰借外債可也。現政府而借外債不可也。若充類至義之盡。則必實行吾之理想的政府制度。而復以吾之理想的人物當其任。則絕對的可以借外債矣。然此顧安可得者。不得已而思其次。則其亦必國會已開而有統一的政府對於國會而確負責任則經國會協贊之後亦相對的可以借外債何也既對於國而負責任則庶幾近於理想的政府制度而循此以得理想的人物亦較易也質而言之則國會與責任內閣爲借外債萬不可缺之條件而已或曰今政府財政之破產國民生計之破產已迫眉睫而國會與責任內閣之建尚須時日俟其既建而始借外債竊恐西江之水不能救涸鮒爲之奈何應之曰若誠有見於此則惟有速開國會速建責任內閣而已舍此更無他術若欲因陋就簡以彌縫一時此非所以救國家之破產而直速其亡而已此非以救國民生計之破產而更蹙之於死而已故今日有不戮力以圖政治組織之改革而持現政府可借外債之論者凡我國人鳴鼓而攻之可也

八　今日中國可以利用外債之事項

由上所言則現政府之借外債其爲國民所不能公許也明矣是故苟循現今之政治組織而無變則無論其公債用途若何適當募集條件若何有利皆可以置之不論不議何也放飯流歠而問無齒決孟子所謂不知務也雖然苟國會誠開責任內閣誠立則此等外債政策問題不可不愼所擇者今得先取而縱論之

今之論者動曰公債之大別爲生產者與不生產者以謂不生產之外債其不可借者也生產之外債其可借者也斯固然也然以是爲外債政策惟一之標準未見其適用也夫生產與不生產其界說至難定者也近今生計學者論生產條件而國家與居一焉然則凡國家一切政務何一不爲生產之資非直接的生產則間接的生產也非積極的生產則消極的生產也非有形的生產則無形的生產也必謂懋遷居積所用者乃爲生產而遣子

就學所用者為非生產謂求田問舍所用者乃謂生產而衛生治病所用者為非生產君子謂其不知類矣反之而不生產之方而則亦有然置田宅以貽不肖之子弟費金錢以營必不可成之事業其動機雖欲藉以生產而結果終於不生產是固不得託生產之名以自文也然則外債政策之標準於何決之亦曰取決於「生計主義」而已即所謂「以最小之勞費得最大之效果」之一原則也此原則為一切生計行為所莫能外國家財政亦生計行為之一也故不可不嚴守之公債政策財政政策之一部也外債政策又公債政策之一部也故皆不可不嚴守之今誠能統籌全局窮極本原而權衡於勞費效果之大小輕重遲速乎則此問題蓋可迎刃而解也吾嘗持此以衡之以為今日中國其決不宜利用外債之事項二其最宜利用外債之事項六此外債宜用不宜用尚有商榷之餘地者也試論列之

甲　決不宜利用外債之事項

（一）用以補現在行政費之不足者　國家政務惟特費所需可以舉債而恆費所需決不容舉債吾前既屢言之夫雖以政治修明之國其恆費本無一濫用而仰給公債識者猶謂其不可況我國今所謂行政費者皆以供冗職豢冗員有勞費無效果者什而八九耶自袁世凱舉辦直隸公債以來湖北安徽繼之其手段不外挖肉補瘡寅支卯糧鄙人曾痛哭流涕力陳其害政府既漫不之省國民亦莫或知懼今湖南江南且紛紛效尤矣循勢所趨其不至各省咸有此種公債焉不止其不至舊債未償新債復起焉不止夫前此所辦皆內債也此種內債之足以速亡雖與外債無擇然內債募集不易自今以往雖强逼焉且將莫應則鼯鼠五技遂將

立窮而官吏發憤自亡厲精圖亂之手段固有所限也以云外債乎則人之以債假我者豈憂我之敢逋其負我誠欲之不患莫應而竢及覆轍不數年而見矣夫今者政府之汲汲焉欲借債其動機豈不在是耶國民而贊成之則亡國之罪必有所歸矣

（二）用以擴張軍備者　今世各國負債之重强半由擴張軍備而來今我政府之言借債者亦未嘗不借此以自文而現在籌辦海軍舍此更無從措手雖然此策若行則眞國家自戕之斧也姑無論今之治軍者未嘗有絲毫軍事上之常識且未嘗有銖黍公忠之心以靖獻於國家其所謂軍事費無一非浪擲虛牝也就令才皆頗牧忠皆韓范養一軍得一軍之用費一錢獲一錢之値而試問以今之中國欲成軍而能與人決一戰其所需勞費當幾何此非可以實論爭但比較於他國而可知也今各國徒以相猜之故終不肯令人之兵力優勝於我故彼此恆迭相比例以爲擴張之程度故軍費之增加十倍於二十年前今且未知所屆我國苟非欲與列强頡頏則汲汲於海陸軍何爲若稍欲躡人後塵則舉我國四五年租稅所入之全部而以爲一年之軍事費猶懼不給我國民其亦知之否耶夫人國積數十年之經營規模夙具今特增而修之而所費固已若是况我百事經始其費又什伯於彼乎又况彼歲進無已我此後更須隨以競走乎且彼之造艦造械築港築壘諸費人才物料皆本國所自具其擴張所用之款還散布於本國故雖重而不至紊及國民生計之秩序我不從事於此則已苟從事於此則所費什九外流是故今日之中國欲練成一勁旅使能與列强馳騁必舉國上自君主下逮氓庶相率經一二年枵腹不食盡取其所以自養者獻諸國家其庶可也夫經武詰戎雖爲國家所當有事然自以民力所克任者爲其限界苟以此而侵及生產事業資本之範圍其國且未或不悴而况於

朘削及衣食住之費耶．吾以爲我國擴張軍備政策．原非不可行．然必俟諸業產日興民富稍進以後．今則非其時也．今試借外債以修軍備．所借至五萬萬圓．不可謂少矣．然此不過當俄國德國一年之軍事費而已。（當英法一年半當美奧二年當日本意大利二年半）然以息率五釐計．我國庫已歲增二千五百萬圓之負擔．而將來還本所需尚不計．夫此歲增之費．不取諸民．將焉取之．而所借五萬萬．曾未有分毫溉潤於民間生計社會．我民從何處能增此負擔力．夫以現在租稅之率．民卽以舉鼎絕臏爲慮．今無以增其富力．而徒重其負擔．欲不蹙之於死亡．安可得耶．夫蹙民於死亡以練成一軍．將安取之．況夫所謂練成者．終亦無期也．是故現政府之軍事政策．我國民宜盡全力以反對之．若軍事公債．更有死而不敢承者也．

以上所舉．皆就消極的不宜利用外債之一方面立論．卽所謂不生產的公債萬不可借之說也．稍有識者．當皆能信之．至於積極的宜利用外債一方面．則其關係稍複雜．其理論稍紆遠．故當更端詳說之．

乙　最宜利用外債之事項

（一）用以爲銀行準備金以確立兌換制度　今世界之生計現象．以信用制度爲其基礎．此生計學界之一格言也．信用制度非一端．而筦其機者實惟銀行．銀行業務非一端．而就最重要之銀行論．（在英德法日等國則中央銀行最重要者也在英國加拿大等則國民銀行最重要者也）其最重要之業務．實爲發行兌換券．欲獎勵一國實業．而不設法使銀行發達．此猶渡江河而無維楫也．欲銀行發達．而不設法確立兌換制度．此猶欲其入而閉諸門也．誠能確立兌換制度．使銀行業次第發達．則一國之生計現象．以信用相維繫．能使資本流通之度數．速於今日什伯倍．而資本之效力自增於今日什伯倍。故有國幣一圓於此而可以當什伯圓之用。民業安得不盛。民富安得不進。而兌換制度。則必有相當之準備金而始能確立者也。我國今日若有超羣拔倫之政治家。則雖不假外債。亦未始不可以得準備金以建兌換制。然而其道大難矣。且一國資本之實量不增加。而僅就舊有之區區者增其效力。則何如既增資本之實量。復就其所新增者而更增其效力之尤爲得計也。今使責任內閣誠立而得賢才以承其乏。則大借外債。厚儲銀行之準備金。而應於其分量以發兌換券。大約借入十萬萬圓以爲準備金者。可發兌換券三十萬萬圓以上。準備金兌換券合計有四十萬萬圓者。則期票匯票支票等通幣。（此等票雖非由國家認爲貨幣然在市場通用殆與法幣有同一之效力故生計學者亦名之曰通幣通幣者合此等票與法幣而言之也）可相引推行至百萬萬以上。是借十萬萬而得百五十萬萬之用也。外債功用之偉。莫過於是。吾所以謂外債能起國民生計之彫敝者。亦實在是。（不借外債亦未嘗不可以行此作用但如合一國現在富力僅能得五萬萬圓以爲準備金則充其量能演成六七十萬萬通貨極矣加以外債十萬萬則可以得通貨二百萬萬以上此外債之效也我國資本正苦缺乏故外債良也）夫國中驟增此通幣。則民之稍才敏者。皆得利用之以爲資本。而凡百產業。不期興而自興。國富總殖。不期進而自進。所謂生產的外債。正謂此也。（言外債之弊者其理論亦根於此蓋驟借入巨額之外債則通幣之額必驟增驟增則其值必落幣值落則物價必騰幣值落則易導人民以奢侈之風物價騰則對外貿易輸入超過之現象必起此其一也又通幣增則金融市場必帶活氣各種企業必浡興則或以生產過溢而致虧折或企業者非其人而失敗或全國人狂奔於投機事業皆足以爲國民生計之害此其二也吾前論外債之弊若明此理自能解之）今之論者。亦知以外債殖利之爲良法矣。而叩其所以殖利之法。或官築一路。或官開一礦。或官辦一製造廠。更進則補助人民一二特種產業已耳。夫此固未始非殖利之一端。然僅恃此則其所能殖者幾何。子產聽鄭國之政。以其乘輿濟人於溱洧。孟子曰。惠而不知爲政。歲十一月徒杠成。十二月輿梁成。民未病涉也。夫國家用外債以直接從事於生產事業。則濟人溱洧之類也。用外債而假塗於銀行以間接助長生產事業。則徒杠輿梁之類也。

(附言)吾所謂充準備金以確立兌換制度者。非必乞靈於大清銀行也。吾對於我國之銀行政策。大反對單純的中央銀行制度。而主張兼用國民銀行制度。當爲專篇論之。吾在報中屢述此意但其理甚長非數萬言不能說明今尚未暇屬稿也然國民銀行制度。亦非有相當之準備金不能爲功也。

(二)　用以設大清銀行支店於外國而實行虛金本位之幣制　我國必當行虛金本位之幣制。而欲行此幣制。必須在外國重要都市設大清銀行支店以爲操縱匯兌維持法定比價之樞紐。本報既已詳論之矣。然欲辦此。必須先籌相當之資本。此資本求之於本國。雖未始不可。然以現在民生彫敝之餘。更分之於外。則竭蹶滋甚。故資外債以舉之。勢之至順者也。此舉雖不能直接殖利。然現在我國以幣制紊亂之故。日受銀價漲落之影響。企業者不得安堵。凡百事業。皆帶投機性質。以故生計社會不能健全發達。其損失莫甚焉。此舉若成。則其間接裨助生產者。豈有量哉。況辦理得人。則所借款決不至糜費。而時或亦可以得微利。蓋大清銀行支店之在外國者。其職務雖專以操縱匯兌。匪曰求贏。然支店所備之資本仍可購外國最確實之有價證券以保存之。斷不至坐耗其息。而操縱之餘。遇便取贏。亦意中事也。

(附言)俄國前度支大臣戓忒以善理財聞於天下。而其最爲人所稱道者。則在利用外債以實施金本位幣制。且確立兌換制度。我國所宜師法也。

(又)問者曰。既大借外債以整頓幣制。則何不逕行完全之金本位制。何必更采虛金本位制。應之曰。不然。完全金本位制與虛金本位制之差別無他。完全金本位制。必須以金爲銀行準備金。虛金本位制。則金銀皆可充準備金而已。吾國欲行完全金本位制，首當察一國所需實幣之總額如何，徵諸日本，其實幣之充準備者，常在二萬二三千萬圓之間，我國人數十倍日本，而信用制度之發達，交通機關之便利，遠不逮彼，故每人所需幣額，斷不能下於彼，以此推之，應需準備金二十萬萬圓，卽折半計，亦十萬萬圓，不能再少矣。我國中現有之金，雖不得確數，以吾揣之，不過得一萬萬圓極矣，以金二分為一元起算其他九萬萬圓，須求之於外，夫借一萬萬磅之外債，似可以得此數矣，而不知所借之債，非輦現金以致諸我也，不過取塗於國際匯兌，以期票匯票等形式，以了結債權債務之關繫而已，故雖借一萬萬磅，而運來之金錢金塊，或僅百數十萬磅，或並一磅而無之，未可知也，我欲得金錢金塊，仍須別行收買，作為貨物以入口，與普通貨物無異也，試思我忽然向外國市場收買十萬萬圓內外之金錢金塊，則其影響於金銀價之漲落者何如，而我所受虧累又何如，是故我國幣制，將來必當以完全之金本位制為歸宿，無可疑也，然行之宜漸，毋驟，稍積經驗之後，約能測定全國所需實幣準備額若干，一面常努力務積蓄金錢金塊，俟積蓄所得，與其所需實幣準備額相去不遠，則卽為可以改行完全金本位制之時也，若今驟欲行之，恐有不勝其敝者矣，夫虛金本位制苟辦理得宜，則亦可以與完全金本位制同一效果，何必惟美名之是騖乎，因度支部侍郎盛宣懷今又忽提金本位制之議，故附論之如右。

（三）用以整理舊債　各國公債多有以整理舊債之目的而募集者，其動機蓋有二，（第一）前此或緣行政技術之粗陋，或緣事變之不得已，經多次募債，而息率條件紛歧錯雜，於是別募新債以整齊畫一之也，（第二）各國息率近皆逐年低下，故募薄息之新債，以換厚息之舊債也，我國舊債為數已不少，亟宜思所以整理之者。然非利用外債。其道無由。此俟下方別論之。

（四）用以改正田賦及整理他種稅法　既以國家之名義借外債。則將來負償還本息之義務者。恆在國家。至易見也。國家以何道能償還本息。亦曰恃租稅收入之加增而已。而租稅收入所以能使之加增者。其間接手段在長養稅源。而其直接手段。則在整頓稅法。果能利用外債。使國民生計日以向榮。則其負擔租稅之力日強。雖多取之。而不爲虐矣。然租稅制度。苟非根據學理。審察時勢。立一完善之系統。以酌劑於盈虛之間。則國家財政之基礎。終未能宏也。中國稅租系統。當若何組織。其將來應增設之稅目。以何爲宜。非本文所及論。（當爲專篇論之）而現存諸稅目中。其必不可廢。而徵收制度必須改革者。蓋非一端。而最著者則田賦也。昔總稅務司赫德建言。謂中國田賦。辦理得宜。可增收至四萬萬兩以上。吾固未敢遽信。然以吾所忖度。苟能以實心行良法。則增至二萬萬兩。實意中之事。（據今年度支部所編預算案全國田賦所入四千八百十萬一千三百四十六兩若能增至二萬萬兩則四倍有奇矣）而其下手整理之法。則必自立地價之標準。製土地之臺帳始。然欲舉此業。則所需之費。大約亦在二萬萬金內外。現在國庫斷無此財力。誠欲舉之。非乞靈於外債不可也。其他若鹽稅。苟能行吾廢引地廢鹽商之法。確立專賣制度。所入亦當數倍今日。而整備各機關所需臨時費。亦頗不貲。法當資諸外債。其他各項新設稅目。亦多類此。要之。借債以改革稅法。整頓財政機關。實爲理財正則。但非國會既開。責任內閣既立後。無從語此耳。

（五）用以開移民銀行及農業銀行　普通之商業銀行。固爲國民生計最重要之命脈。然當委諸人民私辦。不當由政府壟斷。政府借得外債。但取途於兌換券準備金。以散布諸民間。使市場金融潤澤。則人民之私立銀行者。自紛紛踵起。固不勞政府之代大匠斲也。獨至移民銀行及農業銀行。其性質則稍異。今我國腹地諸省。以人滿爲患。而滿蒙諸地。乃荒廣不治。外人則乘間以涎之。故無論爲國民生計起見。爲對外政策起見。皆當速行移民實邊之計。此國中稍有識者所能見及矣。而欲舉移民之效。則其下手第一著。必須倣普魯士之制。設一內地移民銀行以總其事。徠腹地愿民假之以貲。授之以田。而他日則以年賦償還法俾銀行收回本息。（普魯士移民銀行制度其精妙周備不可言喻他日當介紹其崖略以告我國人）苟非先從事於此。而鹵莽滅裂以言移民。無當也。然欲舉此業。則此銀行之資本。默計最少亦當在一千萬以上。而資本之回復。最速亦當期諸五十年以後。故其業非私人之所願。而必當以國家之力舉之明甚。國庫現在之力不足以舉。則利用外債宜也。至如農業銀行。其所貸出之資。專爲改良農業之用。其回復之歲月亦綿遠。與商業金融之性質異。其撰各國農業銀行大率由國家畀以特權。許其以有利之條件。發行勸業債劵以厚其資金。我國信用之習。既未發達。而人之有餘積以應債劵之募者更寡。雖設此制。徒託空言耳。故欲私立農業銀行之發生。則今後十年間恐斷無望。而我國以農立國。茲事又萬不可緩。則亦惟以國家之力舉之。國庫現在之力不足以舉。則利用外債亦宜也。

（六）用以大築鐵路　借債築路。爲現在宜行之政策。吾黨已略論之。茲亦毋庸贅述。即國中有識者。亦多同此主張。本無俟喋喋再陳其利害。雖然多數人士之倡拒款論者。尙以此問題爲辨爭之鵠。故亦未可遽置之不論也。吾以爲此問題。直兩言而決耳。（其一）今日之中國。非將應辦之鐵路迅速辦成。則政治及國民生計。能望其改良發達乎。曰是必不能。（其二）中國現在公私之資力。能將應辦之鐵路迅速辦成乎。曰是必不能。兩皆不能。則舍利用外債外。更有何術矣。今之持拒款論者。其於吾所立第一之斷案。諒亦承認。其不肯承認者。則第二斷案也。蓋一國中資本涸竭之現象。彼輩曹無所察。與語及此。則怒目相向。以爲是侮辱國民也。彼輩所橫亙於胸中之成見。則以謂現在國富之藏於民者其數無量。政府雖貧。而人民固甚富也。（此等俗論殆深入全國人心無論何派之人皆懷此理想彼官吏及一知半解之學生多言我國現在租稅甚輕應重課人民負擔之義務者皆此理想誤之也）夫謂我國將來之富及無形之富。其藏於地中藏於人民身中者。爲數無量。吾豈敢有異議。若以言現在有形之富乎。嗚呼。吾安忍復言。杜工部詩曰。世上未有如公貧。吾亦將曰。世上未有如吾國貧耳。論者而猶疑吾言乎。豈必徵諸遠。但觀近年來各商辦鐵路集股之成績何如。斯可識矣。當拒款論之驟中於人心也。人人以附股爲愛國之義務。於是婦女拔簪珥。兒童節餻棗。相率投之若恐後。然此種現象。果遂爲國家之福乎。夫附股者。一種之企業行爲也。苟附股之動機。而非發自企業心。則一國生計之基礎。必有受其敝者。蓋多數之股東。視其股本有同義捐。而怠於監督之義務。則公司之精神自茲腐矣。即舍此勿論。而彼等錙銖涓滴之資本。本欲以投諸他種企業者。今悉吸而集諸鐵路。鐵路成而他業廢。又豈足稱健全之生計現象也哉。而況乎雖盡吸此錙銖涓滴。而於路之成終無濟也。其尤可駭者。以自由募集應者寥寥。而乃有所謂强制集股論興焉。如川漢鐵路之畝捐。則一種之田賦附加稅也。去年湖南諮議局提出粵漢鐵路一集股法。欲仿川漢畝捐之例。而更適用累進率。則一種之財產稅所得稅也。是安得目爲私法人之集股。直公法人之徵稅已耳。夫徵稅以舉公益事業。誰亦謂其不可。雖然。亦當視其事業之性質何如。與夫現在民力所能負荷者何如。以需本數千萬之鐵路。而其利益及於百數十年以後。則舉債以辦之。而分其負擔之一部分於後人。實天下之公理。是故人民苟以企業心爲之動機。覩其有利。而投資附股以營之。斯無論矣。而不然者。則義不可以徵稅之形式。强其附股。何則。自由附股者。必其力能任者也。强制附股者。則未必其力能任者也。譬有十人於此。中一人倡議曰。買某段之田。當有利。因不問彼九人之意嚮何如，力量何如，而硬派人醵若干以買此田，天下豈有此情理乎。是舉生計自由之大原則而破壞之也。今之主張强制集股法者，亦若是已耳。就令其獻强制之法甚巧妙，而與現在生計社會之情狀能順應，君子猶謂爲不可，況夷考其實，又不過取現有之稅目而附加之。夫現有稅目，其負擔偏畸，而大悖於公正之原則，亦已甚矣。更附加之，是使偏畸者益以偏畸也。現有稅目，舉國費什之八九悉責諸農民之仔肩，而其他階級雖有豪富，或且不輸銖黍於國家。農之憔悴，既不堪言，比年以來，侈談自治，而數級地方團體之經費，亦惟誅求於農。舉天下之良農，行將廢田不治矣，更何堪鐵路公司之畝捐，復從而朘削之也。彼倡强制集股法者，而不知此義也，時曰不智；知之而猶倡之，時曰不仁。質而言之，則我國現在公私之資力，實不能舉應辦之鐵路。其事實蓋已章章不可掩。彼持鐵路拒款論者，其愛國熱誠雖可敬，其太不審時勢，抑可憐也。

抑彼持拒款論者，動以謂借債造路，卽爲亡國之媒。抑已過矣。外債之足以亡國者，惟有一端，曰償還本息之義務不能履行，是已。故政治上之外債，其危險之程度誠頗强，而生計上之外債，其危險之程度固稍殺。此事理之至易覩也。吾固不敢謂借債以辦鐵路者，將來鐵路所入，遂保其必能償還鐵路本息。何也？以現在中國人心風俗之敗壞與企業能力之薄弱，雖至有利之事業，而能收其利與否，抑未可知。則將來之路，能償今日之債與否，誰敢信之。雖然，若以此爲前提，則必自今以往，不復一辦鐵路，乃至凡百企業，悉廢棄勿舉，然後可也。夫使以人心風俗敗壞企業能力薄弱之故，致徒耗其資本，而不能舉生利之實，則所耗之資本，豈必外債而始爲病，集國民粒粒辛苦之股，擲諸虛牝而不可復，寧非病耶。吾以爲今後國民，惟對於當局者，厲行監督之之義務，且務欲種種方面，各自養成其能力而已。因噎廢食，甚無當也。若就鐵路事業之本質言之乎，則除邊鄙之軍事鐵路外．大都皆可以獲厚贏．辦理稍得其人．固不憂債款之無著．而其所投之資本．購買地段役使勞力居三之二．皆吾民所自得也．高等工料所需三之一．其一部分雖流出外國．其一部分仍可求之於我者也．其全然必爲外人所得者．則債息而已．以區區之息．而能易取此至可貴之庸租贏利．孰大焉．而必拒若蛇蝎．吾無以名之．名之曰惑而已．或曰．前此鐵路借款．皆含有政治上之意味．恐路債所及．國權隨之．斯誠不可以不慮．雖然．此則視其借款契約何如耳．以吾度之．今日欲得政治上無關係之路債契約．似尙非難．而當局者當亦已知所愼．故吾國民惟以此監督當局斯足矣．而絕對的拒款論．誠無取也．

（附言）吾雖極贊借債造路之議．而近者東鄂二督所建策．則有不敢雷同者．二督所擬造之路．以粵漢川藏張庫錦愛四線爲首．吾以爲今日中國所宜急起直追者．實在國民生計上之鐵路．而政治上之鐵路．乃其次急耳．此四線中．粵漢一線可勿論．其川藏張庫錦愛三線．他日誠或可以爲生計上之鐵路．今則純然政治上之鐵路也．今欲使外債政策有基勿壞．必當投其債於本息有著之地．彼三線能保其若此乎．吾竊疑之．夫彼三線．吾固認爲必當築者也．特謂當俟國中政令稍修明．民力稍充實．拓邊人才稍養集之後．乃次第及之．而現在外債用途．則謂當以絕對的生利事業爲衡．若必欲今日辦之也．則必所借之債極多．出其餘以辦之．斯或可耳．大抵今日欲立外債之大計畫．則所借之債．當以十分七投諸鐵路．以外諸事業．即本節所舉之前五項僅能以十分三投諸鐵路．而此十分三者．又當以其二投諸生計的鐵路．僅能以其一投諸政治的鐵路．如此則生利之部分與不生利之部分相劑．不憂本息無著．以貽累將來．今二督所建議．於鐵路以外之事業．毫不厝意．卽以鐵路論．又以不生利的爲其要著．此實過於冒險．毋惑乎反對者之蠭起也．

（又）二督此次建議。其動機實在答滇督李君商籌大計之通電。李君之電。獨明大體。深探本原。洵不愧大臣謀國之忠。錫端兩君所答。雖不能謂非一種政策。然文不對題。亦已甚矣。兩君謂前此美國之弊。全在交通阻礙。鐵路開則不易法而令自行。此誠有然。抑思美國所以有今日。僅恃鐵路乎。抑尚有存乎鐵路之外者乎。苟無存乎鐵路之外者。將並鐵路亦不能建設。他更何論。譬諸有久病之夫。於此不務所以去其病。乃告之曰。某人以馳馬射獵之故。某人以入海就浴之故。能膚革充盈。精神煥發。汝盍效之。曾亦思此病體能堪馳騁游泳否耶。二君謂今之中國。欲恃兵力以圖强。非五十年不能收效。欲恃政治以自振。非三十年不能見功。其所論兵力一事。容或有然。以云政治也。則試問政治不自振之國。又何一事能辦者。使政治現象而有以異於今日。則兩君所建議。誠不失爲救時之一政策。若政治組織一切循今之道而無變。而惟錫端二君之策是行。則徒以速中國之亡已耳。君子一言以爲知。一言以爲不知。二君欲長國家而抑政治爲末節。毋乃賢者之過也乎。縱筆所及。輒復論之。

以上六者。皆吾所認爲最宜利用外債之事項也。雖然此爲國會既開責任內閣既立以後言之也。吾固言之矣。苟循現今之政治組織而無變。則無論其公債用途若何適當。募集條件若何有利。皆可以置諸不論不議。是故本節所論。皆將來之問題。非現在之問題也。

九　債權者之選擇及募集條件

若國會誠開。責任內閣誠建。則外債洵爲今後救時之一良策。於是關於外債政策之種種問題。可得而論次矣。

其最要者。則債權者之選擇及募集條件是也。

就選擇債權者之一事言之。則吾所最希望者。對於外國之個人而負債。勿對於外國之國家而負債是已。今我國前此所有外債。其債劵皆散布於外國市場。成爲一種流通動產。謂之非對於個人而負債焉不可也。雖然。一切外債契約。皆由我政府與他國政府商訂。故實際上已變爲對於國家之負債。夫以一國而對於他國之國家有債務。則借債之一事。不僅爲生計上之關係。而兼含有政治上之關係。此不可逃避之數也。夫既有政治上之關係。則國際捭闔之問題出焉。某國宜結此關係。某國不宜結此關係。此政策上所首當決定也。夫既與他國結政治上之關係。則宜擇政治上野心較少之國。此近日外債問題與外交問題所爲相緣而生也。雖然。人之自愛其國。誰不如我。欲求政治上無野心之國。實際殆不可得。故與他國結政治上之關係。夫固不免於危險之數者也。即置此勿論。而據我國現在形勢。實已失自擇債權國之自由。何也。各國爲機會均等一主義所束縛。苟一國欲與我結特別之關係焉。而恐不得也。故選擇債權國。雖極要著。而在今日殆不能成爲問題。今我國若欲求外債政策上一大成功乎。其必由大清銀行與外國資本家直接交涉。而不勞外國政府爲之居間。則庶幾矣。

其最上者。能發普通之國債劵。而運動外人購買。不立內債外債之別。則有百利而無一弊。此盡人所同知矣。此在他日財政基礎確立以後。信用孚於中外。使外交得人。此固非絕對的不能辦到之事。然此顧安可望諸今日者。不得已而思其次。則立特別的外債條件。而由歐美各大市場之大清銀行支店直接發行。（此事必以大清銀行能設支店於各大市場爲先決問題實則此事久應辦也）則收效亦可以甚博。然此非今日所能辦到。又無俟論。再思其次。則能以我國各銀行與歐美之資本家共結一仙治潔特。（仙治潔特者一種公司之名也前此之福公司銀公司合興公司等皆仙治潔特今次承辦一萬萬圓新外債者亦英美法德四國聯合之仙治潔特也）將我所擬募之公債。全數承受。而分布轉募於各國市場。稍得其人立可辦到。更思其次。則由大淸銀行。委託諸他國之仙治潔特。而債權國之政府雖或仰彼執斡旋之勞。然總不以兩國政府結契約之形式行之。則政治上之葛藤。必可以較殺。此今日言外債者所最宜注意也。

今日我國人言外債者。常目視美國。蓋有二故。其一。謂美國人無野心也。其二。謂美國人富也。夫美國有野心與否。姑勿具論。以云美國人富則誠然矣。然謂其以富之故。卽能供給我以巨債。此又知其一不知其二也。蓋公債之爲物。在各種投資方法中。號最安全。而利却較薄。今全世界中。惟法國人最喜趨之。次則英國之貴族若美國人則最富於冒險企業之性質。且其國業場尙廣。有可以容資本活動之餘地。不如歐洲之地力久盡。故美國人不甚好買公債有自來也。今我而欲得數千萬圓之公債於美國。吾固信其非難。若欲得數萬萬圓以上。則美國力必不任。藉曰任之。其必要求極優之條件。此可以推揣而得者也。故欲以有利於我之條件而得巨債。與其求諸美。不如求諸英法也。

以募集條件言之。則吾黨所主張者。爲平價發行法。而謂不宜采折扣發行法也。平價發行法者一百圓之債券卽收足百圓也折扣發行法者僅收九十餘圓所謂九幾扣是也我國前此所有外債皆用折扣發行法者也夫平價發行本爲募債之正軌。而各國往往好用折扣發行者。其利有三。其一。則購券之人。冀早償還而得折扣之餘利。借債者迎合此心理。以冀應募之衆也。其二。則凡折扣發行之法。懸一扣頭以爲限。而競賣之結果。其價或漲至扣頭以上。則政府獲其利也。例如用九五扣發行一萬萬元而應募總額乃至二三萬萬圓則其券由出價高者先得故政府常可以九六九七扣或竟至無折扣而售出債券則利在政府也其三。則政府如欲償還。則可於該公債市價低下之時。將債券收買而催燒之。而無須爲扣頭以上之償還。利亦在政府也。例如九五扣之百圓債券政府本應於借時收入九十五圓而於還時支出百圓但借時以競賣之結果出價高者得則政府或可以收至九十七八圓矣然此種九五扣之債券其在市場上之價值罕能漲至百圓有時且落至九十二三圓政府若於其價落時用收買償還法則或竟不必還九十五圓矣故政府兩受其利也今我國借債既與他國之仙治潔特結契約。苟募集不足額惟該仙治潔特是問。則無取乎以折扣迎合應募者之心理甚明。而競賣價格雖騰。原定扣頭以上。亦惟該承辦之仙治潔特所得。我政府絲毫不能沾其利。若收買償還法。雖未嘗不可行。然遠在外國行之滋不便。且現政府更安能語於此。然則折扣發行之三利。我無一焉。所贏得者。惟借債時收入少額。還債時支出多額而已。且既有折扣。經手官吏。即得從中舞弊。愈以導官紀之墮落。而國家益受其敝。故毋寧采平價發行法。雖出若干之勞金以酬經手之仙治潔特。爲計尤得也。

復次。今之言外債者。以永息公債爲最有利。我國即未能辦到。亦當採据置年限有期償還法。而萬不可蹈前此之覆轍。用定期定額償還法。蓋束縛過甚。他日債務愈多。財政之運用愈難也。此義前此既屢言之。今不復贅。

復次。以歐美現在市場息率言之。各國公債其息殆無過四釐。而大勢且日趨減殺。故自英意兩國行息率遞減借換法。各國紛紛效之。今外人既日日運動我借債。我苟操縱得宜。則以平價發行息率四釐之條件與之交涉。未始不能辦到。若更進一步。則仿英意之例。訂明經若干年後息率遞減若干。亦未始不可期成。今以九五扣息率五釐之條件得債。吾黨所不能滿足也。

十　新債與舊債

借新債以償舊債。亦我國外債政策之一種也。蓋爲一國財政條理起見。公債之種類。最不宜於紛歧雜糅。故各國財政家。常以整理舊債爲一大業。整理云者。將未及償還之舊債。歸併其種類。而畫一其條件也。而整理法又往往與借換法並行。借換者。借廉息之新債。以換重息之舊債也。我國舊債。除鐵路債外。純爲國家所負擔者。尚七萬萬兩有奇。而種類不下十數。內中庚子賠款。並未嘗收入現金。固不必計。其餘大率扣頭太大。息率太重。（其扣頭有至九十者有至八十八者其息率有至六釐者七釐者）若政府誠有計畫。有手段。得平價發行息率四釐之新債。約計每年可節省舊債本息三千萬圓以上。而將舊債整齊畫一之。行政上亦益加便利。此眞中國今日所當有事也。而惜乎現政府決不足以語於此也。

十一　國債與地方債公司債

我國外債。實濫觴於左文襄之西征。其性質雖爲國債。然實由地方官主持之。自茲以往。莫敢輕舉。自張文襄督粵鄂。屢次借債以彌補本省行政費之不足。實爲有地方外債之嚆矢。近則江督粵督閩督。紛紛效尤。茲事殆數見不鮮矣。而國中一部分人士。且有主張由督撫大借外債之議者。夫以今日財政漫無統一。中央惟仰給於各省。而各省財政竭蹶之狀。中央視同胡越。爲督撫者。殆如巧婦不能作無米之炊。其不得已而出於舉債。局外固能諒其苦。且以現今人物論之。督撫之程度。實比較的優於中央政府。苟得賢督撫舉債以興地方之實利。猶足以救此一方之民。而不至如中央浪費之甚。則主張督撫借債者。亦非無見。雖然。爲國家統一起見。義固不可聽各省之人自爲戰。夫各省舉債。其債額小者。則以該省之稅源爲擔保。其債額大者。則恆由中央政府代負責任。各省省稅既未定。則一省之稅源。實卽國家之稅源而已。以國家稅源而擔保一地方之債。爲事已不合理論。況現在無論何省。其稅源皆涸竭已盡。決無以爲他日償還本息之資耶。是將使某省借某國之債。而該省卽變爲該債權國之勢力範圍也．且以督撫借債．無論中央政府與債權者有無交涉．安能不代負責任．其負擔終必分賦於全國民．此不可避之數也．夫既全國民共其負擔．而用途專在一省．豈得謂平．抑論者之主張督撫借債．謂督撫爲賢也．吾亦信今督撫中之多賢．然不肖者豈曰無人．此風一開．效尤者何以待之．況以今日之政治現象．賢督撫斷不能久於其任．萬一債甫借成．所經營之事業尚未就緒．一旦去位．而繼之者盡反其所爲．舉所借者悉擲虛牝．則貽禍於一方．以及全國．其害豈可勝言．吾黨固非謂地方債絕對的不可借．然必俟地方稅確定．地方財政完全獨立之後．經地方議會嚴重監督．然後地方債之利害．乃得成問題．若如今日曖昧雜亂．而督撫以國家官吏之資格．借債以補行政費之不足．則吾期期以爲不可也．

此外則由民間各公司向外國資本家借債．亦爲輸入外資之一最妙法門．美國前此之仰債於歐洲．大率以此形式行之也．而現在我國中之鐵路公司礦務公司．亦已有行之者．此事之利．餘於弊．自無待言．然得之固非易易．苟債額稍巨．則不藉政府居間．殆難圖成．然此且勿具論．若謂此事能辦到．則純屬有利無害．吾究未之敢承．蓋債無論公私．要以能履行償還義務爲第一義．而公司債之能履行此義務與否．則視公司事業之成敗何如．以吾國人現在之道德及企業能力言之．吾深懼多一債卽增一累耳．夫不得謂公司債之性質．全然與政治交涉無與也．觀於彼國際法上所謂特拉峨主義發生之由．此中消息．吾竊一斑耳．

（說明）特拉峨者．阿根廷國前外務大臣之名也．自一八九八年來．南美之委內瑞拉國內亂連年．歐人投資本於該國者．大蒙損害．緣損害賠償問題．而生衝突．一九〇二年冬．（光緒二十八年）英德意各國各派艦隊．封鎖港灣．爲示威運動．以強迫債務之履行．時則特拉峨氏出而抗議．謂此等舉動．其利害關係．不獨在委內瑞拉而已．

而一切弱國皆將緣此而不復能自存於是聯合中美南美諸國求海牙居間裁判所之裁斷此特拉峨主義之名所由起也一九〇七年（光緒三十三年）開第二次萬國保和會決議一案云『凡甲國臣民對於乙國而負債務甲乙兩國政府因償還義務而生紛議之時應付居間裁判所之裁斷不得濫用兵力但債務國若不應居間裁判或置不回答或不服居間裁判所之宣告則債權國爲强制償還起見得用兵力』此即有名之特拉峨主義也

此主義之要點非指一國國家之債務而言乃指一國臣民之債務而言此不可不察也蓋雖一國中之私人苟對於他國人負債而不能履行償還義務之時債權國動則以兵力干涉之特拉峨主義欲抵抗此强暴而據保和會所決議則所受保障亦至有限耳此最近三四年間之事我國人亦知之否耶善夫須摩拉（德國人現今生計學泰斗）之言曰『現今各强國以資本過溢之故不得不投資於他國而彼歡迎外資之國必其爲生計上之後進國也而生計上之後進國又强半爲政治上未完全之國也夫投資於政治不完全之國則將來收還本息難免危險而投資債權之價格（即指所投公債或股票之價格）恆緣此危險之大小而生高下故資本家常百方設法務減少此危險之程度以圖自利人之情也故一遇債務不履行輒藉爲口實以攘其政權於是生計上之隸屬國遂一變爲政治上之隸屬國今世之帝國主義其動機皆緣此而發其手段皆遵此而行也』此其言可謂博深切明觀於此而外國人所以日日運動我借債之故與現在大借外債之有無危險皆可以得之於言外矣今我國舊債已重而歡迎外債論乃復騤昌於國中又不徒國家公債爲然耳卽國民生計亦惟恃外債以暫救目前之破產兩年以來天津上海皆藉外債以維持市面此其朕兆之初見端者也自今以往此等惡現象

安知其所終極。政治不改良。則全國各市場之恐慌。日甚一日。舊虧空未塡。而復假外債以彌補新虧空。展轉數次。益如作繭自縛而無術解脫。卽此一事。已足以亡國而有餘。況乎以財政紊亂之故。將來並國債之本息。終必有不能償還之一日乎。要之。舉債不足病。舉債不能償還斯足病。此實至淺之理。而我國政治現象。苟一如今日。則一二年後。無論公債私債。必同陷於不能償還之窮境明矣。夫不能償還之債。苟爲數不鉅。則補救容或有術。數愈增則其補救必愈難。吾願愛國君子。審前顧後。愼勿隨聲附和。贊成現政府之借債政策。以速國家之亡也。

十二　外債與不換紙幣

是故吾旣爲歡迎外債論者之一人。同時亦爲反對外債論者之一人。而歡迎與反對。要以政治組織能否改革爲斷。以現政府而舉外債。吾所認爲有百害而無一利者也。卽使政治組織誠能改革。而當財政基礎未定。人民企業能力未充之時。則巨額之外債。吾猶不敢漫然遽贊。若爲救目前危急起見。則吾以爲與其借外債。毋寧發行不換紙幣之爲禍較淺也。夫不換紙幣爲道誠險。然苟善利用之。往往足以濟國家之急。徵諸各國。不乏前例。不換紙幣之弊。惟於濫發過度時始見耳。使供給不逾需要之額。則固可以常保名價。而健全以代實幣之用。且爲兌換制度之過渡。亦至有力。我國全國所需通貨總數應若干。雖不能確知。然平均每人三圓。決當有多無少。此三圓中。其一圓以實幣充之。其二圓可以兌換劵充之。則我國所需兌換劵最少亦當在八萬萬圓以外。當兌換制度未確立以前。先發三四萬萬圓之不換紙幣。其價格決不至於低落。將來一變之以爲兌換劵。直轉移間耳何也此求過於供之兌換券必無人持之以向銀行兌換故法律上雖定兌換之義務而事實上仍與不換同功也此爲發行不換紙幣謹慎得宜者言之也然不換紙幣常與濫發相緣一經濫發其危險亦不可思議然等是危險也以視濫借外債則程度固有間何則外債非徒須還本也且須納息若收回溢額之不換紙幣則不須息遞年之負擔較輕此其一也不換紙幣有流弊時欲整理之僅收溢額之一部分而已足其他部分仍可改爲兌換券外債則必須償全額此其二也不換紙幣即至無力收回之時仍可以法律强制改爲內債若外債無力償還則救濟之法惟有更借新外債債愈重則危險之程度愈甚此其三也不換紙幣無力收回其極不過買人民之怨謗外債不能償還其極必至召外國之干涉兩者雖皆足以亡國而挽救之難易終有間矣此其四也故吾以爲等是冒險則借外債猶不如發行不換紙幣之爲尤愈也

或者曰吾以患貧之故而思借債冀吸入他國之金錢以蘇吾困耳今發行不換紙幣於我國原有金錢之量無所增是豈吾所望哉應之曰不然不換紙幣者有價證券之一種也而凡有價證券其性質皆能增加資本之效用者也夫金錢之所以可貴亦在其效用而已量不增而效用增則固與增量無異也抑論者得毋謂一借外債而外人必輦金錢盈舟航海以致諸我國乎亦不過以一紙匯劃而已蓋一國中所有金錢之總量其增減終不能劇變所變者債權債務之關係云爾稍治生計學者當明此義今不勞喋喋也

雖然吾非主張現政府之發行不換紙幣也特謂於萬不得已之餘此著之弊猶不如外債之甚耳實則發行不換紙幣爲政治上非常手段譬諸毒藥雖能治病然豈庸醫所宜妄用哉

十三　外債與內債

吾之主張利用外債其最注重者原在國民生計上之利益若政治組織改良以後此政策必當實行既屢言之矣然非謂僅恃外債而已足也內債尤萬不可缺所謂內債不可缺者非就國家財政上言之也就國民生計上言之也蓋外債之債券僅流通於外國市場而在本國金融界不生效用而當今之世無論何國苟非有公債券以爲投資之目的物則一國金融未有能活潑者也故吾常謂外國人之視公債如布帛菽粟之不可一日離然則爲國民生計起見則內債政策視外債政策爲尤亟明矣以吾平昔所研究謂政府有人則一二萬萬圓之內債可一舉而集安有以此區區小數而伺他人之嚬笑惟恐不得者哉若其辦法則吾將更端論之

(附言)吾此文公布方半遂有政府議借新債萬萬圓之事今成否尙未決定而海軍債五千萬圓之議又起而全國言論界皆噤若寒蟬絕不視爲一重大問題以研究其利害得失此吾所大惑不解也嗚呼我國民所爲傾淚泣血以請願國會者豈非欲得監督財政機關耶豈非以現在財政紊亂之現象必至陷國家於破產耶而試問以現政府而借外債足以救財政之紊亂耶抑反以益財政之紊亂耶外債有種種奇效現政府能運之以收其成耶外債有種種危機現政府能謹之以免其患耶此皆可以一言而決者今國人凡百皆知現政府之不可恃而獨於此事一若以現政府爲大可恃其蔽亦甚矣西人有不出代議士不納租稅之諺今愛國之士亦常以此挂諸齒頰雖然茲事實行談何容易吾以爲我國民今日所當主張者則非經國會之議決不能借一文之公債此實全世界立憲國所共守之天經地義而我國民所當性命爭之者也嗚呼我國民其亦熟思審處而思所以解決此問題也哉

近者上海有某某等報館以吾之反對借美債也而相掊擊不遺餘力乃至加以種種汚衊之詞夷考其故則

以日本人反對此次借債，而我亦反對之，因呼我爲賣國賊，謂我受日本人莫大之賄賂而爲之游說也。夫人當敵愾心勃發而不可制之時，則凡與其所敵偶有疑似牽涉及者，則嫌惡之念相聯而起，此人之常情，本無足怪，是故吾對於謗我者，未嘗不諒其愛國之誠。雖然，不可不有以解其蔽也。日本人之反對此次借債，固有日本人所持之理由，我國民之應反對此次借債，又別有吾國民所挾之理由，反對雖同，而所以反對者不同也。日本人以自私其國之故，謂此事不利於日本也，而反對之，固也，顧不能謂事之不利於日本者，必其利於我者也。日本人以猜忌美國之故，謂此事之有利於美也，而反對之，固也，顧又不能謂事之有利於美者，必其利於我者也。如謂日本人所言者，我必當一一取而反之也，然則日本人謂人當食粟，我亦將以彼言之而廢粟不食乎？日本人謂人勿飲鴆，我亦將以彼言之而惟鴆是甘乎？日本人謂我中國宜講求衛生，我亦將必反其所言而謂衛生決不可講乎？日本人笑我官吏受賄，我亦將必反其所言，而謂賄賂乃爲美德乎？若徒鶩於感情而不細辨事理，則欲立言之得正鵠難矣。善夫吾友明水氏之言也，曰：今者我國外債可否問題，非客觀的問題，而主觀的問題也。是故且勿問所借者爲何國之債，而先問我國今日是否應借債，又勿問今日是否應借債，而先問今日是否已有可以借債之機關。此固可一言而決耳。吾願愛國君子，稍抑制其感情而取吾言平心讀之，或有以諒吾意之所在耶。

凡言論公諸天下者，與天下共其是非者也。無論若何傻偉絕特之人，豈敢自謂其言之必曲盡事理，而無可以攻難之餘地，故攻難者，立言之人所最歡迎也。雖古之哲人猶且有然，況淺學寡識如鄙人者，其言之迂遠紕繆，更當何限。顧不自揣而猶常有言者，亦惟述其所見，以質海內君子，一以助他人之研究，一以爲自己受敎之地耳。先覺之士。不以爲不可敎。而是正其謬誤。俾得擇善而從。鄙人之榮幸何以加諸。今乃於所持論。不一賜糾正。而惟日日肆口嫚駡。則吾雖欲受敎。不知何自耳。

若夫吾生平立身行己。咎愆滋多。凡有責善。謹拜藥石。至於莫須有之事。臚列滿紙。天下明眼人自能辨之。吾無所用其嘵嘵也。顧吾有最痛心者一事焉。凡我國人對於學派政見之與己異者。往往不從學派政見上堂堂辨論也。而惟事攻擊人身。謠諑以衊其私德。此種卑劣惡習。自昔有之。而今且更甚。國中健全輿論之發達。果何日乎。吾誠非有所悁忿於謗我之人。亦非求自解於旁觀者。我生受謗。非自今始。但能內省不疚。固亦無惡於志。顧吾望海內君子之聽吾言者。將鄙人之人格與鄙人之言論分爲二事。就令鄙人行同盜跖也。一言之善。猶當擇之。就令鄙人行若夷由。苟言不中理。亦何取焉。夫鄙人固今之多言人也。愚者千慮。時有一得。平昔所持論。未嘗不爲當時舉國所集矢。而事過境遷以後。感情既去。眞理漸明。因共思其前言有一節可取。而追悔其不見用者。蓋往往而有。而已壞之事。則已不可收拾矣。吾惟願今日主張現政府可借外債之人。毋至一二年後。而有味乎吾言。則國家之福也。

國家運命論

文選有李蕭遠運命論其大指以國家之治亂興亡皆原於命而人事無所用其力雖其人與其文皆非甚有價值然實可以代表我國數千年之理想也吾以爲國家積弱之大原實此說有以中之乃反其意以作是篇

吾國先哲。以尊命爲敎。故曰。樂天知命。曰居易以俟命。曰不知命無以爲君子也。既以此洗心自律。而復推以論世道之汚隆。國運之興替。故曰。道之將行也歟。命也。道之將廢也歟。命也。又曰。行或使之。止或尼之。行止非人所爲也。吾之不遇。天也。又曰。夫天未欲平治天下也。又曰。國之存亡。天也。此義之深入人心者。二千餘年於茲矣。夫士君子懷瑾握瑜。以生濁世。所至輒見厄。挾持撥亂反正之道術。而坐視國家之顚覆。生民之塗炭。曾不得一藉手以振救之。萬不得已。而歸之於天於命。以自廣。毋使幽憂狂易以戕其生。此誠達人素位而行之義。而亦吾生平所常拳拳服膺者也。雖然。以云眞理。則當有辨。

夫所謂運命者。謂有一造化主立乎吾上。以宰制之耶。將謂任自然之數。莫之爲而爲。莫之致而至耶。如謂有宰制者。以立吾上。微論此爲吾人言思擬議所不與及。其果有與否。未易輕信也。藉曰有之。則此宰制者。必其偏萬國而無私覆。亙百世而未嘗改者也。則何爲偏有所厚於英俄德法美日諸國。而有所薄於我國。何爲偏有所愛於虞夏商周漢唐宋明之盛時。而有所憎於今時。此理之必不可通者也。夫以大公無我之造化主。而降福降殃。隨地隨時。種種差別。爲事至不可曉。若必欲圓此說也。則惟當曰。各隨其人之所感召。而予以相當之報耳。夫旣曰感召。則主之者仍人也。非天也。指感召爲運命。則運命非一定者。而無定者也。此如賞罰之權。雖操諸君上。而感召此賞罰者。仍由各人之所行。謂受賞受罰。緣於運命焉。不得也。是故謂有造化主以宰制運命。無有是處。如謂自然之數。莫之爲而爲。莫之致而至也。則自然界之科學。近百年間。已發明無復餘蘊。蓋自至洪以迄至纖。無不爲因果律所支配。旣無無因之果。亦無無果之因。此理蓋偏通於自然界一切現象。絲毫無所容其疑難者也。脫有見因不見果。見果不見因者。則或吾儕淺學而不及察耳。或粗心而熟視無覩耳。或合數異因而結一果。或一因而分結數異果。或因與因相消。等於無因。果與果相償。等於無果。其本相雖至賾而不可亂。特吾儕迷於參伍錯綜之數莫得其朕耳。或今日所現之果。出於過去積久之遠因。爲吾儕所已忘。或前此所造之因。其果當現於將來。爲吾儕今日所未及見耳。故他國之所以榮。我國之所以悴。前代之所以治。今世之所以亂。其間必一一皆有因果之關係。而非出於偶然。蓋自然界之法則。斷無所謂莫之爲而爲莫之致而至者也。是故謂以無意識之自然演成運命。無有是處。

問者曰。如吾子言。則國家之盛衰存亡。非由運命。當純然以人力能左右之矣。吾今將設數難以詰吾子。

第一難　中外古今諸國。往往有先識之士。熟覩其瀕於危亡。亦嘗奔走號呼以思救之。而效不覩。卒以仆滅。其故何由。

第二難　若曰其時奔走思救之者。其人非豪傑。不足以任此艱鉅也。然豪傑曷爲不以其時生於其國。則誰實使之。

第三難　況稽諸歷史。國有豪傑而無補於亡者。不可勝數。至如孔孟之聖。見尼於公伯寮臧倉。而不得不援天命以自解。夫使力能造命。宜莫如孔孟。且無奈何。若曰此由不得位使然。而孔孟曷爲而不得位。是終不可解也。

第四難　若曰當時之君主貴族。與孔孟之道不相容也。而孔孟曷爲必生於微賤。而不生於君主貴族之家。且君主貴族中曷爲終無一豪傑與孔孟志同道合者。欲不歸諸命。其焉可得。

第五難　且古今之亡國者。往往雖有賢君。而不得行其志。或遭不虞之禍。而大業隳於半途。非天實不弔。抑又何說。

第六難　又況水旱疾癘敵國外患猝然而至釀成禍亂以迄於亡者所在多有誰爲爲之

釋之曰今欲總答諸難則不能不稍徵引甚深微妙之義以爲論據蓋自來言哲理者以佛說爲最圓滿我佛常言宇宙一切現象皆由業力相續而成衆生以法因緣故常起造種種善惡諸業所造之業則爲種子依於法性由種發芽展轉成果謂之業報報與業應無少差忒不能逃避衆生今日所受之苦樂皆前此造業之報也今日所造業其報又受之於將來但業亦有二種一曰不共業二曰共業不共業者箇人所造之業其種子還爲個體所攝持者也其將來所受之報謂之正報共業者各人所造之業其種子散布於社會者也其將來所受之報謂之依報（依者謂各人所依止之世界也即指社會一切境界）此其義雖極奧渺非吾儕凡夫所能測知雖然運命之奧渺而難測知則亦相等耳凡治學問者而究極至於第一義勢必言語道斷非憑藉信仰之力則無以爲論據而佛說則世界諸哲中之最可信仰者也然又非徒盲信而已蓋自近世科學日昌而在在皆足以證佛說之不誣他勿具論卽如所述業種之義自達爾文一派言生物進化歸本於細胞遺傳之理已與佛說之粗迹脗合而物理學家所稱物質不滅尤足與斯義相發明若夫共業依報之義則吾儕苟能稍留心以觀察社會現象將隨處可得其朕蓋吾儕自出胎託生於此社會則無往而不受此社會之熏陶感化束縛馳驟近而家庭鄉黨遠而全國全世界莫不與吾有關係而吾生之苦樂榮悴受其支配者不少此卽依報之義也而吾一生數十年間所言所行所發意又無在不播爲種子還以熏習此社會就其最切近者論之但使其人有子女數人則遵天演遺傳之理法其子女必稟受其種性之一部分子復有孫孫復有子故其人雖死而其種性固日已蔓延矣況乎猶不止此雖以極傖鄙之夫要必有其家族與夫常所交往者若干人則其人之嗜好性質必有幾分爲此若干人所感而化之者而此若

干人復以其所感者還感他人，即此展轉相引，而熏習力所及已非巧曆能算。若其人能力愈大，活動之範圍愈廣者，則受其感化之人愈衆，乃至一鄉化之，一州郡化之，一國化之。其力尤偉者，則數百年數千年猶且繼續化之。所謂堯舜與則民好善，桀紂與則民好暴。至如東漢以光武明章及區區數儒生之感化，能成獨行名節之風。魏晉間以何晏鄧颺王衍王戎輩數輕薄少年之感化，能率天下以爲禽獸，歷史上之陳跡，罔不類是。其效力最久遠者，尤莫如將一己之思想，騰諸口說，發爲文章，以傳於後。有若孔墨孟荀老莊申韓屈宋賈董馬班鄭王李杜韓歐周程朱張諸人，雖在百世之下，讀其書則精神爲其所攝而與之俱。又凡歷代之當國執政者，其人雖死，而其事業之一部分恆緣附於其所創因之制度以傳於後，而足以範圍後世之人。凡此皆佛說所謂共業也。皆一人造業，而種子播於社會，舉社會之人同食其報者也。吾之絮絮論此，非侈談玄遠之學理，凡以證明佛說之極可信，而吾將據之以解決國家運命之一問題云爾。

由此言之，則國家之盛衰存亡，非運命使然，實乃由全國人過去之共同業力所造成，而至今乃食其依報者也。其或有坐觀危亡竟莫振救者，非運命限之使其無可救也。其國人爲罪業所蔽，漠視公衆之利害，莫思救之，或救之而不力也。又或以業重故，智識蒙昧，思慮短淺，雖欲救而不識所以救之之途也。豪傑之不以其時生於其國者，非天之降才有所悋也。以業力故，其國所傳來現行之制度風俗學說，乃至社會上種種事實，皆限制豪傑使不得發生也。或雖有一二豪傑，卒無救於亡，而其自身且摧折抑鬱以死者，非果豪傑之不能與運命抗也。以全國人爲罪業所蔽，故不肯與豪傑共同活動，或反嫉豪傑如仇讎，故豪傑雖力竭聲嘶，而所補僅乃萬一也。夫現在全國人所受之依報，實由過去全國人共同惡業之所造成，今欲易之，則惟有全國人共同造善業，即不爾者亦當多數人造之以期善業之逐漸普徧然後乃有濟也今雖以一二豪傑造善業而舉國人方日日增造惡業以與之相消則豪傑縱有大力其與幾何夫豪傑終非能以一手一足之力援天下溺也明矣而豪傑之所以爲豪傑則以其能以善業爲天下倡而已倡而莫之應則非運命之厄豪傑而衆人之厄豪傑也非豪傑無益於人國而罪業深重之國民不許豪傑以自效也若夫豪傑之往往生於微賤之家而繼體帝王及名門右族絕少概見者又非天之生才有所擇也深宮之中閥閱之冑久已習於驕奢淫佚柔脆蒙昧其遺傳性及其周圍之感化力皆不適於爲豪傑長養之地亦業力使然也脫忽有一二拔乎其萃者則其與彼社會之枘鑿愈甚律以適者生存之理固宜被淘汰又其特別業力使然也夫歷觀古今中外各國之所以興豈聞有專恃一君主或少數貴族之力者而國民乃或以失望於君主貴族之故遂謂國事無可爲而坐以待其亡此正乃爲極深之罪業所蔽養成自暴自棄之劣根性其受亡國之慘報固其所耳此外如水旱疾癘諸災變前此以爲天實爲之者今稍有識者莫不知其皆有所自來而人力舉可以消弭之徒以政事不修故生此變而政事不修之故則由自暴自棄之人民自取之無一非業力使然也準此以談則吾排運命而尊業報之說果無以爲難矣質而言之則國家之所以盛衰興亡由人事也非由天命也

然則吾先聖昔賢之指此爲運命者何也曰凡造業者既必受報無所逃避無所差忒自其因果相續之際言之確有自然必至之符無以名之强名曰命其以不共業而得正報者則謂之爲個人之運命其以共業而得依報者則謂之爲國家之運命此運命之說所由來也雖然運命云者由他力所賦以與我既已賦與則一成而不可變者也業報云者則以自力自造之而自得之而改造之權常在我者也如曰萬事惟運命而已則吾儕之自爲

私人計者。誠可以終歲偃臥不復事事。以俟泰運之來。自有彼蒼爲我雨金雨粟。而倘遇否運。則亦惟聽其蹙我至死。而不一思抵抗。顧雖以至愚之人。猶不肯出此也。獨至國家之盛衰興亡。則壹諉諸運命氣數而束手以待之。何其惑哉。我先民之言命也曰造命。曰立命。書曰。天作孽猶可違。自作孽不可逭。詩曰。自求多福。孟子曰。禍福無不自己求之者。荀子曰。怨天者無志。夫天而可違。禍福而可自求。則運命之非前定也明矣。而造之立之。亦視人之有志與否而已矣。

今也我國政治現象。內之則凡歷朝將亡之際。其所以致亡之跡。無不一一蹈襲之。外之則凡世界已亡之國。其所以致亡之具。無不一一藏納之。國中人士。無論朝野上下智愚賢不肖。咸曰國必亡。國必亡。問國亡且將奈何。則曰聽之而已。問國亡後之慘狀。亦知之乎。則皆曰知之。知之則曷爲聽之。曰運實使然。命實使然。雖欲不聽之。又安可得也。於是其黠者且務自封殖。爭營逐於春冰朝露之富貴利祿以自娛。如待決之囚。且飲酒高歌也。其愿者則惟長吁短嘆。憂傷憔悴。如待僵之蠶。奄奄無復生氣也。夫國果必亡矣乎。曰。夫如是則安得而不亡。而所以亡者。非有他故。則舉國人咸曰國必亡國必亡之一種心理爲之耳。易曰。其亡其亡。繫於苞桑。舉國人咸曰國必亡國必亡。則國宜緣此而可以不亡。曷爲反以速其亡。則徒以委心任運之故。生出彼黠者愿者之兩種心理。以中分天下使然耳。夫彼黠者所操之術。是無異病者自謂病不可治。而飲鴆以爲甘也。彼愿者所操之術。是無異病者自謂病不可治。而屏醫藥弗親也。病未必死。而弗親醫藥。則可以馴致於死。飲鴆則更無不死。然則非死於病也。死於自殺耳。夫今日我國人皆謀自殺者也。嗚呼。我國民亦知我國今日所以瀕於亡者。皆由全國人民過去業力之所造成乎。自造惡業者。必自受惡報。無人能爲我解之。惟更自造善業。則可以解之。而苟能更自造

善業則善報之至必如響亦無人能爲我尼之也

夫國民之不以國事爲事也且以國家政務爲一己富貴利祿之具也此正招亡之惡業而我國民前此造之已久者也疇昔不自知其將亡斯無責焉今亦既知之矣不務其道乃從而傅益之是以前此所造之惡業爲未成熟而更助之長也故前此所已造者不過致病之業而今茲所現造者乃正趨死之業也夫人亦何樂於死傳曰人生實難其有不獲死者乎今病雖深矣然猶未死也而必合四萬萬人窮日夜之力共造死業以蹙之於必死之途吾實惑之夫彼昏不知者則無責也明知之而效待決之囚飲酒高歌者此其人惡根深重地獄正爲彼輩而設無論國亡與否而彼輩於精神上肉體上終必直接間接受無量之慘報吾更無術以超度之也顧最可惜者則國中中流社會之賢士大夫其躬潔白之操懷忠蹇之節治經世之術抱匡時之才者實不乏人而或以志不能帥其氣勇不能輔其仁遂至徒事退縮不圖進取自比於待僵之春蠶而助彼輩以共造亡國之惡業吾實痛之

吾生平向不持厭世主義凡與吾遊者多能知之而或疑其爲無聊之極思姑作此語以自壯而或者又曰其在前此國事之流失敗壞未至此甚猶有一綫兩線之希望或可以無厭世今則惟有共趨於此途而已雖然吾之所以自持者決不爾爾夫國家至今日亡之數什九而不亡之數僅乃什一吾方昔昔在噩夢中更安敢爲無聊之語以自壯者且無實而自壯謂之客氣客氣安可久乎至常人所認爲一兩線之希望者則吾自始不希望之惟前有希望者故後有失望不爲不可得之希望則雖不得亦無失望也（如認預備立憲之詔書爲希望之類他倘有似此者）問者曰然則子之所謂不持厭世思想者毋亦效愚公移山精衛塡海明知其無益姑爲之以行其心之所安而已應之曰行

吾心之所安則是也。明知其無益而爲之則非也。無益之事。吾必不爲。亦必不勸人爲之。吾實篤信吾佛之教。墨守業報之說。以謂天下決無無結果之事。苟其事之性質爲有害者。爲之而害必隨焉。苟其事之性質爲有益者。爲之而益必隨焉。且如吾國今日之現象。實積多年多數人所造之惡業以致之。今之所以僇焉不可終日者。良由自業自得。固屬無可怨懟。亦復何所容其疑怪。吾儕今日惟有廣造善業以禳除之。藉曰未能。亦何可更造惡業。而明知國之將亡。而不思救之者。則吾之所認爲惡業也。（此非無善無惡之業何也見孺子將入於井而不援手其不得不謂之惡業明矣）夫造善業毋造惡業。必當先自我始。所謂行吾心之所安者此也。至謂爲之而必有益者何也。凡箇人所造之業。必有一部分爲共業。而能以力熏習社會。夫既言之矣。今之惡報爲惡共業所造成。而此惡共業。亦不過由少數人造之而熏習徧於社會者耳。今欲得善報。亦惟熏習社會之共業。使趨於善。然此固非絕對的不能致者也。今且就具象的事理以直捷指明之。今之謂國必亡而無可救者。豈非以失望於政府耶。須知政府之人。亦不過社會之一分子。而政府之爲物。則社會之所產出者也。腐敗之社會。決不能有健全之政府。健全之社會。亦決不容有腐敗之政府。今欲責政府以健全。吾誠無術矣。社會欲自求健全。則其權豈不在社會耶。欲使全社會遽進於健全。則吾誠無術矣。欲使吾自己爲社會中一健全分子。則其權豈不在我耶。夫我自己固眇乎其小也。曾亦思中國國家亦不過各四萬萬個之自己而成。人人皆發願自己造善業不造惡業。而健全之社會出焉矣。又不必其人人也。但使有百分之一焉。千分之一焉。乃至萬分十萬分之一焉。則其業力所熏習者。已偉大至不可思議。而謂似此之社會。尚容有腐敗之政府得生存於其間乎。吾固謂中國致亡之原因。不全在政府也。藉曰全在政府。則所以易亡爲存者。舍此道末由。而信能行此。則又必旋至而立有效者也。今之君子。不希望社會而希望政府。不希望社會分子中之自己，而希望社會分子中之他人，故失望相踵也。天下惟希望自己者，爲能永無失望而已。今之君子，既失望於政府，失望於社會之他人，遂乃嗒然自喪，頹然自放，舉自己而加入罪業社會中，以汨其泥而揚其波，餔其糟而醱其醨，即稍自愛者，亦不過遁逃於罪業社會以外，然已無術可遁，則甘爲廢人以自毲於社會而已。如是則社會安得不腐敗，而國安得不亡？然則國之亡，非運命能亡之，而四萬萬人各以自己之力亡之也。夫以自己之力能亡之者，則亦必以自己之力能存之，如曰不能，是自暴自棄也。凡持厭世思想者，皆自暴自棄之人也，皆與於造惡業以亡吾國者也。

問者曰：如子言，則吾國其必可以不亡乎？曰：嘻！吾烏從知之，此其權實操於國民，國民欲存之，則斯存矣，國民欲亡之，則竟亡矣。吾固國民之一，吾固不忍亡吾國者，而豈敢謂人人皆有同心也。問者曰：子言不肯爲無益之事，且不肯勸人爲之，今子固不能以獨力救國亡，且雖少數人之力，亦不足以救國亡，然則所爲者安得謂必有益乎？應之曰：能救其亡，固大幸也，藉曰不能，則國雖亡矣，而爲國民之分子者，尙當有事焉。歷朝當喪亂泯棼之世，恆必有少數畸處巖穴之士，在當時若爲舉世所棄者，而先民之種性，國家之元氣，實賴之以傳於後，乾坤之所以不息恃此焉。此亦爲因果律所支配，既造業而必有報者也。夫此則豈復吾之所忍言哉！所以有言者，凡以明吾儕無論值何時勢，處何境遇，終不可有絲毫自暴自棄之心云爾。要之，中國之存亡，惟中國人自存之、自亡之。西哲有言：國民恆立於其所欲立之地位。今我國民皆曰國必亡、國必亡也，則國乃將眞亡也已矣。

飲冰室文集之二十三

說常識

本報以輸進常識爲一最要之宗旨。而常識二字。聞者或不知其所指。吾故略釋其意義。而言其所以不可缺之故焉。

常識者。釋英語 Common Sense 之義。謂通常之智識也。孔子稱庸德之行庸言之謹。庸卽常也。故常識宜稱曰庸識。或曰庸智。但以其義近奥。故襲東人所譯之名名之。

孔子稱庸德庸言。而申之曰有所不足不敢不勉。有餘不敢盡。庸與常之義。具於是矣。庸德云者。非必具有齊聖之資絕特之行也。而倫常日用子臣弟友之職。凡人道所必當由者。不可缺焉。常識云者。非必其探賾索隱炫博搜奇也。而一身之則。當世之務。庶物之情。其犖犖大端。爲中人以上所能知者。不可缺焉。常識者。一方面對於無識而言之。一方面對於專門學識而言之者也。請舉其例。

例如經學。其窮極微言大義。博考名物訓詁。以羽翼孟荀而是正許鄭者。此專門學識也。粗解其章句。摘記其格言。以爲治身淑世之本者。此常識也。例如歷史。網羅放失舊聞。推求前因後果。通古今之變。成一家之言。此專門學識也。知中外各國歷代興廢之跡。撮舉其大事之始末。略諳其名人之傳記。此常識也。例如文學。摘豔屈宋。薰香班馬。此專門學識也。其所覩聞所感觸者。能筆之於書。舉吾心所言者。能悉達之於人。而無滿無蔓。不晦不俗。

此常識也。例如數學。補奈端之理。糾梅戴之式。此專門學識也。知加減乘除比例開方。熟之而能應用。此常識也。例如地理。諳悉五大部洲民俗物產之異同。舉其道里阨塞之所在。若示諸掌。語其沿革興廢之所由。若數家珍。此專門學識也。略知各國之位置沿革。明著名都會之大勢。識彼此交通之現狀。此常識也。例如政治。論列古今之得失。評隲各國之異同。此專門學識也。略知國家之性質功用。明各種政體之概要。而察其與國利民福關係之淺深。此常識也。例如法律。舉各國法典之條文。剖古今法理之聚訟。此專門學識也。窺法意之崖略。明本國法制之綱要。此常識也。此不過隨舉數端。其他一切學問。可以類推。又不徒學問而已。凡接人處世治事之常識。皆可以類推。

是故六經之字有所不識。其文句有所不解。不足以爲病也。若夫恆言之見於羣經羣傳或先秦故書雅記者。而無所知焉。則君子病之矣。四史通鑑。未嘗卒業。吉朋馬哥里之書。未嘗寓目。不足爲病也。若夫封建郡縣蛻變之勢。專制立憲嬗代之跡。頗牧衞霍竇鄂之武功。建武貞觀熙寧之內治。周公管子商君諸葛彼得腓力特列華盛頓拿破侖梅特涅俾士麥之政略。鉅鹿昆陽赤壁肥水采石鄱陽金陵波希坡威尼十字軍百年七年滑鐵盧英美普法俄土中日日俄諸大戰爭。若諸類此者。瞠無所知。則君子病之矣。不審星躔之度數。不知物類之名目。不足爲病也。若夫歌白尼所言地動。奈端所言重力。達爾文所言淘汰進化。瞠然無所知焉。則君子病之矣。並會典律例之卷數而不知。並各國法典之名而不記。不足爲病也。若夫立憲之所以異於專制者。其條件安在。人民之所以有參政權者。其理由安在。國家之所以設官分職者。其目的安在。若瞠然無所知焉。則君子病之矣。其他類此者。不可枚舉。所謂常識。即指此也。

既名之曰人。則其自有生以來。耳濡目染之所得。蓋莫不有若干之常識。集於其腦際。所異者。其分量有多寡。其程度有淺深而已。然則吾儕所必需之常識。其分量程度。當以何爲標準乎。此未可以一言盡也。蓋緣其所生之時。所居之國。所操之業。各有差别。故各人所需常識。其分量。其程度。乃至其種類。皆有差别。試舉數例以明之。如地動說進化說等。當其初發明時。實爲天文學家生物學家專門之學識。常人固不能盡知。亦不必盡知。及今日而變爲常識。不知則爲病矣。反之而敎會之儀式。騎士之義務等。在歐洲中世爲常識。而今日變爲宗敎家歷史家之專門學識。則亦有然。如中國歷史中國地理之稍涉詳密者。其在外國人。實爲專治支那學者之專門學識。在吾國人。則實爲常識。不知則爲病矣。反之而吾國人之治外國歷史地理。所認爲常識之程度。其比列則亦有然。如政治家則有政治學上法學上種種之常識。爲其所必需。敎育家則有敎育學上哲學上種種之常識。爲其所必需。商業家則有商業學上生計學上種種之常識。爲其所必需。而政治家所認爲常識者。則往往敎育家商業家所認爲專門學識者也。其他各種職業之互相視。亦莫不有然。然則常識竟無標準乎。曰有之。凡今日歐美日本諸國中流以上之社會。所盡人同具之智識。此卽現今世界公共之常識也。以世界公共之常識爲基礎。而各國人又各以其本國之特别常識傅益之。各種職業人又各以其本職業之常識傅益之。於是乎一常識具備之人出焉矣。

人之欲自立也。則具備常識。其最要矣。爲國民之一分子。而於國中必需常識不能具備。則無以自存於其國。爲世界人類一分子。而於世界上必需之常識不能具備。則無以自存於世界。若此者。有劣敗以歸於淘汰已耳。蓋今日所謂常識者。大率皆由中外古今無量數偉人哲士。幾經研究。幾經閱歷。幾經失敗。乃始發明此至簡易至確實之原理原則以貽我後人率而循之雖不中不遠也而吾既於各種現象皆略識其最要之原理原則則思慮通達目光四射後此隨時隨地遇有新發生之現象或相同者或相反者或相近似者皆得有所憑藉以下判斷而所判斷者不至大誤此常識之用也如其無之則僨事什恆八九幸而不僨而其勞抑已倍蓰矣故吾國人所有舉措無論大小動輒爲他國人所竊笑而以吾之政府與人之政府遇未嘗不敗以吾之兵與人之兵遇未嘗不敗以吾之學者與人之學者遇未嘗不敗以吾之工之商與人之工之商遇未嘗不敗豈有他哉常識缺乏之爲之也雖累敗矣而曾不思悛改不識其所以致敗之由也亦常識缺乏之爲之也或雖改矣而頭痛灸頭腳痛灸腳一弊未除他害已覯此由不知社會各種現象互相依而不可離而僅以管蠡之見欲藉單義片條以爲匡救亦常識缺乏之爲之也夫箇人而常識缺乏則其人不能自存於世界一國之人而皆常識缺乏則其國不能自存於世界此自然之數必至之符無可逃避者前事旣歷歷矣而後此之覆轍且相尋而未有已時言念及此則豈可不爲寒心者哉則豈可不爲寒心者哉

然則吾國人以何因緣而常識之缺乏一至此甚乎是又不可不察也大抵人之有常識也其得諸學校敎育者半其得諸社會敎育者亦半學校敎育所以樹常識之基也社會敎育所以廣常識之用也今世諸文明國其自小學中學責國民以從學之義務者則已舉盡人所當知之事理口講而耳熟之矣而報館之記事論著團體之集會演說其所相告語者皆此具也而社會一切制度又皆經有常識者制作而演進之所接於耳所觸於目無一不爲增廣常識之助故其人之得此至易易也吾國則不然國中悅學之風日替其可稱爲士君子者已若鳳毛麟角矣脫有一二大率安其所習毀所不見甚則專己守殘黨同妒異夫有人於此或深通經學或深通史學

或深通法律學或深通格致學而於其所學之外一切普通事理毫不厝意此其人謂之碩學則可謂之有常識之人則不可也此其人雖國之寶而國不能專恃以立也而況乎此其人者在國中吾所見蓋已罕耶以吾所見全國中大多數之愚民其常識之分量程度去標準太遠者不必論其所稱學士大夫者可分爲二種其一則略有本國之常識而於世界之常識一無所知者普通一般官吏及老師宿儒是也其一則略有世界之常識而於本國之常識一無所知者普通一般之外國留學生是也夫吾儕既爲國民一分子以與國人交同時又爲世界人類一分子以與各國人交而此兩種常識者不能調和而常缺其一則猶之無常識也夫就令此兩種者各成體段而徒以不調和之故且不足以致用而況乎所謂官吏宿儒者其所知大半不出於章句帖括及社會陋俗而絕不足以語於本國之常識也所謂留學生者大半舍其所學專科之外他無所知甚則即其所學者亦僅一知半解又甚則假此爲終南捷徑而實於一切學術始終未嘗有所知而絕不足以語於世界之常識也由此言之則謂全國四萬萬人乃無一人有常識焉可也（讀者慎毋謂吾爲山膏善詈也蓋以常識之定義律之實乃如是夫吾固一絕無常識之人今雖欲勉而苦不逮者也願國人各一自審而共勉之而已）今既若是矣而來茲則又何如自科舉既廢而教育普及之實不舉人民嚮學者既已歲減前此多數人所藉以得本國常識之一二者今則亡矣即以學校教育論而學科之編制不完教科書之系統不立欲由此以求世界之常識又不可得而政治上社會上一切制度更無足以爲濬發之助者循此不變則此四萬萬人之子孫雖永遠無一人有常識焉可也夫在人國則中流社會以上之人殆無一不有具足之常識其下焉者雖非具足而亦不得謂之絕無而其所以詒厥子孫者且相引於彌長而吾乃事事適得其反以此相遇則安所往而不敗也

本報同人有怵於此。故以輸進常識爲宗旨之一端。雖然。吾固言之矣。人之常識。得之學校教育者半。得諸社會教育者半。今國中之學校。既不足以語於此。而社會各方面之教育。又適足以窒塞常識。報館雖爲社會一種之機關。而力所能逮者幾何。況惟有常識者。乃能導人以常識。而同人則言及此而汗顏無地者也。捧土以塞孟津。多見其不知量矣。雖然。國人有知此之爲急而謀所以振之者乎。則同人願執鞭以從其後也。

說政策

今者上之則有責任內閣之名稱出現。下之則有政黨之思想發生。此皆政治界之一種好氣象也。雖然。責任內閣與政黨。其所麗以成立者。皆在政策。而政策之爲何物。吾國人眞能知之者蓋希也。夫不識政策爲何物。而言責任內閣言政黨。此猶不識加減乘除而言數學也。吾故不能已於爲此文。

政策二字。今人殆習爲口頭禪。雖然。欲確明其性質。固非一二語所能盡也。欲知政策爲何物。必當先知政治爲何物。政治者何。國家目的之現於實者也。凡人類必有其目的。以充飢之目的而求食。以禦寒之目的而求衣。學生以求學之目的而入校。商人以營利之目的而適市。是也。國家亦一人格也。故其一切行動。必非漫然而已。必有其目的焉。國家之目的何在。雖非本文所能具述。簡要言之。則一以期國家自身之生存發達。一以期國民全體之生存發達而已。然國家自身之榮悴。與國民全體之榮悴。實迭相爲因。迭相爲果。故國家之目的。非有二也。恆一而已。由此言之。則（第一）凡無目的者。不得謂之政治。例如甲國以欲達某目的之故。乃設某官辦某事。乙國並無此目的。而惟作無意識之模倣。亦設某官辦某事。是也。（第二）其目的非屬於國家者。不得謂之政治。例如以一私人或一階級一地方之利益爲目的。而假國家之威權以行之者。皆非政治也。（第三）不能使國家之目的現於實者不得謂之政治。國家者非自然人而法人也。故不能直接自使其目的現於實。而恆有待於其機關。倘機關不備。或司機關之人不依國家目的以進行。則有目的等於無有也。是故凡國家之行爲則名曰政治。此天下古今之通義也。然此三者有一於此。則形式上雖屬於國家行爲。實質已非國家行爲。非國家行爲。則已不得復謂之政治矣。準此義以繩之。則我國今日朝廷所爲發號施令。羣吏所爲奉命承敎者。殆什九非政治。何也。彼其所發施奉承者。大率皆無目的。或爲個人之目的。而國家之目的終不可得而見也。夫旣無政治。復何政策之可言。更何政策當否之可言。故吾今者之言政策。爲他日旣有政治之後言之也。非爲今日言之也。

夫使司國家機關之人人皆能自審其地位。自覺其職務之所宜盡。而使國家之行爲。常遵依國家之目的。而無或以自己私人之目的攙奪乎其間。則庶幾乎可以語於政治矣。雖然。以云政策。則又有進。蓋政治者由國家目的而演出者也。政策者則求所以達此目的之一手段也。國家之目的雖常同一。而所以達此目的之手段。則因地而異。因時而異。卽在一時一地。而因各人之所見。亦各各有異。此何故耶。蓋國家之目的。常在國家自身之利益與國民全體之利益。固也。然國家之利益與國民之利益。未必能常相合。卽曰國家之利益與國民全體之利益常相合也。而與國民之一個人或其一部分人之利益。總不能常相合。卽曰兩者永久之利益常相合也。而其暫時之利益。總不能常相合。於是乎雖同一目的。而所以達此目的之手段。往往懸絕。所謂國家利益與國民利益不能常相合者何也。人身血輪。常刻刻代謝。生滅不住。聽其遷化。而不顧惜者。爲全身之策術也。養其一指而失其肩背。則爲狼疾人矣。惟國亦然。國家自爲其生存發達起見。常或奪國民生命財產之一部。甚則奪其全部。

而不以爲泰。例如國家用兵於外。直接糜爛人民之生命。間接耗損其財產。而無所於惜。是其例也。蓋謂非如此則不能保國家之存立。而期其發達。而非國家存立發達。則人民利益。悉無所麗也。而權衡於國家利益與國民利益輕重緩急之間。此卽政策之所由發生也。所謂國家之利益與國民之一個人或其一部分人之利益。不能常相合者何也。國家利益與國民全體利益。可以謂爲同物。然國民全體之利益。與國民個人總數之和之利益。不能謂爲同物。試爲罕譬以喻之。則國民全體利益云者。乃化學的而非數理的也。數理學上之公例。凡十個單數之和。其總數必成爲十。百個千個單數之和。其總數必成爲千百。化學上之公例則不然。輕氣養氣之化合物。則不名爲輕養也。而別變爲水。炭碘鈉之化合物。則不名爲炭碘鈉也。而別變爲鹽。吾所謂國民全體利益云者。非與前者同例。而與後者同例也。坐是之故。國民全體之利益與國民之一個人或其一部分人之利益。常立於相對之地位。甲某所認爲利益者。乙某或認爲不利益。此團體認爲利益者。他團體或認爲不利益。此階級認爲利益者。彼階級或認爲不利益。此地方認爲利益者。他地方或認爲非利益。而權衡於各部分利益輕重緩急之間。此又政策之所由發生也。所謂目前之利益與永久之利益不能常相合者何也。譬諸人生。莫不以康樂爲期。然。欲求將來之康樂。大率須先以目前之勞苦爲易。而目前勞苦過度時。亦爲耗損將來康樂之媒。二者不可得兼。則程度分配之間。最當審擇。惟國亦然。往往有忍目前之苦痛以計他日之樂利者。亦有稍減他日之樂利以救目前之苦痛者。而權衡於目前與他日輕重緩急之間。此又政策之所由發生也。

夫國家利益與國民利益。既有多方。施政者能一一悉取而調和之。使隨時隨地各得所欲。此最善也。雖然。各種利益。固有並行而不悖者。亦有立於正反對之地位。互衝突而不能相容者。其並行不悖者。斯可以以調和爲能事者也。其衝突不相容者。斯不可以以調和爲能事。而往往須取其一而舍其他者也。於是乎一國之內。同時常有兩種以上之反對政策。得以並存。而各皆持之有故。言之成理。而政策之當不當。適不適。遂恢乎有辨難之餘地。近世各立憲國。所以常有兩大政黨相對立。而各不謬於國利民福之旨趣者。皆以此也。夫於各種不能相容之利益。而取其一舍其他者。非有他故焉。則以此所取特種利益。爲與國家之目的最相近而已。所謂與國家目的最相近者。則或以此特種利益。爲與國家自身利益適相合也。或以此特種利益。爲能間接發達他種利益也。試舉其例。如國家之有戰爭。則戕賊人民生命。恆所不免。產業亦常蒙損害。卽在平時擴張軍備。於國民生計所傷亦多。然政治家往往采此政策而不辭者。謂非是而國家不可得保也。甚者如古代之斯巴達。凡國民皆不得自私其財。且不得自私其所生之子女。幼兒體質有不適於爲兵者。則以政府之命。投棄澗谷。不許收養。其偶狗人民。可謂至極。然不害爲一種之政策者。彼蓋以國家當得健全分子爲前提。而謂此爲選擇健全分子最良之手段也。又如前此政治家。往往有徠他國之民。使定居己國。古今中外。不乏其例。（我國春秋戰國間各國競用此策三十年前之美國純以此爲施政方針今墨西哥等國猶然）以今世殖民主義衡之。似可大詫。然不害爲一種之政策者。彼以是爲足以致國家於繁榮也。又如疇昔歐洲政治家。往往有用全力以擁護教會及貴族之勢力。雖犧牲平民利益之全部以供之。亦所不惜。反是亦有專擁護平民勢力。其特種階級。不惜芟夷蘊崇之。而皆不害爲一種之政策者。或認教會貴族爲國家中堅。或認平民爲國家中堅。而謂犧牲一切以强其中堅。卽所以利國家也。又如現代歐美各國。有立種種法以保護資本家者。亦有立種種法以保護食力之民者。資本家之所利。往往爲食力之民所不利。食力之民所利。往往爲資本家所不利。立法有所不利於人。而猶不害爲一種之政策者。或則謂直接謀資本家之利。卽所以間接謀食力者之利。或則謂直接謀食力者之利。即所以間接謀資本家之利也。此不過略舉數端。其他凡百。率皆類是。要之政治無絕對之美。而政策各有所宜。故雖一國中並世之大政治家。而所主張之政策。往往若冰炭之相懸者。凡以此也。

然則欲判政策之是非得失。其道何由。

第一　當先問政策之是否可以實行。例如專制政治與立憲政治。其本質之孰美孰惡。且勿論。而試問當民智漸開。人民政治運動極劇烈之時。專制政治果有道以維持焉否耶。又如君主政治與民主政治。其本質之孰美孰惡。且勿論。而試問久戴君主之國。能無端而革去之耶。久行民主之國。能無端而發生君主耶。又如現今歐美盛行之社會主義。其合於公理與否。且勿論。而試問以現在社會制度之組織。能一旦取而反之否耶。又如自由關稅與保護關稅。孰爲利國。且勿論。而試問彼於條約上稅權定有限制之國。非改正條約告成功後。能徑行保護主義否耶。又如擴充軍備與節省軍備之孰應於時勢。且勿論。而試問彼稅源涸竭之國。百計羅掘。而終不得養兵之資者。非設法增進民富以後。能徑行擴充主義否耶。此皆隨舉數端。他可類推。是故有絕對的不能實行之政策。雖有大力。無從構造。或無從抵抗者是也。有相對的不能實行之政策。欲行之必有所待。非所待者既至則無從着手者是也。要之凡屬不能實行之政策。雖極美妙。皆爲空華。其是非得失。更無商榷之價值也。

第二　當問其政策之是否必要且有益。及其必要與有益之程度何如。必要云者。就消極的方面言之。非此則無以保國家之生存者也。有益云者。就積極的方面言之。非此則無以圖國家之發達者也。例如法蘭西方以獎厲婦女妊育爲一種政策。在彼則其必要者也。在他國則其不必要者也。英俄德法。競以擴張軍備爲政策。在彼則其必要者也。在荷蘭比利時瑞士。則其不必要者也。歐洲諸國。數百年來。以信仰自由政教分離爲一種政策在彼則其必要者也。在泰東諸國。則其不必要者也。歐美日本皆以制定工場法爲一種政策。在彼則其必要者也。在我國今日則其不必要者也。我國今日以請願國會改革官制爲一種政策。在我則其必要者也。在他國今日則其不必要者也。此必要與否之說也。法國巴黎。以公費設戲園。謂其有益也。他國而漫效之。則無益者也。現世諸軍國。糜巨帑以造飛機。謂其有益也。若其他軍事設備。百不一具。而惟飛機之爲務。則無益者也。國家補助航業。此在海運未發達之國。至有益者也。其在已發達之國。則無益者也。嚴定彈劾大臣之制。設國務裁判所。此在初施憲政之國。至有益者也。其在政黨政治之國。則無益者也。此有益與否之說也。此亦隨舉數端。他可類推。大抵絕對的不必要及無益之事。決不能成爲政治問題。其成爲政治問題者。必其比較的爲必要。而且有益者也。故政策之得失。要當以其必要有益之程度爲衡。必要有益之程度。於何決之。必與他種必要有益之事業相較。然後能決之。擴張軍備。固必要。振興教育。亦必要。若在民智闇昧之國。則教育必要之程度。過於軍備也。設美術學校。固有益。設法政學校。亦有益。若在政體新易之時。則法政有益之程度。過於美術也。此不過語其至淺者。其他凡百政策之價值。皆當以是斷之。

第三　當問其政策所收穫者與其所犧牲者之相償率如何。國家及國民各部分之利益。時或相衝突。而不能一致。既如前述。故無論何種政策。恆必犧牲一部分之利益。以期收穫他部分之利益。此事勢之無可逃避者也。而其政策之結果。所收穫能償所犧牲而有餘。則爲良政策。反是則爲惡政策也。例如延長義務教育年齡。人民於此年齡內。不能就職業。則公家教育費亦陡增。此其所犧牲也。而教育普及。人民能力大進。國家亦得良分子而有基勿壞則所收穫足償之而有餘也。擴張軍備。不得已則雖戰毋恤。在平時則負擔至重。在戰時則損耗尤巨。此其所犧牲也。而使他人不敢侮我。或且藉一勝之威而揚國光於境外。則所收穫足償之而有餘也。設種種法律。以束縛人民之自由。違者以刑罰隨其後。所謂天賦人權者。緣此而範圍日以縮小。此其所犧牲也。而人民獲所保障。始能於法律所許之範圍內安居樂業。則所收穫足償之而有餘也。反是。例如借外債以充行政費。行政整理之後。誠有利益。若緣此而召外人干涉財政之漸。則犧牲太大。雖有收穫。不足以爲償矣。大擴充海陸軍。於國防上誠有利益。若軍事費遠軼出於民力所克負擔之範圍外。以致稅源全涸。民不堪命。則犧牲太大。雖有收穫。不足以爲償矣。袒護資本家。優予以特權。於獎厲企業。誠有利益。若緣此而使食力之氓儕於奴隸。則犧牲太大。雖有收穫。不足以爲償矣。行專制獨裁政治。則權責專一。治事迅敏。誠有利益。若緣此而使人民漠視國事。政治思想銷沉殆盡。甚且舍失其自由獨立之性。則犧牲太大。雖有收穫。不足以爲償矣。此亦不過隨舉數端。他可類推。

第四　當問其政策系統之組織何如。國家之政務。非各各獨立也。而常與他政務相連屬。故凡政策必須組織爲一系統。系統云者。就其消極的方面言之。則使各政策勿相矛盾也。就其積極的方面言之。則使各政策相輔爲用也。苟無系統。則雖良政策亦變爲惡政策。或分之雖得名曰政策。而合之則不復成爲政策。例如以振興教育爲政策。而於師範學校及教科書等之設備。全不注意。是不能積極的以成就此政策也。立保獎及考試得官之制。是反消極的從而破壞之也。以獎厲實業爲政策。而於金融機關之設立。生計常識之普及。全不注意。是不能積極的以成就此政策也。不撤釐金。濫增新稅。稍有利之業。卽攘歸官辦。是反消極的從而破壞之也。以改革幣制爲政策。而兌換制度不確立。租稅徵收法不更變。是不能積極的以成就此政策也。猶復濫鑄銅元。濫發紙幣。是反消極的從而破壞之也。以整理財政爲政策。而不思建設統一機關。不思改革租稅制度。是不能積極的以成就此政策也。日日增置冗缺冗差以養冗員。竭澤而漁。以涸稅源。是反消極的從而破壞之也。此亦隨舉數端。他可類推。

明乎此義。則凡百政務。可皆樹四鵠以衡之。有雖不失爲一政策。而不能實行者。有成爲一可行之政策。而可以討論其得失者。有不成其爲政策者。有並不成其爲政治者。試更舉數事以爲例。其在軍事。若欲全撤軍備。則並世各國中雖亦有此政策。將來全世界或皆采此政策。而在我國今日決不能實行者也。就現今所有之軍備。或主張因仍而精鍊之。或主張擴充而盛大之。皆成爲政策而有討論得失之餘地者也。以現在之民力。而議增陸軍由三十六鎮至六十四鎮。以每歲不盈千萬之海軍費。而立專部。紛紛訂購軍艦。此不成爲政策者也。以位置私人之故。而假借軍備以爲市。此並不成其爲政治者也。其在外債。如前此愛國志士所設籌還國債會。欲舉一切舊債而埽數還之。此雖不失爲一政策。而不能實行者也。對於將來之外債。或主張歡迎。或主張固拒。皆成爲政策而有討論之餘地者也。拒生利事業之外債。而歡迎行政經費之外債。此不成其爲政策者也。借債不付立法機關決議。而經手官吏時或藉以自肥。此並不成爲政治者也。此不過略舉一二事以爲例。其他凡百政務。試懸此四鵠以核之。當皆可以釐然睹其所屬。夫必成爲政策者。乃可以論其是非得失。尤必成爲政治者。乃可以語於政策。今我國官吏舉措。什有九非政治。何也。政治所以達國家之目的。而彼專供官吏個人私利之目的者。雖藉國家機關之名義以行之。決不得謂之政治也。今之中國。純屬爲人擇官爲官生事。曷嘗爲事設官爲官擇人。雖謂之無政治之國焉可也。既無政治。則復何有政策之可言。即偶有一二事。當局者或能出其營私之緒餘以爲國家計。庶幾可予以政治之名矣。然以云政策。且相去遠甚。蓋政策云者。有一定之方嚮。如江漢朝宗於海。不至焉而不止。有全部之組織。如三十輻共一轂。通中邊而貫徹者也。今我國之施政也。今日方辦一事。明日即辦一與彼事相反對之事。甲機關方立一法。乙機關同時即立一與彼法不相容之法。阻力橫於前。而不思所以去之。成效迄未睹。而不思所以易之。是安得以冒政策之名乎哉。並政策且無有。而良不良適不適。更何論也。今各國國會與政府所討論者。則政策良不良適不適之問題也。夫既名曰政策。則必其率國家之目的。胳合於一部分之國利民福。而有方嚮有系統者也。然於其良不良適不適之間。猶愼重審擇。而舉國輿論且督責之不稍假借。而我國政府乃始終不覩所謂政策。且國家機關所舉措什九不得名爲政治。以此而欲託國於天壤。不亦難哉。

今者責任內閣行將建矣。紀其責任。端賴國民。我國民將來之天職。第一著當察內閣之所行者果爲政治與否。第二著當要求新內閣示我以政策。第三著當察其所謂政策者是否有系統。而足以副政策之名。第四著當察其政策之良不良適不適。洵能紀之有方。而督之有力。則責任內閣。其或足以起衰救弊矣乎。而不然者。易法而不易人。變名而不變實。亦安取此擾擾乎哉。

抑吾更欲有言者。國會政治。非有政黨則不能運用。此稍有識者所能知也。然政黨之所藉以團結者。實全恃政策。其在野耶。則以批評政策爲天職。其在朝耶。則以建設政策爲天職。然則研究政策之性質。而儲備將來批評建設之資料。豈非我國民今日所亟當有事者耶。

爲國會期限問題敬告國人

自第二次請願國會既被沮撓本報曾著一論極陳政府處置之失當非有意袒國民以掊政府也凡以急國家之難而已今更據前論所樹義按諸各方面人人之利害關係敬述所懷以效忠告焉

第一　敬告監國攝政王

吾常謂我國民所以汲汲請速開國會者非騖此名以爲高也恐過此以往吾國將永無開國會之時也質而言之則循現今之政治組織而不變恐不待九年籌備之告終而國已亡矣此非吾一人之私言也最近滇督李君粵督袁君吉撫陳君鄂藩王君之封奏其對於現政府之塗飾敷衍瞀亂橫恣叢怨釀亂之實狀皆已痛切敷陳不遺餘力李君摺中且有「勢必終歸於無形之潰裂九年以後情狀可知」等語蓋厝火積薪之象久爲天下所共見范蔚宗所謂自中智以下靡不審其崩離者今日當之矣卽彼內外臣工之循例報告粉飾太平者亦何嘗不知現在時局儳焉不可以終日顧敢於以此欺皇上欺我王者寧亡國滅種而必不肯舍一己一時之富貴利祿已耳夫彼輩本以官職爲傳舍以國家爲利孔精華已竭褰裳去之國亡之後挾腰橐以走租界或作贅子妾婦於外國猶不失爲富家翁爲計亦良得若我監國攝政王則安能比之中國存則我王安富尊榮中國亡則我王雖欲爲長安一布衣豈可復得漢臣劉向有言陛下爲人子孫守持宗廟而令國祚永移降爲皂隸縱不愛身奈宗廟何我王卽不自爲計寧能不爲皇上計不爲列祖列宗在天之靈計也夫謂有國會而必可以救亡雖

草莽臣亦豈敢遽作此武斷。雖然。無國會而一聽現政府之實行恣虐不負責任。則有死無生。其勢已洞若觀火。即使開國會而無救於亡。則亦等亡耳。而況乎有國會猶或可以圖存於萬一也。夫國會既開之後。則政府不得不對於國會而負責任。濫竽與舞文皆不如今日之易易。故向政府請願國會。誠無異與狐謀其皮。若我監國攝政王則何有焉。徒以無國會之故。代彼等負責蒙勞。凡百僨張。凡百叢脞。悉以委卸於王之一身。彼等自處於至安。而貽王以至危。王果何愛於彼等而袒護之惟恐不力也。夫以彼等之祿位與國家之景命較。則國家重乎。彼等重乎。以彼等之容悅與先帝之付託較。則先帝重乎。彼等重乎。夫以國事事託諸彼輩之手。其成效若何。亦既可覩矣。然則我王將躬親庶政而不以託諸彼輩耶。王即大賢。而精力固有所限。豈能政無大小而悉親之。故王之所得爲者。不過對於彼輩而爲最高之監督已耳。夫以王一人自爲監督。其事勞而勢必不克周。則何如以耳目分託諸國會。而王乃不至自疲於察察也。嗚呼。是在王之擇善而能斷也已矣。

第二　敬告政府諸公

政府諸公所以沮撓國會者。凡以國會不便於己而已。夫國會之於政府。如姑之於婦。居政府者恆以有國會爲不便。非獨吾國爲然也。即東西諸國亦有然。政府之嫌忌國會而不欲其速開。亦無足怪。雖然。他國政府雖或嫌惡國會。而其所以對待之者則有道矣。昔日本明治十一二年以後。人民之要求國會者風起水湧。其政府頑然不爲動。就外觀論之。若與吾政府酷相類。而不知彼政府於此十年中事事急起直追。人民方趨而政府已馳。人民之進以尺。政府之進以丈。蓋當時日本政黨徧國中。各揭櫫政綱相號召。而政黨每主張一政策。政府必立即竊取而實行之。以奪其翹異之標幟。政黨每指摘一弊端。政府必立即反省而盡改之。以絕其攻擊之口實。彼其政府固日日思勝伏民黨也。然其所以勝伏之者。非恃勢迫。非恃利誘。與之爭政策之建設而務勝之。與之爭人才之延攬而務勝之。使全國人覺前途無窮之希望。皆緣政府而得達。故其恃政府之心。過於恃民黨。而民黨遂不得不屈於政府。彼日本直至今日而議院政治猶未成立者。皆以此也。（德之俾斯麥亦用此政策）吾以爲政府諸公誠嫌惡國會而欲緩其成也。則惟有精白乃心以盡瘁於國家。使人民咸顒顒焉生出恃政府希望之心。則其渴欲急得國會之心自相消而日減殺。不見乎數年前革命說徧天下。自預備立憲之詔既頒。乃如湯沃雪乎。夫一詔則安能有此奇效。希望心有所寄。則民氣不期靖而自靖也。及乎以諸公當預備立憲之衝。而前此一線之希望。復永斷絕於諸公之手。故夫前此約以九年開國會而民安之。今茲約以九年開國會而民譁之者。非民之靖於昔而囂於今也。希望既絕於彼。乃不得不轉而向於此也。政府諸公乎。諸公而果能自信有道焉以繫續人民之希望。而保我國家毋至淪胥於公等之手者。則國會之開。微論遲至宣統八年也。即更閱十八年二十八年。吾民無斁焉。而不然者。則毋寧速開國會以責任公諸國民。而無取獨專其罪。今兩無一遂。進退失據。徒以一身爲怨毒所歸。國家一旦不諱。則三冢磔蚩尤。千刀剸王莽。公等受禍之烈。必有過於尋常萬萬者。公等其亦一念之否耶。夫公等所以靳國會期限於此數年間者。不過曰數年以後。吾將一瞑不復顧。即不爾。亦將營菟裘以終老。其時雖有艱鉅。已非吾事。吾且利用此國會未開之數年間。侈然自恣。厚封殖而長子孫云耳。夫使時勢而果能如公等所期。則爲計亦良得。而無如禍害之相煎逼於內外者。萬不許爾爾。以公等之才。居公等之位。而復懷抱公等之心理。則不及五稔。而中國必爲公等所斷送。萬無可逃避。夫公等斷送中國。中國誠厄矣。而公等所謂自豐殖以長子孫者。於彼時則亦何有焉。語曰。左手據天下之圖。右手揕其胸。愚者不爲。公等之智。胡乃見不及此。

第三　敬告各督撫

近數十年來督撫之繫民望也。恆過於軍機大臣及各部長官。非必督撫之才皆優越於彼輩也。其責任較專。其展布較易也。故中央雖萬幾叢脞。而有一二賢督撫。則一方之民猶食其賜。自一二年來。假籌備憲政之名。行似是而非之集權政策。而督撫始不可爲矣。督撫失職。不平漸奮起。而與中央爭。爭之不能勝也。乃反其本。於是責任內閣之重要。漸爲督撫中之賢者所同認。夫責任內閣爲今日救中國之不二法門。固已。然亦思責任內閣之名。果何所麗而立乎。夫使對於君主而負責任者。卽稱之曰責任內閣也。則我國之有責任內閣。已數千年。豈復勞諸公之陳請。責任內閣云者。必有糾問責任之機關。與之對待。然後能成立者也。而以君主當此機關。則其最不適者也。以君主而糾問大臣責任。其所得結果。惟有二途。一曰仍躬親庶政。而代大臣負責任。二曰委耳目於中涓新進。以掣大臣之肘。二術殊趨。而內閣責任之不能成立則一也。是故有國會則有責任內閣。無國會則無責任內閣。今語人以責任內閣之當速立。人多信之。語人以國會之當速開。人多疑之。此猶謂惟食可以救飢。而又云可以無炊也。夫今者請設責任內閣之諸督撫。皆督撫中之賢而忠者也。其於責任內閣與國會相依爲命之理。豈猶有所未瑩。而獨舉彼而遺此者。殆不欲太觸政府之忌。而期其易行耳。不知天下事未有本不立而末能存者。今惟日言責任內閣。而於糾問責任之機關。不置一辭。吾恐政府不久必將舉現在之軍機處各部。易其名號以徇於衆。曰此責任內閣也。至彼時。而責任內閣四字。將成爲藏垢納汚之一名詞。而今之渴望責任內閣者。且將以責任內閣爲詬病矣。夫無責任內閣。則今後之督撫。將一事不能辦。此事勢之既顯著者也。而無國會則責任內閣無從成立。又學理之不可易者也。故督撫無論爲國家全局起見。爲本官職掌起見。皆當竭全力以速國會之成。悠悠萬事。惟此爲大。舍此不務。雖日夕劬精於職守。亦具臣已耳。

（附言）政府之所以敢於稽延國會期限者。以請願國會之輩人微言輕耳。誠得數省督撫聯合上奏。以爲國民請願之後援。則政府固不得不懾。各督撫而信現在政府諸公可以託國也。則吾復何言。而不然者。則督撫諸公爲國大臣。其與國休戚之誼。宜視齊民爲更重。試問舍速開國會外。更有何術使政府稍負責任。政策稍得統一。而拯國家於至危之淵者。吾願賢督撫一熟審之。吾尤願在督撫幕府之諸彥。更取此中消息一參之。

第四　敬告國中有聞譽之諸君子

兩次請願之見拒。其原因雖多端。而請願代表之人微言輕。實其一也。夫所謂微也輕也。就社會上之客觀的地位言之也。社會地位。原非能限人。然雖有豪傑之士。欲得社會之尊敬。固非一朝一夕所可幾。況在今日之中國。凡百德慧術智。皆不循自由競爭之原則。士之自拔於流俗。益以不易乎。今代表數十人中。吾所曾晤識者。雖未及什一。特其器識之必有異於常人。此則天下所共信矣。而政府當道則易而侮之。謂是乃少年新進所代表者。未必爲眞正之民意也。代表雖復懷異才。抱血誠。獨於其年之少。其進之新。則無術以自解。然國民固非不欲舉耆宿碩望者。或冥然不識此事關係之重大。或雖識之而持重觀望。不肯以身爲天下先。於是乎少年新進乃不得不以綿力獨任其難。夫難則何足恤。而事乃坐此不獲濟矣。昔日本之請願國會也。領銜者爲副島種臣板垣退助。皆中興元勳。身爲大臣。翩然挂冠。以爲民倡者也。俄國之請願國會也。領銜者爲特爾壁哥意 Wulbet-skoi 以侯爵而爲大學教授者也。（此爲俄國第四次請願國會之領銜者即千九百〇五年（光緒三十一年）六月二十日所上書也其年八月十九日俄皇遂頒召集國會之詔）而其他署名之人。連袂捧呈者。蓋國中知名士咸集焉。是以彼兩國政府。不得不重視之。而請願因以有效。今我國所謂耆宿碩望者。其頑舊之輩不足責。亦有明知此舉爲救時良藥。顧不肯以名爲天下倡。或僅虛列一名。而不肯以身當實行之衝。徒以大任責諸後起之秀。致其事不見重於世。揆以春秋責備賢者之義。則事之不就。諸君子不得辭其咎也。今國事且益急矣。亡徵且益著矣。從萬死中以求一生。仍舍速開國會外無他術。第三第四次之請願。我國民應非所敢避。顧吾所禱祀以求者。則國中有聞譽之諸君子。咸奮然投袂而起。以爲民倡率而已。夫有聞譽於國中者。其與國家休戚之關繫加密。則其憂國也宜加勤。其受社會之恩也加深。則其報社會也宜加厚。若謂舍速開國會之外。而別有救中國之術也。吾願諸君子更有以語我來。如其無之也。則諸君子不此之任而更誰任也。

第五　敬告一般國民

凡人各有其性之所近。各有其業之所宜。欲使全國人民而悉爲政治上之運動。非惟事所不能。抑亦理所不可。雖然。今日中國之請願國會。則與尋常之政治運動有異。其在現今已立憲之國。各政黨之政見。雖有異同。要之皆以國利民福爲前提。任行其一。於國皆有裨。故政黨以外之人民。袖手以觀其成敗。固無傷也。卽當日俄等國要求國會之時。其政府雖偏於專制。然其政府諸人固猶有忠於職務之心。而才識尤足以濟之。不過施政非本於民意。與近世政治原則稍相齟齬已耳。未嘗緣此而胥國家於危險之淵也。故國民雖不過問之。猶可以無大咎。若吾國今日之形勢。則全與彼異。譬之猶以破舟航巨浸。中外遇颶風。下叢礁石。而船主及船中一切執事者。既不知駕駛爲何術。加以日飲亡何而不事事。而吾儕乃不幸而適以此時乘此船。眼看其覆沈即在旦夕。覆沉之後。則同葬魚腹而無術以自免於斯時也。胥謀開一會議以講保全此船之策。吾儕雖非人人盡諳駕駛。然一舟之大。安保無一二人稍諳之者。足以匡船主之不逮。藉曰竟無其人。而會船主有所憚懾。稍止酒以自念其職。則猶或可以圖存於萬一。今之請願國會。亦若是已耳。苟在船之人。而猶有不表同情不相臂助者。則必其全無人心者也。夫我國民之漠視國事。數千年於茲矣。惡根性種之已深。誠非頃刻所能遽易。雖然。吾民亦未知其現時所處之地位爲何如耳。即或薄有所知。亦不審誰爲爲之。孰令致之耳。嗚呼。我民其聽之。夫孰使我百業俱失。無所得衣食者。政府也。夫孰使百物騰踴。致我終歲勤動而不得養其父母者。政府也。夫孰使我一粟一縷之蓄積。皆供吏胥之婪索者。政府也。夫孰使盜賊充斥。致我晷刻不能即安者。政府也。夫孰使我祖宗丘墓之墟。爲他國宰割分崩者。政府也。政府日紾吾臂而奪吾食。日要於路而刼吾貨。吾呼號顛沛。而政府不我救。吾宛轉就死。而政府不我憐。吾以吾生命財產乃至吾子孫託之於現政府也。既非一日。而今且瞬息與之同盡。天地父母生我。我不能坐以待死。我素習聖賢之教。亦決不肯犯上作亂以自取戾。故吾惟願得一國會。使我舉其所親信之人。代我一察政府。果尚能託命與否。而吾思所以自救之術。亦得因其人以自達。質而言之。則吾國今日之請願國會。匪敢云進國家於富强也。冀國家萬一不亡而已。匪敢云增吾儕人民之幸福也。冀取千百之餓殍。救活其一二而已。嗚呼我國民。卽不愛國。寧不愛吾身。卽不愛吾身。寧不愛吾父母及吾子孫。嗚呼我國民。其念之。苟無國會以監督此政府。則不及五年。我國四萬萬人之生命。必有三分二斷送於其手。吾身及吾子孫。其安能倖免也。言念及此。則今日人生第一大事。舍請願國會。豈有他哉。願我民思所以自處也。

第六　敬告農民

立憲政治者。國民政治也。欲憲政之成立。必須令國民中堅之一階級。知政治之利害切己。而思參預之。然後其精神有以維持於不敝。彼歐美諸國。多以工商爲國民中堅者也。而我國則以農爲國民中堅者也。故開發農民之政治思想。實今日中國第一急務也。抑中國農民之必當要求國會。則尤有說。國會之濫觴。本以代議士爲租稅義務之代價。而中國現行租稅。則其什之九皆農民之所負擔也。各國租稅。立有系統。按諸財政原則。務求公平。我國則漫不之省。而惟偏於一方。故往往素封之家。一納一銖正供。而終歲勤動之小農。則誅求到骨。今國家歲入僅當歲出之半。百政待舉。司農仰屋。所以彌其缺者。仍不得不羅掘於民。則惟有將舊稅設法增加。稅率重規疊矩。或多立名目。更設新稅。而要之其負擔必歸於農民。則一也。疇昔農民之苦。已不可支。比年以來。百物騰踴。益復憔悴無人理。蓋以獲不償勞之故。廢田不耕者。既所在皆是矣。若更重以朘削。則農民除轉死溝壑外。更無他途。此實至淺之事勢。稍一思而可得之者也。若有國會。則於政府財政計畫。必當嚴爲監督。租稅系統。不容不斟酌至善。萬不許如今日之毫無綱紀。偏枯一至此極。如是則國之石民。庶可稍蘇。而元氣或可維持於萬一。失今不爲。更閱數年。則老弱轉溝壑。壯者散四方。彫瘵而不可復。雖有善者。無能爲矣。故國中無論何種人民。其禍福皆視國會之有無，而關係最切者，尤莫如農。蓋有國會則生，無國會則死也。夫以今日農民已極困頓，救死且恐不贍，而欲其有餘裕之心力以涉想於政治問題，誠屬至難之事。雖然，有物於此，得之則生，不得則死，則無論若何勞苦倦極，皆不能不蹶起以求之，人之情也。故農民特未知無國會之害一至此極耳，苟其知之，吾敢信其未有不呼天籲地以期其成者。而大陳此義以喚醒農民，則士君子之責也。吾願各省之請願同志會亟致力於此也。

第七　敬告國中有資力之人

今世界爲資本競爭時代，國中有資力之人，國之寶也。雖然，處今之世，欲求資力之安全發達，不可不以國家爲後盾。而政治腐敗，則有國家等於無國家者也。吾國人於政治生計之關係，見之不瑩，執素封之人語之以政治上之活動，未有不掩耳却走。雖然，試思今日之盜賊載塗，庋百金於篋而夜卧遂不能帖席者，誰實使之乎？試思今日各市鎮倒產紛紛，人人皆有朝猗頓而暮黔婁之懼者，誰實使之乎？苟稍一深思，當能知凡百憂患，皆由政府失政。是以及此，況乎以今日之現象，明末飢民流寇之禍，數年之內萬不能免。一屆彼時，玉石同燼，而受禍最烈者，爲席豐之家，此歷史上之明效矣。藉曰幸免此難，然猶當知歐美諸國挾其產業革命之力以橫壓我國，其鋒之銳，莫可當。以大資本臨小資本，遇之者必成虀粉。彼歐美近二三十年來，中產之一階級，久無術以自存，悉降爲勞傭矣。今此橫流既汎濫我國中，受者其安有幸？故今日中國之有資力者，眞所謂危若朝露也。於萬死中求一生，惟希望有善良之政府，實行保護產業之政策，庶幾有所怙恃，而獲即安。而非有國會，則善良政府斷無出現之期。又事勢之共見者也。故有資力之人渴望國會。固宜更甚於齊民也。夫今日少數志士日日奔走駭汗。號呼於國中以冀國人之一寤。其間來往講演之川費。印刷物之出版費。非稍寬餘則難以普及。此事理之可揣知者。而有資力之人以爲事不關己。莫肯聲援。此豈惟放棄國民義務。抑亦拙於自謀也已矣。

第八　敬告留學生

日本所以能立憲者。其主動力誰乎。學生也。俄羅斯所以能立憲者。其主動力誰乎。學生也。土耳其所以能立憲者。其主動力誰乎。學生也。無論何國過渡時代。未有不以學生爲其樞者也。數年以前。我國學生。雖復甚囂塵上。而捧一腔熱誠爲政治上之活動者。尙大有人。風尙所蒸。舉國猶含朝氣。今則何其憊也。豈政府塗飾敷衍之政策。曾不足以欺絕無知識之鄉愚者。而多數學生乃爲所欺乎。抑政府以彼區區至汚濁之官職至微薄之薪水以馴伏學生者。而學生之大部分遽乃入其彀中。百鍊鋼化爲繞指柔乎。不然。則今日之事。寧有急於速開國會者。而學生之聲援此運動者何無聞也。夫對外問題。學生攘臂以爭者。往往而有。吾豈敢謂對外權利可以漠視。曾亦思以現在無責任無意識之政府。其對外政策安從確立。對外政策皆不立。日日斷送權利。層出不窮。乃於事後而謀補救。所能補救者幾何。此所謂不揣其本而齊其末也。嗚呼。使國中多數人能移其對外之精神以對內。則國中政治現象。其腐敗或不至如今日之甚也。

第九　敬告資政院議員

以吾黨所觀察則謂資政院絶不含有國會之性質者也而政府所主張則謂資政院能養議員之精神爲國會之基礎者也二說是非姑勿深論洵如政府之說則資政院議員對於國會問題有其特別責任抑章章矣吾以爲資政院議員對於此事之責任蓋有二端一曰直接之責任二曰間接之責任直接之責任者何政府對於資政院其本意不過以爲裝飾品而已雖然亦既設之則固不能視同無物其章程所列權限雖復鹵莽滅裂不成片段然既已見畀者其勢固不易反汗苟議員能將章程內之職權堅抱之而莫肯放棄則其效力比諸御史之封奏報館之論文固自稍優政府亦不能不稍有所懾而秕政或可減殺於萬一況乎政治上勢力之消長原非法律條文所得而限各國憲政發達之結果能使裁抑民權之法規成爲僵石者比比然也資政院議員若能抱定諭旨中國會基礎一語以爲宗旨在在以國會之精神行之則此雖鷄肋固未易輕棄也（資政院議員之責任吾別爲文論之）間接之責任者則院章中本有受理人民請願之一條今第二次請願既經拒絶將來都察院復肯代奏與否誠未可知則第三次請願之上達天聽資政院實責無旁貸苟並此不務則資政院眞成贅疣而議員非獨隳國民之信用且負君上之委任矣願議員早圖之

論請願國會當與請願政府並行

國風報載筆者謹述民意拜手稽首颺言曰吾儕小民不勝大願願大皇帝錫其大惠賚吾儕以國會

國風報載筆者謹賡載述民意拜手稽首颺言曰吾儕小民不勝大願願大皇帝錫其大惠賚吾儕以政府

問者曰請願國會東西諸國有行之者矣請願政府則吾未之前聞甚矣吾子之好爲戲言也應之曰不然請願

云者。於其所無之物而急欲得之。乃陳其所願望而竭誠以請也。政府與國會。同爲國家不可缺之機關。東西各國國民。當其無國會之時。則請願國會。吾國今日固無國會也。故吾國民當竭誠盡敬以請願國會。抑吾國今日固無政府也。故吾國民尤當竭誠盡敬以請願政府。問者曰。有是哉子之誕也。無政府云者。近今歐西獷悍之民所揭櫫以爲倡亂之名號耳。孰謂吾國現狀而乃若是。且今之印纍纍綬若若挾魁柄作威福以臨乎吾上者。非政府也耶。應之曰。子未識政府之爲何物也。吾無以曉子。子旣曰吾國有政府。則政府果安在。子其有以語我來。

於是有復者曰。軍機大臣則政府也。雖然。吾有以明其不然也。軍機大臣者。但當唐虞時納言之官。所謂出納王命王之喉舌耳。入儤直而聽受之。出謄黃而記注之。其職蓋合留聲機器與寫字機器爲一體。當今科學昌明之世。殆不必以人爲之。而直可以鐵與電二者爲之。用鐵與電。其視今日之軍機大臣。必愈能盡職而且無弊也。藉曰必須人也。則今者各銀行各公司之書記員。足以當之矣。更上者則內閣總理大臣之祕書官。足以當之矣。認鐵與電爲政府。夫安得曰有政府。卽認書記員祕書官爲政府。又安得曰有政府。夫政府也者。一方而爲全國政治之所自出。一方面又爲全國行政機關之總樞者也。（政治與行政意義之區別可以參觀憲政淺說第二章第三節）今全國之政治。雖大半假塗於軍機處以出。而軍機處則已非政治之所自出。若夫全國之行政行爲。試問豈有一項焉經軍機大臣之手以處辦之者。是故謂軍機大臣卽政府。無有是處。

於是又有復者曰。各部之尚書侍郎。卽政府也。雖然。吾有以明其不然也。政府者。一國中不可無一而不容有二者也。今國中有十部。謂部部皆爲政府耶。則是有十政府。謂十部共爲政府耶。則部與部之間。如秦與越之相視其肥瘠。如人與鮒之各殊其趨舍。譬有人於此。集文義不相屬之十字。而指爲一句。集經緯不相接之十線。而指爲一布。識者亦孰不笑之。而不幸我國之各部。乃有類於是。夫政府者。統一而有組織之機關也。如人身然。五官百骸。各有所司。顧未嘗淩亂而相犯也。又未嘗離瘼而不相卽也。二者有一。則人而非人也已矣。而不幸我國之各部。乃有類於是。是故謂各部卽政府。無有是處。

亦有復者曰。會議政務處及憲政編查館。其或有一焉可以當政府。雖然。吾又有以明其不然也。會議政務處。驟視其名號。頗有類於各立憲國之內閣會議。然今之置此職。不過以位置羸老戀棧之閒員。除列席之軍機大臣外。自餘皆伴食也。而其決議又絲毫不能生法律上之效力。其職之不足重輕。五尺之童類能知之矣。憲政編查館。則今者庶政動皆與聞。誠不失爲有力之一機關。然按其實際。則亦等於外國之一法制局耳。一法典調查委員會耳。夫政府也者。其命令。其行爲。皆直接與國民以拘束力者也。而此兩署之職權。皆不能有此。是故指會議政務處或憲政編查館爲政府。更無有是處。

於是更有復者曰。我大皇帝而監國攝政王。則政府也。是其然否。且勿論。雖然。此大不敬之言也。夫大皇帝爲一國之元首。總攬國家之統治權。司國家之最高機關。而凡百機關皆統焉。政府則輔弼大皇帝者也。國會則協贊大皇帝者也。法院則以大皇帝之名。而維持大皇帝所布之法律者也。如心君然。百體咸率其令。顧不能指目一體以爲心君。任舉一體以指目心君。此如莊生所謂耳目鼻口不能相通。其褻心君莫甚。大皇帝亦爾。總諸機關。而非一機關所得私。一機關而欲私挾大皇帝以自重。其褻大皇帝莫甚。且我憲法大綱中。不明言君上神聖尊嚴不可侵犯耶。而政府者。則在政治上爲全國衆矢之的。人人得而侵犯之者也。國會之彈劾。恆於斯。集會演說之抨擊。恆於斯。報館之嬉笑怒駡。恆於斯。試觀今世各國。雖以賢才處政府。未有不遭攻難以致身無完膚者。甚至訐其隱慝毛舉細故作爲種種媟褻尖刻之謠諑圖畫以揶揄之使在常人則名譽賠償之訴訟必起而處政府者不能校也故政府者實人人得而侵犯之者也所以者何蓋祁寒暑雨怨咨萬無可逃而監謗防川有國之所大戒夫惟萬目睽睽以具瞻政府萬口嗷嗷以交謫政府然後政府之職庶克舉矣若是乎政府者實衆毀之所歸而萬不容以神聖尊嚴之君上當其衝者也是故指我大皇帝與監國攝政王爲政府益無有是處

是四者皆不足以當政府然則我國更烏覩所謂政府者質言之則一無政府之國而已嗚呼痛哉夫孰知擁土地二萬方里聚人民四百餘兆有歷史四五千年之堂堂中國乃竟以無政府聞於世界也惟無政府也故我大皇帝雖有高天厚地之恩而無人奉行之以湛汪濊於吾民惟無政府也故內外百僚之行政無所稟承惟無政府也故各部各省支離滅裂各從其好各營其私無所統一無所督責惟無政府也故雖以一部一省一司一局毫不能明其權限責任所在而百事敗於掣肘廢於叢脞惟無政府也故始終未嘗有一通籌全局之政策而凡百庶政皆以矛盾而相消惟無政府也故一切政治皆失其繼續性吏民無所適從惟無政府也故法令如牛毛皆成紙上空文無一能見諸實行惟無政府也故官吏不事事而莫之問朘削侵漁吾民而莫之罪惟無政府也故列强眈眈以咕囁我臠割我而莫之知莫之禦惟無政府也故水旱繁興惟無政府也故癘疫洊襲惟無政府也故盜賊蠭作惟無政府也故學絕道喪廉恥掃地惟無政府也故民窮財盡餓殍塞途惟無政府也故使我大皇帝監國攝政王宵衣旰食於上堯臞如腊禹足胼胝而無一人能分其憂代其勞惟無政府也故使吾國民困苦顛連於下而無所控愬惟無政府也故使吾民之勞苦倦極疾痛慘怛者求其故而不得乃致懟於天地之不仁而以君上爲怨府惟無政府也故他國人視我國爲一無所屬之廣原抉其藩破其門入其堂踞其室游行自

在。若無人焉者。惟無政府也。故有土地而如無土地。有人民而如無人民。有主權而如無主權。乃至有國家而如無國家。嗚呼痛哉。無政府之害。壹至於此。

今也吾儕處此無政府之國。爲無政府之民。如舟泛巨浸怒濤搏擊而無其柁。如車上峻坂俯臨無地而無其輪。如師陷重圍敵軍肉薄而無其旗鼓。如兒啼抱中聲息僅屬而無其乳保。是故吾儕小民之望得一政府也。如渴望飲。如飢望食。如寒望衣。如暍望蔭。如風雨望蔽。如躄望杖。如瞽望相。如臨河望筏。如陟險望梯。如久病望醫。如大旱望雲霓霖雨。西方之人亦有言。惡政府固惡也。猶愈於無政府。吾儕小民。今且不敢遽惟良政府是望也。惟望有政府。如彼久飢者。不敢望膏粱。且望粗糲。如彼久寒者。不敢望文繡。且望短褐。乃至如彼久病者。不敢望和緩。且望中醫。雖得有如日本之井伊直弼政府。雖得有如奥大利之梅特涅政府。雖得有如俄羅斯之坡鼈那士德夫政府。吾儕小民。猶得仰首伸眉以自夸於世界曰。自今以往。吾固爲有政府之國。吾固爲有政府之國之民也。

是故國風報之載筆者。謹述民意。拜手稽首颺言曰。吾儕小民。不勝大願。願大皇帝錫其大惠。賚吾儕以政府。

憲政淺說

叙

今舉國競言憲政。政府曰。自今以往。吾將爲立憲國之政府也。國民曰。自今以往。吾將爲立憲國之國民也。然還觀上下之所舉措及其言論。則無一焉與當世諸立憲國相類。匪惟不相類。而且適得其反。夫天下事物必先具其體乃能致其用。玉輅誠美，苟輻轂不備，則致遠之效，不如椎輪。衮冕誠華，苟幅領不完，則章身之施，不如短褐。夫專制政體雖可厭惡乎，然猶且積數千年之斟酌損益，有種種機關，種種精神，以互相維繫，確然成爲具體之一事物，而吾民之習而安之也亦已久。此如車之有椎輪，衣之有短褐也。今以其不適於時勢，故革焉而易之以立憲。夫革焉而易之宜矣。然立憲政體，又別有其種種機關，種種精神，以相維繫，然後體始具而其機關其精神又無一可與專制政體相襲者也。今不務所以整飭此機關，發育此精神，而惟竊其名。名者實之賓也。實之不存，而名顧可以久竊乎。況夫所假之名未歸，而固有之實先喪。新機關新精神百不建設，而舊機關舊精神，惟取其惡劣者保存而滋長之。其善良者則破壞而無所復餘。此如壽陵餘子學步於邯鄲，新步未成，而故步全失，不至匍匐而歸焉不止也。吾思之，吾重思之。今吾國人言憲政者，雖甚囂塵上，而其能識憲政爲何物者，度千百中不過一二，其餘則皆耳食雷同，不求甚解者也。夫未能知而責以行，此必不可得之數矣。吾思之，吾重思之。吾國人講治國平天下之術，已數千年，其政治能力決非弱於他國。而今也迫於內憂外患，上下瞿然而起，乃始舍其舊而新是謀。其中誠大有不得已者存。然則凡今之言憲政者，其汲汲然亟欲知憲政之爲何物，度必有若飢渴之於飲食者矣。而國中先覺之士，於茲事寡所論述。藉曰有之，則或專明一義，偏而不全；或馳騖學理，博而寡要。夫天下事理，恆相待而始成立。不舉大體而欲專明一義，則並此義而不能明，有固然矣。若夫侈陳奧衍之學理，則人將視爲專門之業，望洋而歎。其能精讀而徹解者，復幾人哉。吾國人所以不能得憲政常識，而立憲國民之資格，久而不具者，皆此之由。吾爲此懼，不揣固陋，輒述所知，演爲淺說，非敢效敝帚之享千金，亦庶幾鉛刀之資一割云耳。

例言

一本書所論者兼政治學憲法學行政學三科之範圍。

一本書陳義但舉綱要行文力求流暢務使讀者引興彌長樂而忘倦。故聚訟之學說。乾燥之法文。概不徵引。

一本書所用名詞務使盡人易解但學術上用語以正確爲第一義。故其中恆有爲吾國人所習見者讀者稍留意。自能得之。

一本書雖不欲侈談學理。然所論述者往往非原本學理則不能明其故。著者惟務以至淺之文達至深之理而已。既竭吾才。無以加焉讀者諒諸。

一本書雖簡短苟能精讀而會通之。則政治常識實已粗具自今以往。一切官吏及有選舉權之公民。苟並此常識而無之實不足以生存於立憲政體之下。凡讀是書者。無論若何繁忙。望必全書寓目則著者之榮幸。何以加諸。

第一章　國家

第一節　國家之意義

立憲政體者政治之一種也。而國家者。政治之所自出也。故欲知憲政之爲何物。必當先知國家之爲何物。國家二字之義。驟視之一若愚夫愚婦可以與知細按之則積學鴻儒。猶或苦於索解若欲窮原竟委則國家若何而發生。若何而成立。若何而消滅。其實質上之性質若何。其法律上之性質若何。其所向之目的若何。凡此數者。累數十萬言而不能盡。別成爲國家學之一專科。此非本書所遑及也。本書之旨。則在略明國家之體。乃得藉以推論其用耳。

試執途人而問之曰。何者爲中國之國家。則其答語之能當者寡矣。必將有人曰。地球圖上畫出中國之土地。卽中國國家也。雖然。吾有以明其不然也。自洪荒甫闢之時。卽有此土地。而未始有此國家。且土地屢有遷移。而國家不緣而易位。康熙乾隆朝。增數萬里之地。而國家如故也。近二十年來。棄數千里之地。而國家如故也。更舉一至顯之例以明之。昔者太王居邠。因避狄而遷於岐。所領土地。前後不相襲。而周之國家如故也。然則指土地以爲國家。無有是處。或將有人曰。戶口册上有中國國籍之人民。卽中國國家也。此積民成國之說。百年前歐洲學者所樂道也。雖然。吾有以明其不然也。謂國家之性。分寄於各人耶。則我國四萬萬人。應爲四萬萬國。謂累集四萬萬人。便成爲國耶。則集磚千萬塊。不得命之爲屋。集木千萬片。不得命之爲舟。蓋物各有其本性。集多數同性之物於一處。只能增其分量。而不能變之使成他物。此一定之理也。然則指人民以爲國家。無有是處。或又有人曰。吾儕所尊敬親愛之中國皇帝。卽中國國家也。此君國同體之說。古代相傳最久者也。雖然。吾又有以明其不然也。若謂君卽國。國卽君。則共和國之無君者。應不得稱之爲國。而今之法國美國。誰則謂其非國者。且使君與國同爲一物。則一君之崩殂。一舊國當隨之而滅。一君之嗣統。一新國當緣之而生。然而德宗皇帝上賓。我國家非攀髯以俱去。今上皇帝龍飛。我國家非附翼而始來。不寧惟是。有明廢而聖清興。我國家猶是三百年前之國家也。三代秦漢以來。易姓數十。我國家猶是二千年前之國家也。然則指君主以爲國家。無有是處。是故土地人民也者國家之要素也而非卽國家君主也者國家之最高機關也而非卽國家譬諸學校然謂校舍卽學校不可也謂生徒卽學校不可也謂校長監督卽學校亦不可也學校固不可無校舍無生徒無校長或監督而此三者皆非學校學校之爲物別自有其體也以寓乎三者之中而超乎三者之上惟國家亦然

然則國家果何物乎曰

國家者在一定土地之上以權力組織而成之人民團體也

此義恐尚不易索解請更縷析言之

第一、國家須有一定之土地無土地則國家無所與立此盡人所能知者然有土地而不一定猶不足稱爲國家如彼游牧之族逐水草遷徙是部落也非國家也國家領有一定之土地謂之領土

第二、國家須有人民此亦理之至易明者但其人民不必有親族血統之關係徒以同棲息於一地域故利害相共而自然結合謂之國民

第三、國家須有權力蓋以多數人民同處於一地域之內其利害相同者固多而相異者亦不少使人人各利其利而莫能相下此之所欲彼或撓之彼之所惡此或主之任情以行無所統屬則野蠻之羣聚耳豈復成國國也者必統一有秩序而始成立者也如何而後能使之統一而有秩序必也有命令焉者有服從焉者以我之命令而强制人使不得不服從謂之權力國家具有此權力謂之統治權無統治權者則非國家亦惟國家始能有統治權無論何人皆不能强制他人人之得强制他人者必其爲國家機關而代國家行此權者也如君主及一切文武官吏是也否則由國家法律賦與以此權者也如地方自治團體及民法上之一切私權是

也。國家之特質，實在於是。

以上三端，學者稱之曰國家成立三要素。領土、國民，要素之有形者也。統治權，要素之無形者也。三者結合爲一，字曰國家。

第四、既知國家以三要素結合而成，則其形狀大略可識矣。然欲明其法律上之性質，則尤當知國家爲組織而成之一團體。團體二字本於管子，其含義蓋甚精且富。比者國人襲東語而濫用之，往往失當。蓋團體之義，如其字謂相團結而成爲一體也。苟不能成爲一體者，則不得稱以團體。所謂一體者，如人體然，有意識，有行爲，對於內而能統一，對於外而能獨立者也。夫人也者，以三十餘種原質爲其有形要素，以靈魂爲其無形要素，諸要素合而爲一，不能分離，而心君宅中，官骸從令，其與他人對待，則獨立而成一我。相凡團體皆須具此性質，故此團體皆有人格。人格云者，謂法律上視之爲一箇人也。而國家者，則最高最大之團體，而具有人格者也。明乎此義，則知指土地爲國家固不可，卽指人民、指君主爲國家亦皆不可矣。國家實超然立於君主與人民之上，而自爲一體者也。

昔人惟誤解國家之義，故良政體久不得立。而今世立憲國種種制度，大率由此義闡發出來。不明此義，則不能知其立法之所以然。讀者幸毋忽諸。

我國文之「國」字，古文但作「或」。許氏說文之釋或字曰：『從口從戈以守一。一，地也。』其用意之精，含義之富，眞不可思議。從口，所以表國民也；從一，所以表領土也；從戈，所以表統治權也。文字中以口字表衆人者最多，如合字之類皆是也。惟武然後有權力，故以戈表焉。人在地上，戈以守之，國家三要素具矣。從聖猶恐其義不明。乃加口以環周其外云三者團結而成爲一體也。苟能好學深思。深知其意。則豈必丐餘瀝於遠洋也哉。

第二節　國家機關

國家既爲一團體。然團體之意思行爲。賴有機關而始得見者也。故次當論國家機關。機關者何。如輪船火車之有機器也。團體曷爲而必賴有機關。蓋團體者。法律上之人格。而視之與人同類者也。既曰與人同類。則必有意思焉。有行爲焉。而能爲權利義務之主體。雖然。人也者。有形之人格也。故無所待於外。而能自決其意思。自運其行爲。團體不然。集多數之分子而成。而又自爲獨立之一體。與其分子不同物。漠然而無實形之可指也。故其意思其行爲。必假諸有形之人以寄而達之。其所假之人。卽其機關也。此徵諸股分公司而最易見也。凡公司皆自有其債權債務。而與股東之債務不相蒙。是其獨立而爲權利義務之主體也。凡公司皆有其所向之目的所定之計畫。是公司自有其意思也。恆從其目的依其計畫汲汲以經營之。是公司有其行爲也。是其性質與有形人絲毫無異者也。獨所異者。公司不能自表其意思。而必賴股東總會以表之。公司不能自運其行爲。而必賴司理監查及一切執事人以運之。股東總會。諸股東以及司理監查一切執事人。皆以有形人而司公司之機關者也。凡團體機關。其性質皆準是。惟國家亦然。君主也。大統領也。國務大臣也。一切行政司法大小官吏也。國會也。行選舉權之公民也。皆國家之機關也。

國家機關。可分兩種。一曰直接機關。二曰間接機關。直接機關者。司機關之人。非受他機關所委任。乃直接從憲法所規定。緣法律事實之發生。或經法律行爲之順序。而自然得其地位者也。（此語頗晦然其義必如此乃備觀下文自明）例如公司之股東總會。從商法所規定。公司一成。卽隨之而存立者也。其在國家。則君主大統領及國會議會。皆屬於此種。

蓋君主之嗣統其權利本於憲法及皇室大典遇有先君崩殂之一種法律事實則從而得之議員之就職其權利本於憲法及議院法經過投票選舉之一種法律行爲則從而得之是皆非由他機關所委任者也間接機關則不然司機關之人由他機關所委任而受委任之人更得舉其職權内之事務轉委任於他機關例如公司之司理人受委任於股東總會而一切執事又受委任於司理人也其在國家則自國務大臣以下一切文武內外大小官吏皆屬於此種

凡國家機關無論爲直接者爲間接者其法律上皆無人格而不得爲權利義務之主體蓋機關不過供國家使用之一器具以國家之目的爲目的而非別自有其目的者也故機關與司機關之人其界限必須分明司機關之人其本身則有人格而能爲權利義務之主體者也非惟對於箇人有之卽對於國家亦有之如官吏有受廉俸之權議員有受歲費及特別保護之權此皆對於國家而官吏議員本身之權利也雖然官吏代國家以命令人民徵租稅焉課徭役焉此非官吏本身之權利而行國家之權利也議員議決法律協贊豫算亦非議員本身之權利而行國家之權利也卽君主亦然君主有受皇室經費之權有神聖不可侵犯之種種特權此其本身之權利也至其爲國家機關而行統治權則所行者亦非其本身之權利而國家之權利也吾國人疇昔於此義辨之不具故往往公私混淆而種種秕政緣之而起言憲政者不可以不留意也

各機關有以一人獨裁而司之者有以多人合議而司之者一人獨裁者如君主大統領及各官署之惟有一長官者是也多人合議者如國會察計院合議裁判所及我國一部中而有尚書侍郎數人者是也何種機關當用何式此俟下方各章分論之但無論爲獨裁爲合議而機關之性質不緣此而生差別

間接機關。一國中恆有多數可勿具論直接機關。則一國中不可無一箇而又不可多於二箇其僅有一箇者。則君主是也其兼有兩箇者則君主與國會或大統領與國會是也緣直接機關之或僅一個或兼兩個而政體之差別生焉其有兩箇直接機關者。則兩者權力之大小決不容平等平等則無從統一矣故其中必有一焉爲最高機關緣最高機關之所在有異同而國體之差別生焉今別分節以釋之。

第三節　國體

國體之區別以最高機關所在爲標準。前人大率分爲君主國體貴族國體民主國體之三種。但今者貴族國體殆已絕跡於世界所存者惟君主民主兩種而已。君主國者。戴一世襲之君主以爲元首苟其無國會則此爲唯一之直接機關自卽爲最高機關可勿深論。卽有國會者亦大抵以最高之權歸諸君主故曰君主國體也民主國者人民選舉一大統領以爲元首復選舉多數議員以組織國會而要之其最高機關則爲有選舉權之國民。故曰民主國體也。

尋常言君主民主之別者。大率以其元首之稱爲皇帝而由世襲者。則命之曰君主國。其元首稱爲大統領而由選舉者則命之曰民主國雖然此未可以一概論也等是世襲君主也而其權力之大小往往懸絕。如英皇之視日皇日皇之視俄皇名稱雖同而實權迥異矣故有君主世襲之國而法理上只能稱爲民主國體不能稱爲君主國體者。如歐洲之比利時是也比利時自一八三〇年與荷蘭分離而自立戴一世襲之君主。然據其憲法所規定則以國會爲一國最高機關。而君主不過受國民之委任爲行政之首長而已。故其職權與法國之大統領毫無所異使一旦廢世襲而爲選舉易君主之名而稱之曰大統領彼比利時國內之秩序未嘗因此而稍破也。

史家亦絕不以革命目之故比利時之國體非君主而民主也觀於此則國體之區別從可識矣

復次有以國家結合形態而區別國體者則其種類曰單一國曰複雜國單一國者如我中國及英法俄日等皆是其性質爲人所共知不必贅論複雜國者以二國或多數國相結而爲共同團體也復分二種一曰君合國二曰聯邦國君合國者兩國而同戴一君主者也如奧大利之與匈牙利三年前挪威之與瑞典皆是聯邦國者多數國相成美國以四十五州聯合而成德國以二十二君主國三共和國聯合而成是也君合國之性質雖與單一國無甚差別獨聯邦國則有大相異者存近世言國法學者恆以此爲聚訟之一端焉以其與我國國體無關故不復縷述也

第四節　政體

政體之區別以直接機關之單複爲標準其僅有一直接機關而行使國權絕無制限者謂之專制政體其有兩直接機關而行使國權互相制限者謂之立憲政體大抵專制政體則君主國行之最多如我國數千年來所行者是也雖然民主國亦非無專制者若僅有一國會而立法行政司法之大權皆自出焉則其國會雖由人民選舉而成者亦謂之專制如歐洲古代斯巴達羅馬之元老院皆是也又使雖有行政首長與國會兩者並立而國會毫無權力徒爲行政首長之奴隸者則亦謂之專制如羅馬之該撒屋大維爲公修爾（公修爾者羅馬行政首長之名）時代英國克林威爾法國拿破侖第一爲執政官時代法國拿破侖第三爲大統領時代皆是也故立憲與專制之異不在乎國體之爲君主民主而在乎國權行使之有無限制夫制限之表示於形式者則兩直接機關對峙而各行其權是也今就現世之君主立憲國而舉其特色則有三焉

第一　民選議會　議會謂國會也。凡立憲國必有國會。以多數議員組織成之。其議員或全部分由人民選舉。最少亦須一大部分由人民選舉。國會之職權。雖各國廣狹不同。而其最要而不可闕者有二。一曰議決法律。二曰監督財政。法律非經國會贊成不能頒布。豫算非經國會畫諾不能施行。凡所以限制君主之權。無使濫用也。是故無國會不得爲立憲。有國會而非由民選。不得爲立憲。雖有民選國會。而此兩種權力不圓滿具足。仍不得爲立憲。

第二　大臣副署　凡立憲國君主之詔勅。必須由國務大臣署名。然後效力乃發生。署名者。以定責任之所攸歸也。蓋立憲國之君主神聖不可侵犯。一切政治不能負責。故違憲失政之舉。皆以大臣尸其咎。善則歸君。過則歸己。義宜爾也。故爲大臣者。遇有違憲失政之詔勅。則宜力爭。爭之不得。則宜辭職。苟不爭不辭。而貿貿然署名。則其輔弼無狀明矣。故人人得起而責之。此立憲國最要之一條件也。若夫雖署名而僅自處於奉令承教。動輒諉過君上者。則不得爲立憲。

第三　司法獨立　凡立憲國。皆有獨立之審判廳。以行司法權。何謂司法。謂遵法律以聽獄訟也。何謂獨立。使審判官於法律範圍之內。能自行其志。而不爲行政官所束縛也。審判官如何然後能不爲行政官所束縛。凡任此者。必終身在其職。苟非犯法或自行乞休。則雖以法部大臣。亦不能褫革之左遷之。如是則無所顧忌。而審判始得公平。人民權利。始獲保障矣。此又立憲國之一重要條件也。

舉此三條件。規定於憲法中。而不許妄動。謂之立憲。立憲之制。首行於英國。而法人孟德斯鳩。撮舉其精神。著爲法意一書。命之曰三權分立制。三權分立者。謂立法權。由國會行之。行政權由國務大臣行之。司法權由獨立審判聽行之也。雖然分立云者。非鼎峙而無所統一也。立法行政司法。總名曰統治權。統治權之體不可分。可分者乃其用耳。故有君主以立乎國會國務大臣審判廳之上。以總攬此權。君主之行立法權。則以國會協贊之形式出之。君主之行行政權。則以大臣副署之形式出之。君主之行司法權。則以審判廳獨立之形式出之。斯乃所謂立憲也。故三權之體。皆筦於君主。此專制國與立憲國之所同也。三權之用。其在專制國之君主。則率其所欲。徑遂而直行之。其在立憲國之君主。則分寄之於此三機關者。以一定之節制而行之。此則其所以異也。此亦言乎君主國也。若在民主立憲國。則此三權之體。筦於國民。而其用之分寄。亦與此同。明乎此。則政體之區別。從可識矣。若夫立憲政體優於專制政體之故。則次章論之。

第二章　政治

第一節　國家之功用

政治者。麗於國家以行者也。欲明政治之意義。必當先知國家之功用。欲論政治之得失。必當先審國家之目的。故循序而論之。

國家以何因緣而建置耶。人何爲而必樂有國家耶。以此發問。能言其故者蓋寡矣。厭世者流。輒稱道羲軒以前睢盱渾噩之象。指其部落不分刑政不設者。謂爲郅治之極。其意蓋謂國家爲無用之長物。此一說也。及最近數十年前。則有極偏激之社會主義。有橫暴之無政府黨。欲盡取全世界之國家而傾覆之融化之。其意蓋謂國家之爲物。非徒無益而且有害。此又一說也。夫吾儕日生息於國家中。若覆載於天地而不知其高厚也。則亦相忘焉已耳。夫惟有此二說。則國家功用所在。有導吾儕以不得不研究者。

荀子曰。天下之害生於縱欲。欲惡同物。欲多而物寡。寡則必爭矣。離居不相待則窮。羣而無分則爭。窮者患也。爭者禍也。救患除禍。則莫若明分使羣矣。此推源國家之所以不得不建。政令之所以不得不設。而歸本於人類生存競爭之一大原則。此卽近世西儒達爾文赫胥黎斯賓塞輩所詫爲獨創之新理。而以之演爲學說披靡一世者也。今從其說而論列之。則人類以求生存之故而不免於爭者有四焉。一曰人類與其他生物之爭。古代草木暢茂禽獸逼人之時。人類須常與爪牙爭食是也。二曰箇人與箇人之爭。普通之私爭是也。三曰階級與階級之爭。平民之對貴族。窶人之對富豪。俗徒之對僧侶等是也。四曰地域團體與地域團體之爭。甲部落之對乙部落。甲州郡之對乙州郡。甲國家之對乙國家是也。由泰西學者所說。則謂競爭爲進化之母。夫競爭果爲有益與否。且勿具論。要之欲惡同物。欲多物寡。既爲宇宙自然之現象。不爭且無以自存。雖曰無益。勢固有不得避者矣。而此四種競爭中。言夫第一種。則人類今已處於全勝。其爭殆息。可勿復論。其第二第三種。凡在文化稍深之社會。其競爭之形式已漸變。程度已漸殺。而其所以能爾者。恆賴有國家。此亦俟下方別論之。若夫第四種。則今日正當其爭最劇之時。而將來且日進而未有艾者也。

荀子所謂離居不相待則窮。羣而無分則爭。可謂盡人之性也已矣。人欲自繕其生。則必藉通功易事。其不得不爲羣者勢也。然使羣內所屬之箇人相鬩無已。或羣內復爲小羣。相鬩無已。則其羣未有能堅樹者也。不能堅樹於內。則固不足以競於外矣。夫人非土地則無以爲養。故凡羣必有所宅。此地域團體所由生也。然或以生齒日滋。所資以爲養者不給。則不能不有所攻取於外。或他羣狡焉思啓。謀攘奪吾之所資以爲養者。則不能不有所以捍禦之。此卽所謂地域團體之競爭。而數千年以迄今日。其範圍愈推而愈廣。其手段愈接而愈劇者也。此種競爭。若歸劣敗。則全羣之人。舉無以自存。然則欲羣之能勝於外。固不可不先求堅樹於內。欲求堅樹於內。則不可不先取害羣之事物而鎭壓之消滅之。欲鎭壓消滅彼害羣之事物。非有强制力焉不可得也。一羣中所有强制力命之曰統治權。既有統治權。斯國家之形成矣。是故由任意結合之社會進而爲强制組織之國家。實事勢所不得不然。而亦人道之極致也。此國家功用之存於社會的方面者也。

夫統治權既以强制爲用。則國人皆當服從。斯不自由莫甚焉。而一國中有司國家機關而行强制權者。有僅服從於國家而被强制者。斯不平等莫甚焉。於是有謂國家之建置。僅以擁强者之權利。而以弱者爲其芻狗者。無政府黨之所以欲破壞國家。殆爲此也。雖然。謂不自由不平等之所攸起由於有國家。而國家强制力消滅後。則自由平等之幸福立見。此大惑也。夫物之不齊。物之情矣。當國家未建之始。其强陵弱。衆暴寡。智欺愚。勇威怯之象。視今日蓋數倍焉。人見國家雖建。而國中仍不乏無告之民。而不知苟無國家。則無告者乃眞無告也。復次國家既建。則箇人之自由。每被限制。固也。雖然。自由之範圍。雖視前爲狹。而範圍內之自由。其確實之程度。則視前爲增。蓋國家者所以確定箇人自由之界。而爲之保障者也。使自由而無界。人人各得隨其力之所及而伸縮之。則社會之劣而弱者。將當爲强而優者之魚肉。而無所逃矣。由此言之。則社會中劣弱之階級。其深賴有國家也甚明。然則國家得毋不利於優强之階級乎。是又不然。前此之强者。不過有事實上之權力而已。及經國家承認以後。則變爲法律上之權利。僅恃事實上之權力。一旦衆弱聯合而踣之。未可知也。既爲法律上之權利。苟蒙不當之反抗。則又可以求保護於國家矣。是故無國家。則弱者强者舉受其敝。有國家則强者弱者舉蒙其利。此國家功用之存於箇人方面者也。

第二節　國家之目的

國家之功用旣如此其大然如何而後能全此功用乎。則必有其所由之道。循斯道以往而期於必至是曰目的。國家之目的。則政治之方針所由取決也。故中外古今之言政者。未有不首謹於是

雖然。國家目的之一問題。實數千年來未能解決之宿題也。在昔古代專制國。認國家爲君主一人之私產。則有謂國家最大之目的。在於擁護君位者。而其政治方針。卽循此目的以行。此不必徵諸遠。但觀我國而可知也。我國歷代之制度及百官所司之職。大率在平時則以供奉君主。有事時則以翼衞君主而已。其間雖亦有關於國事民事者。然視之不甚重。行之亦不力也。此說也與國家之性質國家之功用全相反背。其悖謬固不俟辯。反之而中外賢哲。多有謂國家專以利民爲目的者。如孟子曰民爲貴社稷次之君爲輕。其餘儒家道家言類此者。不可枚舉。而泰西十八九世紀之交。盧梭孟德斯鳩諸哲所持論。大率認國家爲人民之公產。謂國家最大之目的。在於使人民得其所欲。卽現今英國中多數人民。亦尙主此說。近世碩學邊沁斯賓塞輩。其代表也。此說也固含有一面眞理。其所擧者。原不失爲國家目的之一種。然謂國家舍此別無目的。或謂此爲國家諸目的中之最大者。則皆誤也。夫使國家而果以人民箇人之利益爲目的。則祁寒暑雨。欲惡各殊。國家亦何術以每人而悅之者。而論者或曰。是宜三占從二。以最大多數之利益爲標準也。（邊沁之說）雖然。多數者固人也。少數者亦人也。同爲國家之一分子。而徒以少數故。遂不得沐浴膏澤。此何理也。況國家之施政。往往有犧牲箇人之利益。予人民以莫大之苦痛（如戰爭及負擔租稅）而君子或未以爲非者。則又何也。故此說雖若優於前說。而其不足取則一也。

原兩說之蔽。皆由誤視國家爲一物。而不知國家之實爲一人。夫曰私產曰公產。皆民法上所謂物權也。爲權利之客體者也。而國家則有人格也。爲權利之主體者也。夫惟有人格者。爲能自有其目的。若夫物則衹以供人之目的而已。故如甲說。則國家者君主所資以達其目的之具也。如乙說。則國家者個人所資以達其目的之具也。而國家則塊然絕無目的者也。充甲說之弊。則君主可以蹂躪國家。以自佐其娛樂。可以將國家之全部或一部。移贈於人。以自救其困危。充乙說之弊。則國家雖當極危急之時。人民有不欲戰者。不能強使戰。國家雖當極貧困時。人民有不欲納稅者。不能強使納。蓋理想一誤。而事實隨之。故辨之不可不早辨也。

然則國家之目的果安在。曰其第一目的。則其本身（卽國家全體）之利益是也。其第二目的。則其構成分子（卽國民個人）之利益是也。蓋國家功用之鉅。既如前此所云云。然欲常全此功用勿使失墜。則第一義必當先使此國家常存於天壤。不惟常存而已。又必當然使之發榮滋長。常能應於時勢。而盡其職。譬諸人然。既以吾身爲足以繫天下之重。則必自愛惜。而毋或妄戕賊之。不惟毋戕賊而已。而又必思所以日進其強健之度。此所謂本身之利益也。雖然。國家之功用。凡以其爲國民所託命而已。而國民苟不存。則所謂國家者。亦不可得見。故國家常當兢兢焉惟國民之利益是圖。此事理之至易睹者也。譬諸愛身者。務使四肢百體。各得其所。而爲相當之發達。各肢體之苦樂。卽全身之苦樂也。此所謂構成分子之利益也。

政治也者。卽所以求達此目的之具也。夫政治則曷爲而有美惡乎。曰其由之而能達此目的者美也。其由之而不能達此目的者惡也。此兩種目的能駢進而調和者美也。此兩種目的或偏舉而相妨者惡也。然則其絕對的美惡。可得指乎。曰是難言之。蓋同一目的也。而所以達之之手段各殊其塗。譬由上海以適京師。或航黃海之舟。

或遵盧漢之路兩皆可致而互有其長短此政治之所以容論爭者一也又國家全體之利益與國民個人之利益語其歸宿雖究竟必出於一致而當其進行之際恆若不免相妨惜物力則國用或闕而要政荒充國用則物力或傷而民生蹙尊在宥則或損國家之威重務干涉又恐窒人民之自由圖百世之利則目前之負擔者重而或取怨咨徇一時之急則將來之大計貽誤而或致追悔凡此種種利害相倚不可得兼皆可以持之有故言之成理斟酌於緩急輕重則隨各人所判斷以爲是非此政治之所以容論爭者二也夫明於此義斯乃可與論政治矣

第三節　政治之意義

何謂政治據普通學者所說則曰政治者國家爲自達其目的所行之手段也此其義雖若甚包舉然細按之則有嫌其未盡者有嫌其太泛者蓋國家之行動必藉其機關以爲代表然政治事項其行之者不徒在國家機關雖以人民個人之資格亦常得參與之(此非指人民在國會之參政權也若國會則固國家一機關矣)如近世立憲國之有政黨其爲物固絕不含有國家機關之性質而一國之政治問題實什九由政黨提倡之且解決之然猶曰此爲多人結合之一種團體也至如報館以個人之力而政治往往託命焉此又不必立憲國爲然也卽在專制國其以一二人之意見言論生出政治上之大變動者古今中外歷史數見不鮮矣故以政治專屬於國家行爲其義有所未盡也謂政治所以達國家之目的是已然國家之目的具如前述一曰爲國家本身謀利益二曰爲構成國家之個人謀利益夫此兩者之利益其範圍浩乎無垠舉天下事物殆無不可納於其中則政治且日不暇給矣是故當於其中畫出一部分焉爲社會的問題者如宗教言語文學生計諸事項由社會上自然發達而未嘗勞國家之特爲經畫

者皆是也。（此等事項，雖或爲社會公共之力使之爲人爲的發達，然苟非勞國家之特爲經畫，則不名以政治。）除此以外。則皆屬於政治範圍乎。曰未也。凡一切關於國利民福之事項。其已決定方針著於憲典者。則變成爲行政事項或司法事項。而不得復謂之政治事項。例如國家旣決定收某種租稅。其若何徵收之法。則行政問題。非政治問題也。例如國家已以法律認定人民某種權利。其若何保護此權利。則司法問題。非政治問題也。所謂政治問題者。乃在此租稅之是否當徵。此權利之是否當認。其他百事可以類推。是故政治問題者。其是非得失常有討論之餘地。而當一國中一時代辯爭之劇衝者也。社會問題者。未成爲政治問題者也。行政及司法問題者。政治問題之已過去者也。蓋社會事項。欲確指其何種決不能成爲政治問題者。天下無有。但當時之人不認此事爲全國治安榮悴之所關。不提出以求國家之舉措者。則不爲政治問題。例如保護勞傭均節貧富。在今日歐美各國爲最大之政治問題。在吾國則不成問題也。卽在歐美當二十年以前。亦不過一種社會問題。而未得列於政治問題也。又如我國開設國會。在今日爲最大之政治問題。三年以前。則猶未成問題也。政治問題與社會問題之區別在此。政治問題之已過去者。則蛻變而爲行政或司法之問題。例如宣布憲法召集國會。在我國固爲現在最大之政治問題。在歐美諸國。前此固亦嘗爲政治問題。今則已不復成問題也。又如廢科舉興學校。當十年前爲我國最大之政治問題。今則已不復成問題也。政治問題與行政司法問題之區別在此。試爲圖以明之。

政治問題（廣義）
- 社會問題
- 政治問題（狹義）
  - 政治問題（最狹義）
  - 行政問題
  - 司法問題

國會與義務

縮短國會期限之詔旨有云，『今者民氣奮發，衆論僉同，自必於人民應擔之義務，確有把握。』此所謂應擔之義務者，其詞頗渾含，不知所指，然證以諭文前段云，『第恐民智尚未盡開通，財力又不敷分布。』合諸前後語氣，則所謂義務者，自必爲負擔租稅之義務無疑。而江督張人駿電奏亦云，『竊慮議院驟開，議員識解未抒，擔負無力。』又云，『可否將通國財政預算應加之數，提出就資政院未閉會各省人民代表暫未出京之時，訂定切實負擔，藉以速集鉅款，鞏固財用。』其用意殆亦與諭旨中之所謂應擔之義務者相發明。此實朝列大老共通之心理也。即今年所編之預算案，據道路所傳言，原擬不提出於資政院，後此幾經會議，謂此歲入不足之七千餘萬，可以責資政院以負擔，其提出之動機，實繫於此。此尤爲此種心理之直接表現者也。要之政府心目中之國會，全欲借之以爲頭會箕斂之具。以開國會爲朝廷對於人民所頒之大賚，而謂人民對於政府所需索者，應有以爲酬。嗚呼，此實誤謬之見也。

此誤謬之所由生，固緣政府諸公於事理，瞢無所識，亦由前此人民之期成國會者，往往以此言歆動政府，而坐是增其迷想。夫以政府之冥頑不靈，難以理喻，則設此權詞以導之於善，原不失爲一種手段。雖然，若使政府長此不解國會之性質，則將來憲政之進行，其障礙將不可紀極。今者資政院之消滅預算，已大反政府初意所期，竊意政府中之多數人，必將有以資政院負擔無力，將來國會亦將爾爾，而因以此熒聖聽者。是故吾不能無言。

英人有恆言曰，『不出議員，則不納租稅。』此蓋當要求參政之始，以此爲刦持政府之一武器，而其後展轉傳謬。一若以議員與租稅相交易而爲受償之代價。此大誤也。凡政治上之權利。同時卽爲政治上之義務。此實學理上之一大原則。放諸四海而皆準者也。既爲本國人民。應得與聞本國政事。故得選舉議員與得被選舉爲議員。固可稱之爲人民一種之權利。既爲本國人民。不容置本國政事於不問。故選舉者必躬自投票。被選舉者必須常列席。亦可稱之爲人民一種之義務。然則國家之設國會。謂之賦人民以新權利焉可也。謂之課人民以新義務焉亦可也。而所課之新義務非他。乃卽存於國會其物之自身者也。夫國會其物之自身。本已含有義務之性質。而乃云以之與他種義務相交換。是以義務爲義務之代價也。其不詞亦甚矣。人民既負擔應與國政之義務。同時又負擔應納租稅之義務。此兩種義務。皆不容逃避。而各自獨立並存。彼此絕無因果之關係。指納租稅爲開國會之代價。是無異指服兵役爲納租稅之代價。稍解事理者。當知其非矣。

然歷觀各國。大率當國會未開以前。賦斂稍苛。民輒側目而視。及國會既開之後。租稅歲增。民猶安之若素者。非其民謂國家既賚我以國會。我應有所以爲償也。尤非國會議員能有權指揮所代表之人。使各出所蓄以爲獻也。蓋國會之對待機關爲政府。政府所編之豫算。卽爲其所持政策之縮影。國會協贊豫算與否。卽爲國民承認政府所建政策與否之表徵。既承認此政策。則不能不承認彼貫行此政策所需之經費。彼人民之樂於負擔增重之義務者。非以有國會之故而樂之也。以政策之同吾所欲而樂之耳。故使政策而常能同民所欲。雖無國會。國庫亦何患乏財。使政策而不能同民所欲。則就令國會唯阿以將順政府。亦安能紾民之臂而取之也。（若以强力壓制則雖無國會政府亦何嘗不可以紾民臂但不能禁其不鋌而走險耳若國會溺職而爲惡政府爪牙其結果亦猶是也）而人民於國會所協贊之豫算。大都無異言者。則以既有國會以與政府相對待。則政府之政策。總不至太反乎人民之所欲所惡。故國會雖不能直接使人民增負義務。而常能間接使人民增負義務。皆此之由也。

夫廣土衆民之國。其府庫未有患貧者也。國家取諸民而不爲虐者。其塗非一。然非有財政上之專門學識者。不能察稅源之所在。而取之悉如其分。又非有種種精密完備之機關。則雖可取之稅源。日横於吾前。而決無術以取之。夫以我國現在之歲入。惟以田賦鹽課釐金爲大宗。而朘以煩苛之雜捐。其負擔之者。皆生計觳苦之小民。而素封之家。往往不輸將一錢。是求稅源於久涸之地。而豐澤者反棄置不顧。此安能責人民之不負義務。蓋政府自始未嘗取其應負之義務而課之也。比者耳食外事。於他國現行之良稅目。亦既有所聞而思效之矣。殊不知一種稅目之所以得行。必賴有種種行政技術以爲之輔。他勿具論。卽如煙酒兩稅。多取不爲厲民。而各國恆恃此爲歲入巨項。此盡人所同知也。然其徵收之繁難多弊。亦在諸稅中爲特甚。各國財務行政家。幾經閱歷失敗。再四變革。而始漸得良法。吾徒觀其歲計表。豔羨其穰穰充牣。而豈知其所以得此者。固粒粒辛苦也。其他諸稅。亦何莫不然。吾於其所有之機關。無一能具。於其所操之技術。無一能解。而政府官吏。徒欲晏安坐嘯。日幾幸受廛之氓。各輦金以致諸司農。天下固有不勞而獲若此者耶。是豈人民不負義務。毋亦政府未嘗以義務易義務而已。明夫此義。則中國現在財政竭蹶之由。從可識矣。

夫國會之所以能使人民負擔義務者。非有他妙巧。蓋國會既建。則前此絕無財政上專門學識之人。決不能濫尸一國理財之重任。而朘貧遺富之租稅制度。決不能爲國會所容。司度支者。乃不得不悉心以探索適當之財源。使彼在法宜負義務之人。各應於其力所能及而徧負之。則歲入之增焉者一矣。人民負擔力。隨其富力而增長。疇昔政府不事民事。而反朘之。民富日蹙。而稅源日涸。國會既建。常督責政府爲民興利。故能稅則不改。而所收日豐。則歲入之增焉者二矣。疇昔行政機關。叢脞腐敗。國會既建。糾繩綦嚴。政府非綜覈名實。潔己奉公。決不能以自存。綜覈名實。則雖繁難之稅目亦可舉辦。而應納者無所逃。潔己奉公。則斷不至收稅行政之費反浮於所收之稅。則歲入之增焉者三矣。今世立憲國財政所以日舒。而人民負擔歲增乃不覺其重者。胥是道也。謂非賴國會以致此焉不可。謂國會直接以致此焉亦不可也。何也。其所以能致此者。全恃良政府。而國會則所藉以求得良政府之一手段也。

今政府全不解此理。困而不學。惟知責望人以負擔義務。今試如張人駿之意與各代表各議員訂定切實負擔。而各代表各議員居然應允。則殆可謂盡義務也已矣。然試問其所應允者。能自任之乎。不能自任。則歸而派捐於其鄉井。能有力强制其鄉人使不得不捐以自踐其言乎。然則所謂訂定者。毋亦一種無效之要約已耳。夫張氏之持論。太幼稚可笑。原不足深辯。就令有進於此。政府提出某項某項增稅案。而議員居然贊成。則亦可謂盡義務也已矣。然試問以現在痲痹腐敗之政府。能有道焉以施行此新稅。而使其徵收無罣漏無侵蝕乎。然則雖贊成增稅。其有補於國家財政之歲入者又幾何。又就令機關備。技術完。所欲取於民者。無不如志矣。然猶當視民力所能任者何如。孟子曰。用其二而民有殍。用其三而父子離。人民之對於國家。雖曰有絕對的服從之義。然苟誅求極於所不能堪。則雖刮骨亦恐無所得。政府徒見夫他國人口不及我什之一。而財政歲入動十數倍於我。輒睊睊焉誚吾民之不負義務。曾亦知他國人民之富力。其與我果相去何等耶。應負擔之義務。是否確有把握。惟政府宜知之。吾民則何能自言焉。吾民且未知政府將欲課我以若何程度之義務。而何把握之可言。在政府之意。豈不曰今日汝所求於我者而既汝許。則他日我所求於汝者宜勿我拂。夫我民則安敢拂政府者。又豈好拂政府者。然亦當視其所以命之者何如。若奪人父母之養。凍餒其妻子。而語之曰。此汝義務不可不盡。夫孰能聽之。今政府日日與吾民言義務。吾欲其將義務二字下一界說焉耳

吾更欲爲政府諸公進一言。天下事責任所在。卽權力所在也。欲保持權力。其行莫妙於多負責任。凡放棄其固有之責任者。實則將其固有之權力退讓與人已耳。他勿具論。卽如均節財用之權。固宜操諸政府。而國會不過從旁批評以匡救其失。此立憲君主國之通義也。故政府之編製預算。旣規定國家所萬不可缺之政費。同時必指定相當之財源以支應之。其有不給。則別設法以取盈於民。夫設法以取盈於民。則易賈民怨。固也。然此顧安得避。傳有之。賈而欲贏而惡囂乎。今政府旣欲取盈。而又不願自賈怨於民。於是乎有奇怪不可思議之憲政三年預算案出現。收支不相償七千餘萬。而乞資政院爲之彌縫。夫預算之編製權與議定權各有所歸。酌盈劑虛。以均出入之衡。此編製權所有事。宜歸政府者也。自非若共和政體之美國。未有舉此兩權而悉畀諸國會者。今政府日日憂大權之旁落。而獨於此最重要之編製預算權則拱手以讓諸資政院。無他。憚負責任而已。而其於縮短國會期限。卽申言應負義務之有無。把握其意不過欲年年任意濫加歲出。而歲入一部則抵死不肯自爲戎首。惟以責諸將來之國會已耳。此非吾逆詐億不信之言。觀乎今年各省提出於諮議局之預算。大半有歲出無歲入。而中央預算亦委其歲入不足之部分於不顧。則政府心理昭然若揭也。信如是也。其不至破壞君主立憲之精神而不止也。

英國者立憲政體之祖國也。而其國會之議決財政也。對於歲出部分不能爲要求新經費之提議。對於歲入部分不得爲增加新稅目稅率之提議。於一七〇六年一八五二年一八六六年屢次以法律嚴示其限制。其名相

格蘭斯頓謂彼國財政基礎之固全繫乎此由此言之則能課人民以負擔租稅之義務者惟政府耳而國會乃絕對的不應有此權我政府之理想與英人相去抑何遠耶

立憲政體與政治道德

孔子曰爲政在人其人存則其政舉其人亡則其政息此天下古今之通義言治道者所莫能易也自近世法治人治之辨興於是始有持爲政在法之說者夫法之不善則不足以維持國家於不敝斯固然矣顧苟有其人則自能審度時勢以損益諸法而善用之苟非其人則雖盡取天下古今至善之法以著諸官府其究也悉成具文而弊之與法相緣者且日出而不知所窮故法與人雖不可偏廢然有人而法自隨之其道爲兩得徒法無人並法亦不能以自存其道爲兩喪也

爲政在人云者非謂一二人云爾凡與政事有繫屬之人人皆統焉其在專制政體之國則君主及其疏附先後者皆爲政者也其在貴族政體之國則國之巨室皆爲政者也其在立憲政體之國則自執政大臣以逮小吏自國會議員以逮司選之公民皆爲政者也苟得其人則無論何種政體皆足以致治苟非其人則無論何種政體適足以生弊謂立憲政體之優於他種政體者非謂其本質確有優劣之可言亦曰立憲政體之爲政者其於得人之道則較易焉耳

爲政者所不可缺之具二曰德曰智然德優而智絀者其於增益之也至易誠以求焉虛以受焉緝熙光明一反掌間事耳昔日本伊藤大隈輩號稱名相而其初借外債以築鐵路也擬結倒授太阿之約其議拒治外法權也

乃至欲參用外人爲司法官。諸類此者。不可殫述。此皆今日稍有識者所能知其非。彼貿然行之。其愚殆不可及。而功卒在社稷者。靡他之忠可矢。故不遠之復匪艱也。若夫智具而德荒者。其獺祭耳食之所識。知良足以距人於千里之外。顧言說甚美。而所行皆適得其反。不寧惟是。假名於新法之當舉。因以爲奔競權要位置私昵之路。藉口於舊習之通變。益以佐弁髦禮義捐棄廉恥之資。故政治智識日進。而政治道德日退。使人反憶念疇昔之故見自封而硜節自守者。歎爲鳳毛麟角。不可復覩。則天下之憂方大矣。

我國政體之趨於立憲也。時勢所不得不然也。今五大部洲中。無復能有一國焉率專制之舊而自立於天地者。故處士號呼之於下。而先帝英斷之於上。今者立憲之一語。亦既人口誦而家耳熟。而朝野上下。亦且謂八年以往。吾國之方英美駕德日可操券而待矣。雖然。吾嘗聞諸法儒孟德斯鳩曰。凡一國之立。必有所恃。專制政體之國恃威力。少數政體之國恃名譽。而立憲政體所恃以立國者則道德也。夫道德之爲物。無論何國。固不可以斯須去。而孟氏獨於立憲國三致意者。豈不以他種政體。尚有他術焉可以濟道德之窮。而立憲政體則舍此而悉無所麗也。請言其理。立憲政體之最可貴者。在其權限之嚴明。然正以權限嚴明。故行政部有莫大之威權。非他種政體所可同年而語。立乎其上者。雖有一君主。而君主以神聖不可侵之資格。不負政治上之責任。勢固不容察察爲明。一一綜核政府之設施。而代之受過。故得以限制政府之威權。而使軌於正者。惟恃一國會。然國會之對於政府。僅能爲立法上之監督與政治上之監督而已。若行政上之監督。在法固非國會之所得施。而國家諸種行爲中。其與國利民福關係最繁而影響最捷者。實莫如行政。就令政治之方針不誤。法制之大體適宜。而奉行之勤怠虛實。與夫寬猛緩急之間。其結果之良惡。可以懸殊。夫奉公於行政部之人。則亦多矣。上自國務大臣。下逮庶人在官者。靡所不統有一失職。民害乃滋。故立憲國之行政官吏。各對於其職務而負嚴重之責任以受上級官廳之監督。其上級者又受其更上級者之監督。夫必事事毛舉而監督之。亦何術可以克周者。必也一切官吏先皆有忠於職務之誠意。斷不至爲大德之踰閑。然後於其所不逮者及其所失誤者而指揮之。是正之云爾。若一國官吏悉自忘其身之爲國民公僕。而惟思假公職以牟私利。恬然不以爲恥。一邱之貉。而監督又安得施。此普通官吏之道德繫國家安危者一也。下僚之不德。長官得而糾之。長官不德。而糾之之道殆窮。夫一國之行政部。必有其最高機關。在東西各國。則中央內閣諸大臣也。在我國現制。則中央各部尚書侍郎。復益以各督撫也。此皆舍君主及國會以外。無一人能糾其責任者。而立憲國之君主。既已以垂拱爲治。則國會實爲唯一之督責機關。靡論此最高官吏者。常得藉口於行政職權之獨立以逃國會之干涉也。就令政治上之德義問題。爲國會所得干涉。然國會之召集期限有定。閉會中瀆職之舉。俟下次開會而始圖匡正。勢已等於亡羊。而貽國家以不可復之損失者。抑既多矣。況乎執政以彈劾獲罪。在泰西憲法史中。目爲不祥。其事固不可以屢見。然使袞袞當道。舉皆以德義爲弁髦。則雖劾一人而去之。繼其後者猶吾大夫崔子。則多此一次之擾擾。果何爲也。又況國會之力。能進退執政與否。又視乎其國之憲法條文及其政治習慣何如。而決非新進之立憲國所能望也。故夫今世立憲國國會之監督執政也。必其執政先有恤民憂國之誠意。其所設施固無一不以國利民福爲前提。特其政策之權衡於先後輕重緩急間者。見智見仁。利害非可一言而決。則占之輿論以定其從違云耳。若執政心目中本無國家無國民。其所以誤國病民者。不在措施之失宜。而在行誼之負慝。於此而欲籍國會以爲匡救。其所能匡救者幾何哉。此執政方鎮之道德繫國家安危者二也。然此猶爲國會議員能盡其職者言之耳。使議員各能金玉自守。不淫於富貴。不屈於威武。代表正當之輿論。爲國民後援。則雖有不肖之執政。猶將有所憚而不敢自恣。且或畏民嵒而思引退焉。而不然者。誘之以利祿。怵之以禍害。能使之幡然盡棄其所守以黨於敵。則國會以及一切地方議會。乃不啻爲蠹國殃民之官吏傅之翼。前此失政溺職。尙或狠顧而懼淸議之隨其後。今乃得明目張膽而號於衆曰吾種種穢德罪業。皆從國民之所欲而行之者也。是何異國民自舉代表人授之刃而使揕吾胸也。是恐一虎之擇肉有所未盡。而復豢羣狠以爲之扈從也。是故人民所舉議員。苟得其人則常能閑節政府使軌於正。詒人民以莫大之利。苟非其人。則緣此所蒙之害亦如之。此國會及地方議會議員之道德繫國家安危者三也。由是言之。則孟氏謂立憲政體惟恃道德以立國者。豈其欺我哉。

今之設辭以撓憲政者。輒鰓鰓然以程度不足爲憂。唯吾固亦憂之。雖然彼所憂者曰人民程度問題。吾所憂者。則官吏與人民共通之程度問題也。彼所憂者曰智識程度問題。吾所憂者則道德程度問題也。夫使官吏之程度已足。惟人民之程度不足。則策厲陶冶以助之長。至易易耳。彼二十年前之日本。豈不然哉。若乃官吏之程度。萬不能爲立憲國之官吏。則吾眞不知如之何而可也。使道德之程度已足。惟智識之程度不足。則甘受和白受采。稍傅益之將日進而無疆焉。若乃道德之程度。與立憲國所需者相背而馳。則朽木不可雕。糞牆不可圬。吾又安知其所終極也。今之立憲而曰預備也。豈非懼程度之未足。故少遼緩之以期諸將來也。顧將來可以增進者智識程度耳。若道德程度。則豈有所待焉。人人誠能以自厲。雖一躍而凌駕世界諸先進國可也。而不然者。雖預備數十百年。吾敢必其無寸效之可睹。而何有於八年哉。又況乎持吾之所謂道德程度者以繩我國人。不惟不見其日進也。而反見其日退。今且若此。則江河日下以迄於八年。吾更安知其作何狀也。嗚呼吾見夫疇昔巧宦猾吏之魁桀今悉以憲政能員聞矣吾見夫疇昔以愛國豪傑自命者一入惡濁之社會而與之俱化矣吾見夫負笈於外懷所學而歸者悉唾棄之而別求所以媚世之術矣夫豈無一二自好之士則將爲世所擯而漸卽於劣敗之林受儔侶之嗤點而引以爲戒耳至使人想望十年以前之人心士俗睪然有餘思焉朝頒一章則爲顯宦多開一罔利之路夕開一局則爲鄙夫多闢一奔競之門循此以往逮其所謂預備之悉備而民且無噍類矣昔干令升之論晉史也曰行身者以放濁爲通而狹節信進仕者以苟得爲貴而鄙居正當官者以望空爲高而笑勤恪毀譽亂於善惡之實情慝奔於貨慾之塗選者爲人擇官官者爲身擇利悠悠風塵皆奔競之士列官千百無讓賢之舉而斷之以國之將亡本必先顚今也一國之風習以視令升所痛哭者何如若是將陸沈之不暇而安用此虎皮蒙馬之憲政爲也嗚呼千聖百王之締造此國土涵育此文明以詒我子孫也蓋非易焉其忍及吾躬而隳之也詩曰嗟我兄弟邦人諸友莫肯念亂誰無父母吾果杞人也歟哉

然則如之何曰我大夫爲民所具瞻者其亦念民生之不易禍至之無日其庶幾淸白乃心以穰此浩刦而還我太平卽不爾者亦願雖以其全爲吾子一身計而仍出其餘以爲國民計則疾雖不瘳其或不增劇焉雖然吾之言老生常談也吾知聞吾言而怵惕於其心者什不一二其有一二則將曰似此狂瀾豈吾力所能障毋寧隨之以汨流而揚波也顧吾抑嘗聞諸湘鄉曾子矣曰風俗之厚薄奚自乎自乎一二人之心所向而已又曰轉移習俗而陶鑄一世之人非特處高明之地者然也凡一命以上皆與有責焉天而不亡中國也其庶幾有聞曾子之言而興者也

責任內閣與政治家

今日建設責任內閣之議漸成爲朝野之輿論國民譟之於下督撫爭之於外而資政院主之於中雖宮廷樞府亦漸漸爲所動夫疇昔吾國人固莫或知責任內閣之爲急也今則全國人憔悴虐政宛轉就死窮而返本知致我於死者之由何道矣資政院開有所謂政府委員者出謂足以爲院中質問之鵠而其等於兒戲抑衆所共覩資政院以不得要領之故不得不窮極其敝矣督撫前本與各尙侍立於同等之地位除循例奉行之細故外罕能掣其肘今則中央集權之說昌各部動下訓令督撫非復前此之能孤行其志而各部令如雨下無所統一朝頒夕改此矛彼盾實無以爲奉行之準於是始思所以職其咎者矣由此言之責任內閣者實應於今日時勢最急之要求人人心目中所希望若飢渴之於飲食事勢既已至此則朝廷雖有雷霆萬鈞之力固無道以遏之故責任內閣之名稱之出現於中國殆旦夕間事此吾所敢決言也雖然是遂足以爲中國之福乎吾不能無疑

責任內閣者何舉全國之政治而負其責任也惟政治家爲能負政治之責故必有政治家然後責任內閣得立而今也舉國中有足稱爲政治家者與否吾實不能無疑今請遵嚴格以論列政治家之定義而勘以國中人物果有足以當此焉者否也

一曰凡政治家有所計畫必須以國家利害爲前提蓋政治也者國家意思之現於實者也苟所計畫者而非國家之利害斯不得謂之政治矣故政治家常須自念其身爲國家之公人將自己一身之利害與國家利害畫清界限當其執行國家政務之時則惟知國家之利害而斷無或假國家之力以自牟其私利此政治家首當具之

條件也。此不徒立憲國之政治家爲然也，卽專制國之政治家亦有然。我國之管子商君諸葛武侯張江陵，泰西古代則希臘之來喀瓦士，羅馬之該撒，近世則普王腓力特列，奥相梅特涅，皆專制之雄也。然言大政治家者必舉之，亦曰其所計畫，悉以國家利害爲前提而已。雖其政策有時偏袒一部分人之權利，若有所私，雖然彼固認此一部分人爲國家之中堅，謂特別保護之，正所以謀國家之利益也。抑彼且有時設種種方法以擴張自己之權力，保持之，惟恐失其跡，更類於營私，雖然所以爾爾者，自信吾一身能任國家之重，而非立於此地位則無以行吾志，故其目的仍在國家之利害，而其擴張擁護一己之權者，不過借以爲達此目的之手段而已。夫其政策果與國家利益之範圍相合與否，且勿論其一身果能任國家之重與否，且勿論要之其心目中常以國家利害爲前提者，則可謂之政治家。反之而以一身利益爲目的，而以政治爲達此目的之手段者，決不得謂之政治家。是故商君政治家也，而李斯非政治家。王荆公政治家也，而蔡京非政治家。何也？以其宅心立身之基礎本相異也。今中國盈廷官吏，試一撫心自問，其果有能具此條件者乎？上自大臣，下逮小吏，何一非借政治以爲肥身保家之計？卽其稍治政法學者，亦不過曰當今之世，非藉此以譁世取寵，則不能自致於榮途云爾。彼之學政治談政治，皆其手段而非其目的也。此而可謂之政治家，則國中政治家蓋車載斗量矣。夫國家者，無形之法人也。無形之法人自有其目的，自有其意思，而恆藉司理機關之人以現於實。今也司理國家機關之人，悉忘却此機關之爲國家而設，反認爲爲我而設。是故本應爲官擇人，以人治事者，今則變爲爲人擇官，以事奉人。國家機關徒以供個人營私罔利之塗徑。故惟有個人之意思目的，而國家之意思目的，全無所託以表見，則等於無而已。夫國家而無意思無目的，則形魄雖具而靈魂已亡，欲其久存於天壤間，豈可得耶。

二曰。凡政治家必須建立一有系統之政策。而務所以實行之。一切政治。無非爲國利民福起見。然必如何然後國利民福可以致。是當策畫之。若此者謂之政策。有涉於全體之政策。有一時一事之政策。雖然無論如何其精神常須一貫。而其系統常須相屬。蓋政治也者各種政務結構而成之一種狀態也。而彼各種政務決非能種種互相離立。而常彼此相待前後相銜。故有時欲辨甲事。必先辨乙事。而欲辨乙事又須先辨丙事。如是相引。以至無窮。若徒逐枝葉而不探其根本。此如羨他人園卉之豔。採擷以繫諸吾樹。而此樹終無著花之期。若徒知其體要而不審其條理。此如抱登高遠望之志。不拾級而妄類升龍。則此身終難舉向上之實。而所尤忌者。則今日方建一策。明日卽建一與此策正反對之策。甲機關方辦一事。而乙機關卽辦一與此事不相容之事。此如治病者。不審脈理。醫藥雜投。或任進本症禁止之物品。欲不速其死亡。不可得也。

是故號稱政治家者。(第一)其眼光須能洞察國內國外之大勢。審己國之位置。而定現在將來之目的如何。(第二)當舉全國政務通盤籌畫。推其緩急輕重。毋徒治沾沾局於一部之利害。(第三)須察各種政務之連絡關係。而細究其因果相維之理。毋使其以此妨彼。以今妨後。(第四)凡有新發生之政務。無論爲豫定者爲意外者。而所以處置之道。常持既定之大計畫以權衡之。毋使相牴牾。如是則庶乎有系統之政策矣。然卽此已足乎。未也。蓋政策云者。本兼道與術而言之。兩者合而始全其用。道者何。國利民福之所在是也。卽國家之目的也。術者何。卽所以能達目的之手段也。夫所謂術者。非陰謀詭道之謂也。人事自有曲折。而因應貴有權衡。雖有良善之治道。苟行之無術。則將徒託空言。或蹶於中道而生他弊。治術之爲物。緣政治家本人身分之差別而有差別。緣所處之國政體之差別而有差別。(例如以君主而爲政治家者與以臣民而爲政治家者其操術不同在朝政治家與在野政治家操術不同立憲國政治家與專制國政治家其操術亦不同）雖非可一概論然有爲凡政治家所當謹之術焉（第五）凡無論在何種政體之國而政治之反於民之所好惡者終不能圓滿施行故必須設法使多數輿論協贊我政策（第六）一切政治皆賴機關而行故欲行一事先整備關於此事之機關（第七）司機關者必以人故欲設一機關必須物色能司此機關之人無則設法養成之（第八）無論何種政策若行之有名無實或半途盡廢則弊常餘於利故必須設法使此政策實施不能朦混持續不能破壞能具此八者謂之政治家缺一焉非政治家也是故僅能舉學理而於所以推行之方法不厝意者不得謂政治家范蔚宗所謂坐談西伯也僅能奉長官之敎令處理一局部之事務者不得謂政治家賈生所謂俗吏之所務在於刀筆筐篋而不知大體也準此以談則中國今日盈廷袞袞果有一焉足當政治家之目者乎使有政治家何至籌備立憲之規畫鹵莽滅裂爲世詬病使有政治家何至各部各省之施政棼然殽亂渺然若不相知使有政治家何至一切設施朝令夕改有同兒戲使有政治家何至奏報行移悉成具文上下相蒙莫或過問若是乎吾國之無一政治家蓋章章矣

夫秉國鈞者而不具此八德則必無從建統一之政策而務實行之其於政治家之稱所愧已多矣然使果能淸白乃心而常以國家利害爲前提則自能舉賢以自佐集思乃廣益昔宗賚成瑨委政於范滂岑晊而自乃坐嘯畫諾後世未嘗不誦其賢卽日本維新之初三條實美岩倉具視輩柄政十餘年其人實碌碌無所短長然延攬羣英以資夾輔卒成其功名若是者雖無政治家之才能然固有政治家之德量記曰廿受和白受采此之謂也使他日責任內閣成立之時得有此等人以尸其位則吾國民猶或可以食責任內閣之賜然此顧可得望耶吾

不能無疑。夫以絶無政治上學識經驗之人。而加以置國家利害於不顧。以此而組織責任內閣。則其現象當如何。吾求諸當世諸國而得一先例焉。曰朝鮮。朝鮮自光緒二十一年以後。其主告天誓廟頒大誥十四條。其第三條卽爲建設責任內閣自茲以往。朝鮮有責任內閣者殆二十一年矣。而朝鮮之有今日。卽其責任內閣之賜也。吾國將來之責任內閣。果有以異於彼所云乎。吾實疑之。

昔者有化石谷焉。自五金之屬。以及珊瑚翡翠珉琳琅玕。乃至凡百動植物彙。苟入之者。必成頑石。中國蓋此類也。自海禁既開以來。泰西所謂自然界之文明社會界之文明。其灌輸於我國者。何啻千數百事。而無一不化爲殭石以盡。今者責任內閣又踵至矣。吾知非久必將舉現在所謂軍機處會議政務處憲政編查館及彼十一部與夫各未裁撤之大小衙門。糅而合之。命之曰責任內閣。舉現在據此要津之人。人拘而集之。命之曰責任內閣之閣員。如斯焉已耳。信如是也。則吾國民之望有此責任內閣。果何爲也哉。

雖然。吾所懼者尚不在是。懼乎除當道斗筲以外。而國中亦卒無政治家而已。苟使在朝者雖無政治家。而在野者尚有政治家。則國固未始遂不可救。夫今之政府。雖百事敷衍。然先帝既定立憲以爲國是。爲人臣子。終不敢以反汗。自今以往。實已有容在野政治家發生之餘地。資政院諮議局之兩法定機關。雖權力至爲薄弱。能善用之。則其可舉之職。固不乏。況國會期限之縮短。國民所以呼籲之者。既已如此。其迫切度終必有以迴天聽。於彼之時。在野政治家迴旋之地。益廣漠而不可限。誠有其人乎。則當此危急存亡之際。國家之艱巨。終不得不集於彼躬。至竟有能行其志之一日。卽其時未至。而使在朝者視之隱若敵國。不得不有所憚。而自策勉。而思及舉賢自佐。集思廣益之一途。則政治現象。其亦必有以異於今日。今也並此其人者而無之。此吾之所以悁悁而悲也。

夫在朝之政治家誠不能無所待若在野之政治家則人人皆可以自勉斯豈不在我耶嗚呼吾國民其有自勉於此者乎吾雖爲之執鞭所忻慕也

今者中國時局之亟中智以下靡不汲汲憂亡雖然此何足道者夫國家艱鉅之境遇無論何國無論何時莫不有之然或爲境遇所壓而遂卽衰亡或能戰勝境遇而反趨强盛則視其國人所以負荷之者何如勿徵諸遠卽如普國七年戰爭之時以區區一彈丸當四五强國累戰之後人民死亡將半舉國鞠爲茂草其艱難爲何如又如德國當大革命後比戶喋血百業俱盡而全歐列强聯軍壓境其艱難爲何如又如日本當維新伊始八百年封建社會一旦破壞而天子無尺土府庫無一錢其艱難爲何如又如意大利經數百年之分裂無復共主外之則爲二三强鄰扼其吭內之則教徒藉無上之威其艱難爲何如是故今日中國時局雖危如累卵然以比於彼數國之當時則險艱之程度尚未或如彼其甚也然彼諸國者不惟不緣是以得亡且緣是以致强古人有言殷憂啓聖多難興邦苟其國而有政治家也則外界之種種壓迫非直不能沮國家向上之機反以此淬厲其精神增長其元氣而彼政治家者經動心忍性困心衡慮之結果其器識日以宏達其心思日以緻密其技能日以嫻習則一舉而挈其國以拔諸九淵而躋諸九天固意中事耳夫彼數國之所以興其食在朝政治家之賜者僅十之一二而食在野政治家之賜者乃什而八九吾國民視此其亦可以無餒矣

要而論之一國之政治一國國民所公同造出也一國政治上之責任一國國民所公同負荷也有在野之政治家不患無在朝之政治家有負責任之國民不患無負責任之政府吾願談責任內閣者於此中三致意也

官制與官規

全世界行官僚政治之國有四。曰德意志。曰日本。曰俄羅斯。曰我中國。德意志之所以有今日。惟官僚政治實尸其功。德意志者。蓋官僚政治之模範。抑亦自今以往法治國之模範也。日本者。傚法德意志具體而微者也。俄羅斯官僚政治之腐敗。聞於天下。其人民怨讟。內亂歲聞。弊皆坐是。雖然。多數人民雖不蒙其澤。而猶能以其國競於外。獨中國之官僚政治。則上爲蠹於國。而下爲蝨於民。此之不憂。則雖百變其政體。終無術以致人民之樂利。而厝國家於安榮。於是識者盡然憂之。咸謂改革官制爲圖治之本原。而憲政九年籌備案中。亦有於宣統二年釐訂中外官制之條。可謂深探其本矣。雖然。吾以爲本之中更有本焉。則官規是。

官制者何。規定各種行政機關之組織也。官規者何。規定所以運用此機關之程式也。官制則譬諸機器。官規則示運用機器之人所當有事也。苟機器缺損銹澀。雖有良工。不能以運行。固也。然使運用者不得人。或雖有人而不善其用。則其究也與無機器等。今日之中國。則官制與官規兩俱極敝者也。以現行之官制。雖使管葛爲宰相。陶溫爲方鎮。杜召爲守令。而國終不能蒙其福。民終不能沐其澤。改弦而更張之。宜也。然使徒改官制。而不思所以整飭官規。則吾敢決其雖千百改。而效果卒無以異於今日。今政府所釐訂之官制。吾未審其內容何如。將於他日更有所論。今且先論官規。

日本之編集法令者。以官規別爲一門。其項目則官等俸給也。試驗也。任用、補充、進級、分限也。服務規律及懲戒賞罰也。恩給扶助也。辦公費也。服制及諸儀式也。此皆整飭官僚政治之要具。吾中國未始無之。然疏漏而不適

於用久已成爲具文今繹其意而揆諸本國所能行者著於篇冀吾國立法家一省覽焉

一曰試驗官吏法不可不改良也疇昔以八股試帖卷摺課士一切官吏皆自茲出行之千年末流極敝識時之士曉音瘏口以鳴其非僅乃去之夫去之誠是也雖然官吏新陳代謝終不可不爲新進者開其途果何途之從而可以得適當之人才乎此最不可不審也疇昔以科舉爲之而恩蔭保舉捐例輔之恩蔭爲數甚少保舉則便於在官者之升轉而不甚便於無官者之釋褐可勿深論其途之廣者實惟科舉與捐例今則皆廢矣蓋欲舉天下之仕者盡由學校意誠善也然以今日教育現象論之欲求完全之大學卒業生以爲用未知期以何年藉曰有之然以現在教科之鹵莽滅裂因循敷衍其所養成之人才若何蓋可想見矣姑勿深論按諸現行制度則除廷試留學生外全國人蓋無復登仕之途吾對於此制度其欲商榷之問題有三焉一曰留學生果盡適於爲官吏乎二曰舉國官吏所需之員數僅恃留學生足以給之乎三曰留學生以外之人才遂無適於爲官吏者乎請逐一檢點之

第一問題　欲辦新政必賴新智識留學生爲新智識之淵藪舉行政機關以托之宜也然留學生非皆爲仕而學也三年以來應試驗者其法政科不及半數夫以治理工農醫者而官以翰林主事中書小京官知縣諸職其間惟主事一項尚視其所分之部何如或可得一割之用然已僅矣若翰林中書知縣等職則何待乎有理工農醫之學識而理工農醫諸學識縱極奧粹何益於爲翰林中書知縣是則學非所用用非所學與前此科舉時代無異且更甚焉夫疇昔科舉時代之思想凡學者必求仕不求仕則不學此實爲中國致弱之大原科舉既廢謂庶幾有以易之矣今也以試驗留學生制度不完故乃益助長此風令侁侁學子皆

以所學爲敲門磚門甫闢而磚遽棄此非徒官規之梗抑亦學風之擾也且靡論他科也卽治政法學者豈必其盡能作吏又豈宜悉敺以作吏世固有學極優而不能事事者矣且使各國惟有從政家司法家而無政法家則斯學不其絶於天壤矣乎學優且然而濫竽者更何論矣是故謂留學生果盡適於爲官吏無有是處

第二問題　欲察留學生足以給全國官吏之員數與否則有其先決之問題焉曰舉國官吏員數幾何是也自頃新編之京外官制未頒出其內容如何不敢臆斷卽就現制論之外而州縣以上內而郎主以上官差合計其所需有普通新學識之官吏總須在五萬員以上若倣各國官制其州縣官廳總須設補助官五六員以上其高級之地方官廳稱是如是則當驟增五六萬員若會計官吏獨立則當增數千員乃至萬員又據新頒之法院編制法其各審判廳管轄區域之大小雖未有明文然欲求周備則初級審判廳計平均每縣應有二所地方審判廳計平均每府應有二所以此推算則全國之廳丞廳長推事檢察官等當在五萬員以上大約全國行政官吏司法官吏合計最少須得十五萬員乃至二十萬員雖不中不遠矣而各級地方團體之自治職尙不在此數今留學生每年應試驗者幾何最多數百人至千人極矣而所學之學科其性質不合作吏者尙居泰半是故謂僅恃留學生足以給全國官吏之員數無有是處

第三問題　今後之官吏必以有新智識爲期固也然不能謂僅有新智識而已足也苟於本國歷史上社會上之舊智識一無所有則新智識又安所施欲求新智識當於學校尤當於外國學校固也然不能謂舍此遂無求之之途也苟其如此吾恐雖將國家之歲入輦其半以供留學費而所養之才猶虞不給也大抵人

之能任事也由於學識者半由於閱歷者半而今日所謂學識者屬於世界之智識者半屬於本國之智識者半欲求世界之智識其得於學校者半其得於學校以外者半留學生之資格所以優於非留學生者謂其能從學校中得有世界之智識然所優者六分之一也留學生之能具有彼六分之五者固不乏人然其得之已非恃留學生矣若舉國中未嘗留學之人其能具有彼六分之五者抑當不少具四者則更多焉具三者則又更多焉以之比普通之留學生其孰爲適用蓋已未易軒輊矣又況乎挾三以求四挾四以求五挾五以求六（謂有閱歷之人而求學識有舊智識之人而求新智識有普通新智識之人而求專門之新智識也）其道又非甚難也是故國家欲得人以爲理一方面當取有新智識之人進之以舊智識又進之以閱歷然後用之此用留學生之法也一方面當取有閱歷且有舊智識之人進之以新智識然後用之此用留學生以外之人之法也之二法者缺一不可而用前法則效緩用後法則效速用前法則途隘用後法則途廣蓋舊智識與閱歷非假以歲月不能有功朝出黌序夕司民社雖有聖智猶將僨事此無可如何者也而其人既已稍有閱歷有舊智識必其已在壯年使之自由以求新智識尙或可幾必責以留學外國以博一卒業文憑則能者什不得一矣而語於官吏之資格則與其取無閱歷無舊智識之留學生毋寧取此輩也是故謂留學生以外之人才皆不適於爲官吏無有是處

使吾之所以解決此三問題者而不謬也則夫現行制度以試驗留學生爲官吏出身惟一之途徑者其不足以應時勢之要求從可斷矣夫既以美錦學製賊夫人子矣以捷徑干祿撓敗學風矣而其究也所得之人終不足以彌所闕之事勢固不得不橫溢於此途徑之外於是有買舊昭信股票以求移獎者有捐虛銜而求調部調省

再求保實職者。今之無官而欲得官者。豈不盡趨於此兩塗哉。夫既趨於此兩途。則試驗法一無所得施而惟詛苞苴奔競之能力如何以爲榮悴。凡所謂若何若何而始合於官吏之資格者。徒虛語耳。疇昔懸帖括楷法以爲資格。誠屬可笑。然以視並此資格而豁免之者。抑如何哉。其受試驗之留學生資格。洵可謂嚴重矣。然以數年負笈海外之功。其結果亦不過與買一移獎。捐一虛銜者相等。欲競爭以求優勝。仍視苞苴奔競之能力如何。人間能得幾屈子。安得不汨泥而啜醨也哉。而篤學守節之士。疇昔遵功令以得一第。釋褐階進。雍容得以自效於國家者。今此途則湮矣。進之既不能逐少年以就塾。退之復不欲爲背郎以自汚。則惟有槁死岩穴間已耳。夫今日宦場風習。所以流失敗壞。視十年前更一落千丈者。雖其原因孔多。而官吏出身之制度不完全。亦其一也。循此不變。行將舉國衣冠。悉爲禽獸。而更何立憲專制之可言也哉。

然則當如之何。曰。法當采各國試驗文官之制。標舉政治法律生計諸科學若干種。歲集天下之士而試之於京師。其應試者。不必留學生。不必本國大學或高等學校之卒業生。不必有舊時之舉貢等科第。凡國中人士有相當之學力者。皆得與。惟留學生卒業生等。則直以咨達京師。其他則先試於本省提學使。及格然後以咨達京師。其試之之科目。則一曰國家學。（憲法未布以此代之）二曰大清新刑律。三曰大清民法。（未頒定以前暫闕之）四曰比較行政法。五曰生計學。六曰國際法。以上六者。不許規避。（民法未布前則爲五）七曰財政學。八曰大清商律。九曰民事訴訟法。十曰刑事訴訟法。以上四者。任擇其一。都凡每人所試者七事。中程者賜以出身。（以上科目采日本高等文官試驗章程彼所定實完善也）若行此法。則中年人士不能入學校者。但使有相當之學力。即可釋褐。不致終老岩穴以成棄才。一利也。國人可以多得成熟穩練之人物以從政。不致專委國事於少不更事之人。二利也。頑固老朽者。不得濫竽其間。三利也。人人爭自濯磨於新學。政治智識法律智識。不期而自普及。養成立憲國民資格於無形中。四利也。老輩與新進。國學與外學。緣此調和。不致相輕相軋。五利也。有此五利。行之宜矣。

問者曰。子所舉之十種科學。苟非入學校則何從治之。是所謂盡人許應試者。徒虛語耳。應之曰。不然。政府誠欲養成立憲國民資格。卽微試驗之舉。固宜博聘通儒。將此諸學編爲簡明完善之專書。俾舉國士民資以誦習。其誦習而會通之者。則國家所欲得以爲官吏者也。夫此諸學者。非如孔子春秋有微言大義。不可著諸竹帛。而必賴口說傳授者也。欲求有此學力。豈必定由學校哉。況國家既懸此以爲祿利之路。則正不勞政府之代爲謀。而績學之士。固必有發篋吮筆以爲之者。不旋踵而新著將闐肆矣。豈患獨學者之無藉也哉。

問者曰。如子所言。是直議復科舉耳。甚矣子之頑陋也。應之曰。此誠無以異於復科舉。若云頑陋。則未之敢承。夫科舉非惡制也。所惡乎疇昔之科舉者。徒以其所試之科不足致用耳。昔美國用選舉官吏之制。不勝其敝。及一八九三年。始改用此種試驗。美人頌爲政治上一新紀元。而德國日本行之大效。抑更章章也。世界萬國中行此法最早者。莫如我。此法實我先民千年前之一大發明也。自此法行。而我國貴族寒門之階級永消滅。（自唐以後中國無復門第限人科舉之賜也吾別著論）自此法行。我國民不待勸而競於學。此法之造於我國也大矣。人方拾吾之唾餘以自夸耀。我乃懲末流之弊。而因噎以廢食。其不智抑甚矣。吾故悍然曰復科舉便。

問者曰。所惡乎科舉者。謂其不按驗平日學業之成績。而爭得失於一日之短長。與教育之旨相剌謬也。且盡人皆可應試。與學校卒業者無擇。人亦孰更就學。學校不其墮乎。應之曰。不然。以八股楷則爲試。而爭得失於一日之短長。則其弊誠不可勝窮。以美惡太無標準也。若試以所列之十科。則非相當之學力。豈易及格。此非可以一日短長言也。若云作弊。則今日學校之成績表與卒業文憑。其弊又豈少也哉。亦視其人與其法何如耳。至慮以此而沮學校之發達。尤屬無理。彼日本行之。而官私立大學無一不以人滿爲憂。非其反對之顯證耶。蓋自修雖勤。終不如聽受之易有所獲。盡人能知也。故爲此數年內勸中年人士求學起見。不可不用此法。爲將來獎勵國中私立大學起見。亦不可不用此法。據九年籌備案。應以去年編訂文官考試章程。其所編者如何。今未得見。吾深望其采此主義。勿以其形迹近科舉而諱言之也。

外官制私議

朝制以明年設責任內閣。將以舉行政改革之實。則釐訂官制。實爲目前最大急務。滇督李君通電各省。有所建議。規畫宏遠。洵大臣謀國遠猷也。吾於兹事。亦夙有所懷。今迷一得。備采擇焉。

一　省區問題

我朝沿元明之制。將全國區分爲二十一行省。誼既非古。而又與現今各國制度無一合。於是先覺之士。有縮少行政區域改省爲道之議。此問題今雖未有人提起。然爲我國談官制者最有價值有趣味之問題。無可疑也。今請從種種方面論其得失。

（甲）　省區應改革之故

第一　現制不能保政治之統一　現制各省督撫、與中央各部尙侍立於同等之地位、非有部屬之關係、彼此同對於君上而負責任、督撫曾無服從部臣之義務、倘他日責任內閣成立後、而仍沿此制、則內閣政綱、將徒托空言、

第二　緣此而中央施政之範圍太狹　今日之制、中央各部、除收發文告外、幾於無事可辦、就令將來釐訂京外權限以後、或能將軍事外交等權、全集中央、此諸部差能保其獨立、其他諸部、終無以舉統攬全國政務之實、例如現在民政部除管理五城巡警外、殆無所事、學部除管理五城學務外、殆無所事、農工商部除發給商會執照外、殆無所事、他日責任內閣成立以後、此現象恐終不能免、

第三　緣此而財政計畫極難善良　凡一年度之政策、皆具體的表示於預算案、蓋以凡百政務、非有政費則不能施行也、以故各立憲國度支部大臣一席、實占內閣最重要之位置、而其編製預算也、先由各部列出所要求之政費、與度支部悉心商搉、經閣議然後決定、各部皆有交讓之精神、故財政之系統、常能與政治之方針相應、若沿今制、則預算案既須縱切於各部、復須橫切於各省、其混雜已不可思議、且各省督撫、終無從與內閣諸大臣會議於一堂、各欲擴張其本省政費、而不肯相下、則財政之計畫、殆無由成立、

第四　緣此而弛內閣之責任　中央施政之範圍、既已甚狹、財政計畫、又不能悉如度支大臣之意、則中央內閣、既於無責任可負、國會欲問其責、什九可諉諸督撫、所謂責任內閣、將成空名、

第五　督撫無責任之道　督撫之地位、既非各部大臣屬官、無絕對服從之義務、而職權所及、如彼其廣、舉一措、關係全省數千百萬人之休戚、延及一國之利害、而無適當之監督機關、將以國會監督之耶、則勢有所

不周。將以諮議局監督之耶。督撫職權。常汎及於國家政務。諮議局職權。則僅限於地方政務。然則糾問督撫責任之機關。遂終不可得其事至爲危險。

第六　欲免此諸弊。則今制之督撫遂成贅疣　欲免此諸弊。則惟有將一切政權。悉集中央內閣。督撫惟以地方行政長官之資格奉令承敎而不得自爲政治上之計畫。果爾。則現在督撫制度之特色。全然喪失。無取厖然擁此虛器。

第七　旣爲行政區域則不宜太大　今督撫所以獨尊者。以其爲國家政務官之資格。非以其爲地方行政官之資格也。旣爲國家政務官則必所轄治之境域較廣。規劃始能見其大。若僅爲地方行政官。則必所轄治之境域較狹。督飭始能期其周。

第八　破除省界之一手段　我國有所謂省界者。無端浸灌於多數人腦識中。遇事輒發。實足以爲國家主義發達之障。而欲破除之。固非易易。苟將省區改置。則此種結習。不期而自消。

以上皆主張縮小省區者所持之論據也。徵諸普通之學理。揆諸當然之事勢。皆無以爲難。雖然。在中國今日固有萬不能已者。

(乙)　省區不能驟改置之故

第一　今制雖內閣不得人。而人民受病之程度稍得輕減　今雖奉明詔設立內閣。而將來膺此重寄者。爲何等人。已略可想見。更名不更實。易法不易人。則其有以愈於今日者幾何。今者多數督撫。其謀國之忠。論事之識。皆遠過於中央大老。此天下所同見者也。恃有二三賢督撫。爲一地方之保障。中央之淫威。或不能直接加於各地。而督撫望地既隆。中央不能無所嚴憚。時亦足以矯正秕政於一二。若改省區。督撫之權隨之而殺。是並此一線光明而奪之也。

第二　雖內閣得人而揆諸現在情形。終不能缺督撫之一級　我國幅員之廣。爲當世諸立憲國所莫能並。即有能並者。亦大率由聯邦組織而成。我則不爾。故我國行政階級之畫分。不能取模範於他國。夫以各省闊隔之遠。利害之殊。重以交通機關。百不一備。雖以管樂當內閣之任。使之謀全國之樂利。勢固不周。故壹如今制。以政治計畫一大部分委諸督撫。實爲得宜。

第三　今制有歷史上之根據。不能驟革　今制之衷於學理適於時勢與否。且勿論。而自元迄今。行之已垂千年。重以近數十年來。中央失綱。其有治績勳伐可見者。大抵在督撫。其歷史上之根柢所積至深。驟欲改之。則民聽易惑。而社會秩序之基礎。或且緣而搖動。

此反對縮小省區者所持之論據也。

（丙）　折衷論

以上兩說。立於正反對之兩極端。而各皆有極强之論據。以持之有故。言之成理。此實我國施行憲政前後之最大問題。非旦夕所能解決者也。竊嘗論之。現今之行省制度。與國家主義不相融洽之點甚多。與立憲政體不能湊泊之點甚多。其不能永持於不敝。自無待言。然欲驟然變之。則弊亦必且餘於利。我國當今最困難之政治問題。莫過是矣。吾以爲自今不可不預立改置省區之計畫。而行之當以漸。行之以漸奈何。

其一　將政務性質之萬不能分賦於各地方者。提而集諸中央。使中央施政範圍漸恢。經若干年後。督撫乃純變爲地方行政長官之性質。

其二　將國中一部分地方改爲中央直轄地。俟辦有成效。乃以次推及他地方。定若干年爲推行完成之期。

右第一義。吾將於次節別論之。今但論其第二義。

夫反對改置省區者。其持說有三。然最有力者。實惟第二說。若第一說與第三說。則固不甚足以爲難也。夫謂內閣苟不得人。則有良督撫。猶可以救一方。似也。然使內閣長此不得人。則雖有良督撫。而所補於國者幾何。且又何道以多得良督撫者。是故內閣苟不得人。則一切政治問題。殆無復更容置議之餘地。今嘵嘵然有所論列者。則以內閣得人爲假定前提而已。若謂有歷史上之根據。斯不容漫爲廢置。則今之變專制爲立憲。實已先反於歷史之習慣。抑何以稱焉。且以我之改置省區。而與日本之廢藩置縣相校。其變革孰劇孰緩。其影響孰大孰小。事誠足以安國家利社稷。雖艱鉅固義不可避也。然則今日改置省區之議。不能驟行者。非有他焉。徒以幅員太廣。交通未開。中央政府直接統治全國。施政慮不能周云耳。此前提若不謬。則自有一斷案焉相隨而生。曰凡中央政府施政能周之地。則行省制度必當廢止是也。故據吾黨所主張。則當改革外官伊始。一切督撫暫勿廢。而先廢直隸總督。夫既名曰直隸。則直隸於中央之義而已。既直隸而復介之以總督。其悖名實莫甚焉。夫以輦轂之下。畿輔之近。且交通規模亦已粗具。苟中央政府於此猶不能纖悉周備以施政。則更何以御全國。故吾謂外官制宜分爲行省地方與直隸地方之二項。其直隸地方官制略如下。

一凡直隸地方不設督撫。

二在民政部設一直隸地方政務局。專監督直隸地方之行政。

三直隸地方以今制之縣爲最高行政區域。大縣謂之府。中縣謂之州。小縣謂之縣。其行政長官曰府尹州尹縣尹。職權略如日本之府縣知事。

四改革伊始先以直隸省爲直隸地方。俟辦理有效。乃推及沿江沿海各省。更推及腹地各省。

此法若行其利有四。

(一)我國以行政官階級重疊之故。手續煩雜。官吏皆敝精神於簿書期會。無日力以事事。似此則治理可趨簡易。而政府庶少叢脞。

(二)地方團體階級既多。則人民負擔地方稅之度數亦增。非涸國家之稅源。卽損人民之富力。民省一重負擔。自增一分樂利。

(三)現在中央各部除文告督撫外。大抵無事可辦。有直隸地方則使中央官吏得親實務。磨鍊其治事之材。

(四)先以一省爲試驗場。則可以察此種集權制度。我國是否可以實行。其窒礙之處。亦可隨時改良。雖屢有更置。不至牽動全局。而斟酌盡善之後。布諸全國。舉措裕如。

吾對於省區問題之意見如右。撮其綱要。則以全部改置爲最終之目的。以一部改置爲施行之手段也。

二　督撫權責問題

吾於省區問題。旣僅主張一部改置。則其餘未經改置之省。督撫依然存在。此督撫權限責任問題所由生也。欲解決此問題、首當明今世立憲國所謂最高官廳與普通官吏之區別、又當明其所謂國務大臣與行政長官之區別。

（一）最高官廳與普通官吏之區別　凡官吏以服從爲義務者也、下級官吏服從其上級者焉、上級者又服從其更上級者焉、其有瀆職、則施以懲戒、行懲戒權者、長官也、若奉行長官之命而干紀僨事、則責任在長官、而屬官無與也、此專制國與立憲國之所同也、而其所以異者、則在最高官廳之長官、最高官廳之長官無復上級官吏以臨乎其上、有之則君主耳、故更無官吏能監督之者、更無官吏能懲戒之者、其在專制國、則以監督懲戒之權託諸國會、懲戒之權經國務裁判乃得行之、（說詳次號論責任內閣與國務裁判篇）夫各國惟以內閣各部爲一國之最高官廳、我國之督撫、則自昔固爲最高官廳之長官也、改革官制以後、仍當認其有此資格否耶、此一問題也。

（二）國務大臣與行政長官之區別　今世各國內閣之國務大臣、大率皆以各部之行政長官組織而成、於是有誤認二者爲同物者、此大誤也、國務大臣之職在政治、行政長官之職在行政、政治與行政決非同物、其職又非必須集於一人之身、各國之以二職集一人之身者、取便易耳、政治與行政之別、觀其責任所麗而可知也、行政於法律範圍內行之、故行政瀆職、則生出違法責任問題、政治可以產出法律、或神明於法律以外、故政策失當、則生出政治責任問題、各國內閣大臣、皆以一身而兼此兩種資格、故亦以一身而負此兩種責任、雖然、猶當細論焉、其違法責任、則緣其爲行政長官之資格而生者也、故一人單獨負之、失政責任、則緣其爲國務大臣之資格而生者也、故全閣員連帶負之、夫各國之國務大臣、惟集於中央之內閣、我國督撫，則其職不僅在行政範圍，而常涉及政治範圍，以一身而兼兩資格，與他國之閣員絕相類者也。改革官制以後，仍當認其有此職權否耶，此又一問題也。

據此兩義，而有種種相錯綜相衝突之問題生焉。

第一　據滇督李君通電，謂督撫權責在秉承內閣計畫，主決本省行政事務，對於內閣完全負責，此實正當辦法，爲行政統一起見，計無以易此也。然似此則與日本府縣知事之權責，幾於無甚差別矣。夫我國所以不敢遽效日本之府縣制，而特留督撫之一階級者，凡以慮中央遠馭之難周耳。督撫權責而與日本府縣同一，於現在國情，果適當乎，此最不可不深考也。請參合下方所陳各義詳核之。

第二　如李君言，督撫對於內閣完全負責，是必內閣對於督撫有完全之監督懲戒權，然後可。何則，凡欲完一責任，必須有使之不得不完之權力以盾乎其後，不爾則徒託空言也。質而言之，則欲使督撫對於內閣完全負責，必須將內閣與督撫變爲長屬關係，而現在我國之情實，果能辦到乎，吾不敢言。

第三　夫督撫既對於內閣而完全負責，則督撫責任自爲內閣大臣責任所蔽，舍內閣以外，固無他機關得糾問督撫責任，而督撫無論有違法行爲、失政行爲，苟內閣而怠於監督懲戒，則內閣大臣不能辭其咎。新造之內閣，其力足以舉此乎，新造之國會，其力足以使內閣必負此責乎，吾不敢言。

第四　其極難解決者，則督撫上奏權問題是也。據今世立憲國通制，國中各機關之有上奏權者惟二：其一則內閣，其他即國會。雖以日本之台灣總督、朝鮮總督，猶不能逕行上奏，而必須經總理大臣之手，蓋非是無以保政綱之統一也。若謂督撫不宜有上奏權，則此議在今日固無人敢倡，即倡亦未必能實行，即行亦必利餘於弊。然使督撫而惟秉承內閣計畫。對於內閣而完全負責。則亦何待於上奏。督撫而上奏。則安保其無與內閣意見不合同。而陳於君上之前以乞裁斷者。更安保其無彈劾內閣者。若是則內閣不能行完全之監督懲戒權於督撫。而督撫非對於內閣負責任。乃對於君主負責任耳。是故督撫而苟非最高官廳。則不應有上奏權。既有上奏權。則必爲最高官廳。而最高官廳之性質。則更無他官廳能監督之者也。今必如何而使內閣得舉監督督撫之實。是卽督撫對於內閣完全負責一語能生效力與否所由斷也。

第五　督撫主決本省行政事務一語。督撫職權。果能以此爲限乎。政治與行政非同物。既如前述。然今者特設督撫之一階級。其職務不僅在行政也。而往往須涉及政治。蓋以我國交通之不便。重以督撫轄治境域之寥廓。勢不得不假之以便宜行事之權。質而言之。則凡憲法所規定君上大權範圍內之事項。本應由內閣大臣輔弼君上以行之者。有時不得不委其一部分於督撫。（如發緊急命令行預算外支出布戒嚴令等其他尙多。）此等事件。而一一受成於內閣。則督撫活動之範圍無乃太狹乎。不受成於內閣。則當以何機關糾其責任乎。此一問題也。

第六　要之。據現制之精神。則督撫實爲最高官廳。不對於他官廳而負責任。惟對於君上而負責任。督撫以行政官兼政治官。非惟負法律上之責任。且亦負政治上之責任。卽改革官制以後。而此種精神。料難驟變。其在專制時代。則糾其責任者。宜在君上。今既爲立憲政體。則萬不容以此瀆君上之神聖。然則當以此權託諸何機關耶。託諸內閣耶。當內閣與督撫意見衝突時。將奈何。甚則督撫彈劾內閣時。將奈何。得毋將不由內閣大臣副署。而徑下中旨以裁斷之乎。是破壞立憲之精神也。不爾則使內閣大臣反其本意而副署。

亦破壞立憲精神也。又不爾而常以一督撫之意見釀內閣之交迭。又非憲政之佳現象也。又不爾則督撫之意見常屈於內閣則督撫遂失其爲最高官廳之性質失其爲政治官之性質此誠爲理論上所當然。但不識現今之情勢能行焉否耳行之而能利餘於弊焉否耳

第七　或曰督撫爲一省長官則以諮議局爲監督督撫責任之機關最宜。雖然諮議局爲地方團體之機關。祇能議決本團體之事務耳。督撫一面以地方長官之資格執行本團體之事務一面復以國家大臣之資格執行國家之事務。當其執行國家事務之時。恐非諮議局所能監督耳。然則移此權於國會何如。曰理論上似可也然亦有窒礙者。以一中央國會而欲周知各省之利害。爲事頗難。此其一。國會開會期甚短。常以各省事務勞擾之恐反曠要政此其二。地方問題常提出於國會恐國會中生出地方黨派。此其三。

第八　或曰逕加重督撫之權。使如美國之各州稍次亦如奧大利之各州而一面亦加重諮議局之權。使爲完全之監督機關。何如。曰此徒導一國政治上之分裂。且使中央政府無事可辦。而責任內閣與國會將盡成虛器。其反於政治進化之大勢。戾於我國歷史之情實。蓋無待言。

第九　日本有賀長雄氏嘗發一奇論。謂我國宜將督撫加入內閣。並爲國務大臣。與閣員負連帶責任。爲政策統一起見。似屬一種妙法。雖然以實際論之。督撫雖加入內閣。豈能常參列閣議。則意見之疏通一致。終不可期。而以爾許之閣員負連帶責任。徒使政治上動搖頻數。傷國家之元氣耳。故此論徒足資談柄。不能見實行也。

第十　尚有極當研究者。則編製預算之問題也。凡一國之政策。其具體的表示。皆在預算。而立憲精神之能

貫澈。則亦恃預算通例。各立憲國之預算。其歲出部門。皆以各部所管分類。而地方行政費。則以隸民政部項下。而各地方長官無提出概算書於度支部之權。我國果能採此制否耶。國家一切政務。自昔非由中央各部直行。而皆經督撫之手。一省所需政費。勢不能不由督撫列出概算書以要求於度支部。而督撫不列於閣議。度支部若悉徇督撫之意。則財政計畫。失其自主。若任意削減。而督撫計畫。不能實行。安能負反於其本意之責任。此其窒礙難通者一矣。且以預算之形式論之。若各省各自爲特別會計耶。則特別會計件數之多。談預算者方引爲大戒。今方謀財政統一。豈宜出此。若通製入一表中。則既以各部分類。復以各省分類。其混雜殆難名狀。若以某省行政費若干渾括言之。則預算之性質。各項目嚴禁挪用。似此簡略。則監督權益無所施。此其窒礙難通者二矣。凡此問題之糾紛。皆根於督撫權責而來。而苟不得正當之解決。則立憲主義。實無從貫徹也。

吾於以上諸義。思之思之。既積歲月。而無一不相矛盾相衝突。通於此。輒窒於彼。蓋一切政治問題。其困我未有若斯之甚者。度全國憂國之君子。亦同茲懷抱矣。此問題欲求正當之解決。惟有廢督撫而集權於中央之一法。然既爲今日所萬不能行。則無論何法。皆不能圓滿無缺。亦惟利害輕重之間。以爲去取焉耳。滇督李君之議。其大體固爲吾所樂贊。然若何而能使李君所議得見實行。則其條理有不可不講者。吾故歷舉思索所及之諸問題。以供立法者之參考。他日苟有所見。當更貢也。

中國外交方針私議

近二三年以英法俄日四國協約之結果我國位置日益岌岌於是國中聯美聯德之說驟興上自政府下逮輿論併爲一談此其利害蓋非可一言而決必也內察我國之實力外審列强之態度然後我之所以自處者乃可得而論也吾故就各方面普徧觀察作爲私議以質愛國君子

一　現世界弱國之位置

國於今日之世界者不可以無外交然弱國之外交政策與强國之外交政策不能無異我國今遂儕於弱國之林耶吾安忍言雖然吾卽諱言弱而弱之實又安可揜故欲定我國之外交方針非先明現世界弱國之位置焉不可也

今世界殆無復容弱國自存之餘地弱國所以能暫存者以介於列强之間而競爭未有所決耳是故經列强一次戰爭之後而弱國之位置必一變經列强一次協商之後而弱國之位置必一變戰爭者競爭之極而勝負已決者也協商者各得其所欲而休息競爭者也兩者外形雖不同而其結果皆自競爭以歸於無競爭則同彼弱國者徒以爲列强競爭之客體能競爭者謂之主體所競爭者謂之客體競爭之客體亦稱爲競爭之目的物而保其殘喘苟能利用此時機發憤爲雄脫離競爭客體之地位而自躋於競爭主體之林斯最上也若猶未能則當期競爭之繼續而毋使其休息何也一休息則吾之運命定也又當使其競爭常出於平和而毋致交戰何也既交戰則勝負必有所決勝負決則競爭隨而息而吾之運命亦隨而定也

（說明）所謂經列强一次戰爭而弱國位置一變者如格里米亞戰爭後之巴爾幹半島諸國日俄戰爭後

之朝鮮。其顯例也。所謂經列强一次協商後而弱國位置一變者。如俄普奧協商後之波蘭。維也納會議後歐洲中原諸小國。伯林會議後之巴爾幹半島諸國。及最近之沙摩亞埃及摩洛哥其顯例也。

夫列强競爭之不已。其結局則戰爭與協商二者。必出於一。此固權操在人。非弱國所得而禁之也。雖然。列强相互之關係。常積久而極複雜。欲一旦悉耦俱無猜。而爲圓滿之協商。爲事蓋非易。而以今世戰術戰器日新月異之故。雖列强固憚於用兵。徒恃此二者。乃畀弱國以暫安圖强之餘地。所最可懼者。則弱國自進而迫列强。使不得不出於協商。或自進而迫列强使不得不出於戰爭也。所謂迫列强使不得不出於協商者。其原因多由內治。蓋以失政之故。境內常生擾亂。致外人生命財產之在我境內者。恆不得保障。而禍亂或且殃及其鄰。於是凡與彼有關係之國。不得不胥謀所以自保。毋寧捐棄小嫌。而協商以處辦之也。所謂迫列强使不得不出於戰爭者。其原因多由外交。蓋彼弱國者。方爲列强所競爭之客體。故對於競爭者之兩造。決不容以身加入其一。加入其一則均勢破。均勢破則戰爭或遂緣之而起也。是故吾欲懸此義以爲弱國應付外交之一原則。若此原則不謬。則我國之外交方針。可得而繼論也。

（說明）以內治不修之故。而招列强之協商處辦者。如埃及於一八八二年招英法之協商。波斯於一九〇七年招英俄之協商。朝鮮於中日戰役後日俄戰役前招日俄三次之協商。是其例也。此外尚多不遑枚舉。以弱國加入競爭者之一方。而釀成戰爭者。如波蘭以聯俄之故。而惹起北方戰爭（俄與瑞典之戰）巴爾幹半島之斯拉夫民族以聯俄之故。而惹起格里米亞戰爭（俄與突厥之戰）我國及朝鮮以聯俄之故。而惹起日俄戰爭是其例也。下方更詳論之。

二　列强對於中國之壓迫

列强之相壓非一日也然疇昔皆人自爲戰若其最近協以謀我咄咄可畏者尤莫如英法日俄之四國蓋以協商結果而使弱國位置一變之徵也其濫觴蓋起於光緒二十四年之英俄協商次則光緒二十五年之英日協商次則光緒二十八年三十一年兩次之英日協約次則光緒三十三年之日法協約日俄協約及同年之英俄協約最近則宣統二年之日俄新協約就中除光緒三十三年之英俄協約兼及他問題外自餘則皆以處分中國爲目的者也語其內容則不外互相尊重其在中國所已得之權利毋或相侵而未得之權利則持機會均等主義毋或壟斷質而言之則此四國權力所已及之地期於無復撓其權者而權力所未及之地則共逐失鹿憑高材捷足之先得也天下可畏之局蓋未有甚於此者矣

（說明）光緒二十四年英俄協商其內容則英國認俄國在長城以北有敷設鐵路權俄國認英國在揚子江流域有此權也三十三年之英俄協約凡分三項一爲關於波斯者二爲關於阿富汗者三爲關於西藏者兩次英日協約則除中國問題外尙有戰時中立攻守同盟等條件其餘諸協約則皆以各尊重在中國之既得權爲鵠者也

夫英與法世仇也其與俄亦百年來常有違言者也日與俄則蘊怒而新喋血者也今乃以此四國握手而爲一致之行動此事理之甚不可解者也是當從兩方面觀察焉乃能解之

其一則同利共趨也蓋此四國之才泰東其位置略同等英法通我最早庚申之役已爲聯軍英人既有香港及

南洋海峽殖民地。而全國通商口岸。大率由彼爲政。商務占我國對外貿易總額之過半。其勢之張。不俟論也。法則踞安南。視滇桂爲囊中物。而進覬黔蜀。俄日則國境本與我毗鄰。俄以屢次密約之結果。日以兩次戰勝之結果。其權之行於滿蒙者。日進無已。故以既得權論之。惟此四國獨爲優越。而迥非他國之所能逮。其各思保而勿失。宜也。此四國所以能爲一致行動之第一原因也。

其二則同患共捍也。欲悉此中癥結。則不當徒局於泰東問題。而當參伍錯綜以觀泰西之國際政局。夫近數年來。協約之盛行。惟英實執其牛耳。抑彼英人者。常以有名譽之孤立自豪於天下。（英人向未嘗與他國結同盟）乃忽於最近十年間。一變其態度。自進而爲世界外交之中樞者。何也。彼蓋有所敵也。前此之敵在俄。而今茲之敵在德。日英同盟之初結。其時英國方有事於南非洲。而俄勢駸駸東下。英獨力不能制之。乃委其義務之一部分於日本。雖然。日英同盟約中。固言有兩國聯軍與日本戰者。英當出而相援。及日俄戰起。而俄亦有其同盟國焉。曰法。據一九〇二年之宣言。法應有援俄之義務。法援俄。則英勢不得不援日。是日俄方以自動而鬩於東。英法旋以被動而鬩於西也。則攘臂以爲漁人者。方大有人在矣。英人有憂之。乃於日俄宣戰後不及二月。遽降心以就世仇之法。舉數十年來互爭之藤蔓。一掃而空之。結所謂英法協商者。自茲歐洲外交之局始驟變矣。夫並世諸國中能爲英患者莫如德。其蓄志謀英者亦莫如德。英德不兩大。此稍明時局者所能知也。而法者。又德之仇讎也。俄者。又德之仇讎之友也。俄之敗於日也。德人見其仇之友。不復可恃。而亟思所以蹶之。挾德奧意三國同盟之力以蹶一法。法之不支明也。法不支而德遂霸歐洲中原。德霸歐洲中原。英其殆矣。故英既已親法。更進而親俄。於是英俄協商起。英俄法三國協商。隱然與德奧意三國同盟對抗。而在此則主之者爲英。在彼則主之者爲德。此現在歐洲國際政局之分野犂然可見者也日本以强英之聲援得有今日其惟英之馬首是瞻亦固其所然日俄新隙其芥蒂尙未易弭也乃無端而有美國提議滿洲鐵路中立一事使兩國共其利害兩國爲自衞起見不得不同敵一美此日俄新協約所由成立也由此言之則此四國中各有其友焉各有其敵焉英日友也俄法友也英法之敵曰德俄日之敵曰美日不必友法俄而以英之故不得不友之法俄之於日也亦然日不必敵德而以英之故則難與爲友英法不必敵美而各以日俄之故則難與爲友此四國所以能爲一致行動之第二原因也

三　美國德國之態度

若夫德國美國之位置則與彼等異德建國僅四十年當其羽翼未就而他國早橫絕四海矣美建國雖較先於德然向守門羅主義與人無爭故此兩國在中國既得之權利較彼四國者瞠乎其後德犯天下之不韙僅攘得區區之膠州以爲經營東方之發軔而北限於日俄西南限於英不能展其驥足美雖有菲律濱然不與大陸毗連且有英之香港橫障其間欲進不遂又列强莫不挾强大之債權以臨我而美富力號稱甲天下乃於我各項公債未獲嘗鼎一臠其居常怏怏可知也是故彼六强國對於中國之態度試以鄙夫求富貴之心事喻之英法俄日譬則已致身通顯而猶思進取者也其患失之心過於患得德美譬則甫受一命而方始熱中者也其患得之心過於患失是故德人於光緒二十五年雖嘗與俄日兩國共結協商旋託詞而悔遯美人於光緒三十四年雖嘗與日本結日美協約然約文惟認機會均等不認特殊利益其意蓋可見矣

（說明）光緒二十五年英德日三國共結協商宣言保持中國現狀英首倡之日本次贊之而德亦贊之英

之意蓋以防俄也。翌年團匪變起，俄兵占東三省，英日約德共抗議，德人曰協商只言中國，未言滿洲，遂不加入抗議。夫滿洲爲中國領土之一部，其誰不知，而德人乃爲此舞文者，其意別有在也。蓋德人十餘年來常以慫恿俄人經營東方爲事，一則知俄日英之在東方，必有短兵相接之時，俄既有事於戰爭，則法失其同盟之援，而德可以逞也。一則俄勢既張，德亦可藉均勢之名，別有所要索於我，而不至自爲戎首也。

要而論之，各國對於我國之態度，有最通行之兩語焉。其自現在的方面消極的方面言之，則曰維持現狀。其自將來的方面積極的方面言之，則曰機會均等。雖然，同是此兩語也，而各國所以解釋之者，亦自有異。英法俄日所謂維持現狀者，妨己國既得之權有所損也。德美所謂維持現狀者，妨他國未得之權有所進也。英法俄日所謂機會均等者，指己國特殊利益地域以外爲適用之範圍也。德美所謂機會均等者，無論何國之特殊利益，皆不承認，而以中國全境爲適用之範圍也。是故英法俄日之政策，畸於守者也。德美之政策，畸於攻者也。英法俄日不汲汲於攻我，則似英法俄日之愛我。德美爲我攻英法俄日，則似德美之愛我。英法俄日果愛我乎哉？德美果愛我乎哉？是則惟我所自審矣。

（說明）各國前此關於中國之宣言，皆曰保全領土，開放門戶。及日俄戰爭後，則將保全領土一語改爲維持現狀，將開放門戶一語改爲機會均等。此中消息，最宜細參。保全領土一語，本毫無價值，前此日俄屢次協商，日韓屢次條約，皆有保全韓國領土之語，今則何如？若維持現狀，則詞更泛矣。機會均等一語，在國際上爲新出現之名詞，一八八四年，歐洲列國以瓜分非洲之故，經柏林會議公約，創建公果自由國，使比利時王兼王之，而此公果條約，規定列國在公果之生計政策，應採機會均等主義，此即機會均等一語所由來也。今以我堂堂獨立之大帝國。乃僅得比於廢置如棊之公果。耗矣。哀哉。

四　中美同盟論及中德同盟論

吾之於英法俄日也。畏偪既日甚一日。而此偪我者復各有其敵。我誠能籠致其敵以為吾友。則偪我者庶幾有所憚而不敢逞。此中美同盟論中德同盟論之所由興也。

此同盟論果倡之自我耶。抑倡之自美自德耶。吾不敢斷言。默察全國人之心理。上而政府有若失乳之兒。徬皇索母。溺水之夫。呼號望援。其急切之情。殆不可揜。下而國民則全國報館。皆鼓吹同盟論。萬口同聲。自日俄新協約成立後。益甚囂塵上。而士大夫之奏議談說。尤稱道之不容口。則謂此論全倡自我可也。雖然我果為主動者乎。抑仍為被動者乎。吾猶不能無疑。我國外交家之伎倆。外人知之稔矣。蓋威偪與利誘。皆能奏效。而施之貴得其宜。昔俄使喀希尼巴布羅福之疊奏凱旋。（喀希尼定第一次中俄密約者也巴布羅福定東清鐵路合同者也）各國豔羨之已久。德國前此藉口二教士之見害。突占我膠州。復以團匪之變。強我最高貴之賢王為謝罪使。其傷我感情者非一度。今殆悔其失計。數年以來。所以啗我政府者。殆惟力是視。美國則向守門羅主義。於新大陸以外之政治問題。絕少過問。以致著著落人後。其在泰東之發言權。甚形薄弱。今殆亦悔之。亟思買我驩心。為補牢之計。若庚子償款之退還。若滿洲鐵路中立之提議。若錦愛鐵路之借款。其最顯著者也。然則我國人之倡此論。其或亦彼有術以致之。雖然。孰倡孰和。可勿深論。要之此問題已印於吾國多數人之腦識中。或非久而便成事實。此則稍關心時局者所能知也。吾此私議。即以此問題為鵠。而欲平心諦觀以論其利害得失者也。

抑即此問題中。亦尚有許多條理焉。就同盟之主體言之。將於美德兩國中擇聯其一耶。抑並聯其二耶。若擇聯其一。則取美耶。取德耶。若並聯其二。則將中美德三國合署一同盟條約。成三國同盟之形耶。抑中美同盟中德同盟各自爲約。中國雖有兩同盟國。而德美未嘗因此而生特別之關係耶。就同盟之目的言之。將爲普通親善之同盟耶。抑爲攻守同盟耶。若爲普通親善之同盟。則以何者爲兩造應履行之義務耶。若爲攻守同盟。將僅有消極的中立義務耶。抑並有積極的應援義務耶。就同盟之形式言之。其盟約將公布耶。抑祕密耶。或布其一部分而祕其一部分耶。凡此等問題。吾竊料倡同盟論者。亦未必一一計及。然緣此等種種差異。而所生之影響。自有大差異。固非可忽而不省也。吾於下方將擇要論之。

（說明）以一條約而規定三同盟國之關係者。如德奧意三國同盟是也。（但此同盟之公牘亦分爲德奧盟約德意盟約奧意盟約之三件不能遂謂爲合署一條約惟三約中所規定之權利義務略用同一之文句耳）以甲國與乙丙兩國各結同盟。而乙丙兩國不緣此而生關係者。如日本既與英結英日同盟。及日俄戰役方酣。又與韓結日韓攻守同盟是也。普通親善之同盟者。如維也納會議後之神聖同盟。一八七二年之俄德奧三帝同盟是也。攻守同盟者。如德奧意三國同盟。俄法同盟。英日同盟皆是也。其中復有消極積極之別。消極的攻守同盟者。如第一次日英盟約。聲言兩同盟國中甲國起戰事。乙國中立。非有第三國加入戰爭。則無應援義務是也。德奧盟約。凡德奧兩國除與俄國戰爭外。皆同此例。積極的攻守同盟者。如第二次日英盟約。聲言兩同盟國中無論何國有戰事。立須互援是也。德奧盟約。凡遇德奧兩國與俄國戰爭時。即同此例。盟約公布者。如德奧意盟約。日英盟約是也。祕密者。如中俄密約是也。布其一部分而祕其一部分者。如俄法盟約是也。

五　列國同盟之先例及其效果

列國並立而有競爭。爲競爭之豫備。或以自强。或以弱敵。有時覺獨力之不足也。而同盟起焉。中外古今歷史中其同盟故實之可考見者以百數。而性質亦各各不同。今請條舉其種類。而取其適切於今之時勢者。論其得失。

（第一）以平和爲目的之同盟　尋常聘問通好。不名同盟。既曰同盟。必其締盟國之交加厚。而有以示別於非締盟國也。既厚薄示別。則其視一般之非締盟國或非締盟國中之一二國。必有隱含敵意者。故欲求絕對的以平和爲目的之同盟。殆不可得。茲所謂平和者。謂其締此同盟之本意。非專爲戰爭預備云爾。其種類有三。

（一）政治上之同盟　復分爲二。

（甲）親誼關係之同盟　如我國春秋時齊晉之合諸侯。其目的非常爲戰爭之預備。特以此結親交以示別於會外之諸國。是其例也。古希臘各市府之同盟亦然。雅典斯巴達德巴迭爲盟主。其資以戰爭之時少而平和之時多也。

（乙）政見關係之同盟　維也納會議後。俄普奧三國所結神聖同盟。專以維持專制政體。防革命黨之蔓延。蓋目的純在內政也。此外不見其例。

（二）宗教上之同盟　歐洲當宗教改革時。新教國與舊教國對立。分結同盟。是其例也。然緣是釀成戰爭。已不得謂之平和矣。十字軍時代。耶穌教之對回教亦同。

（三）生計上之同盟　我國葵邱之會。其盟詞云。凡我同盟之人毋曲防毋遏糴。以生計上條件著諸載書。此其最古者也。然其範圍甚狹不足論。

生計上同盟最顯著者關稅同盟也。近世德國統一前之關稅同盟。實其適例。英日同盟。其中亦含有生計上同盟之意義。蓋彼此互尊重其東亞大陸所得生計上之特殊利益。實此盟約中之一要素也。

前此中俄密約其中一部分亦可稱爲生計上之同盟。蓋俄之東淸鐵路華俄銀行所以得有種種特權。實自此密約來也。

今茲我國人所渴望之中美同盟。其必含有生計上同盟之性質。殆無疑義。蓋同盟之目的。强半在借債。而美之欲得於我者。必在生計上之特權也。

（第二）以戰爭爲目的之同盟　凡同盟之約束堅明而强有力者。必其攻守同盟也。故考同盟之先例。以平和爲目的者蓋寡。以戰爭爲目的者常多。以戰爭爲目的之同盟其分類亦得有種種。今避繁複僅列一二標準以研究之。

（一）同盟國之兩造有一爲見脅强從者　可分爲三。

（甲）以一强國脅數弱國者　如春秋時晉楚所屬諸國。戰國時秦以連衡策所刼諸國。頫尼克之役羅馬所役意大利諸國。拿破侖第一時代所役歐洲大陸諸國。是也。

（乙）以數强國脅一弱國者　如春秋時晉齊楚諸國脅鄭。漢景帝時吳楚諸國脅濟北。是也。

（丙）以一强國脅一弱國者　如日俄戰爭時日本與朝鮮結攻守同盟是也。

(二)同盟國之兩造皆以自由意志締盟者　普通之同盟.大率皆屬此種.然因各國境遇不同.故其同盟動機.亦各各不同.試臚舉之.

(甲)數國爲自衞起見結守勢同盟以抗一强國者　如春秋時蔡侯鄭伯及漢東諸國結同盟以距楚.戰國時六國合從以擯秦.滑鐵盧之役.全歐聯合以禦法.是也.

(乙)一小國與他小國相聯結攻勢同盟以踣一强國者　如一八六四年.普魯士與撒的尼亞(此其王後爲意大利皇帝)結同盟以伐奧.是也.

(丙)一小國欲得他强國之後援.進而加入同盟以自重者　如一八五五年.撒的尼亞乘俄突戰役.英法援突拒俄時.加入英法同盟.是也.

(丁)以數國相聯圖削滅一國者　如南宋時.結蒙古以滅金.十八世紀末.俄普奧三次結盟以滅波蘭.七年戰役(一七五六年至一七六二年).奧俄英法結盟以謀分普.是也.而三者結果各異.

(戊)兩强相仇.而各引他强國以自助者　如現存之德奧意同盟及俄法同盟是也.

(己)一强敵一强.而懼其敵有援.乃預結一同盟.使其敵之同盟有所憚者　如第一次英日同盟是也.

(庚)兩强國以同一之政策處分一國.而懼第三國撓之.乃結同盟爲聲援者　如第二次英日同盟是也.

(辛)以一弱國爲數强國競爭之客體.爲擇一强與結同盟者　如波蘭.畏瑞典奧大利之偪而與俄結.波斯畏俄之偪而與英結.繼復畏英俄之偪而與德結.緬甸畏英之偪而與法結.朝鮮畏我之偪而與日結.繼復畏日之偪而與俄結.我不忍於甲午之敗而與俄結.皆其例也.

以上所舉種種同盟先例其所生之效果布在方策稍有史學常識者當能知之無待縷述而我國人今日所渴望之中美同盟中德同盟屬於何種類讀者當能自得之矣今除以平和爲目的之同盟不必論復除脅從之同盟不必論其以兩造自由意志締結之同盟則正外交政策優劣之所攸分也吾嘗循繹諸國緣同盟所生之效果而得同盟政策之四原則焉

(甲)積極的原則

(一)兩國有同等之實力者可以結同盟　有同等實力則我固有所待於彼彼亦有所待於我其相需甚殷彼我固能互相福彼我亦能互相禍其敬憚甚至如是則相當之權利義務必出乎其間

(二)兩國有同一之目的者可以結同盟　其目的無論爲進取爲自衛但既略已同一則進焉有同舟共濟之思退焉有兔死狐悲之懼其相待自能近於眞誠而相傾相賣之隱謀可以少殺

(乙)消極的原則

(三)凡弱國非爲進取起見不可與强國同盟　弱國與强國同盟則其實力固懸殊其目的亦未必同一在理宜爲厲戒者也然苟爲進取起見借以自重則時或收奇效如撒的尼亞兩次與英法及普結盟日本與英結盟是也夫其國既能進取則已不弱矣

(四)凡弱國方爲數强國所爭者不可與爭我之國結同盟　數强爭我相嫉必甚舉足左右輕重斯生愈益其妒以揚其波則彼諸强或遽起而互相搏擊或有一焉遂爾屈伏怨我者務蹙我於死地惠我者索償無饜時兩者皆非我福也

吾所立以上之四原則若不繆則吾將據之以論中美同盟論中德同盟論之得失焉。

六　中國因同盟所得之利益如何

今之同盟論其尤昌者則中美同盟論也吾請先就中美同盟論以觀其利益。

(甲)消極的利益。

今英法俄日方協以謀我既有成言其在我境內種種施設旁若無人我獨力不能抗之聯美則能抗之利一。

四國協商既已咄咄逼人道路傳聞更有密約瓜分之慘恐在眉睫引美自衞庶可戢其狡焉之心利二。

(乙)積極的利益。

交通機關國之血脈吾民力殫不能自致美以富聞可資挹注利三。

財政竭蹶百政隨廢得一同盟遂同金穴如彼貧俄獲法蘭西以爲外府利四。

所謂同盟利益者當不出此而必拳拳於美者則又何也。

(一)美國不加入四國協商之列無謀我之心。

(二)美國素仗義喜爲人排難解紛。

(三)美國豪於資外債取求可以不竭。

(四)美國爲共和政體尊重人權我雖稍爲之下當不我阨。

主張中美同盟論者其理由大略如是其兼主張中德同盟論者則慮一美之力不足當協商之四國而並引德

以為重也吾請驗往事察趨勢以證論者之說果有當焉否也

七　中國無同盟國其所損失如何

今國中一般輿論一若以結同盟為國家生存不可缺之要素此吾所大惑不解也彼美國自建國以來始終曷嘗與他國結一同盟者此猶得曰僻處一隅也彼英國當歐洲縱橫捭闔之衝而數十年以名譽之孤立豪於天下又何以稱焉即彼日本普魯士撒的尼亞固大收結盟之效然其結盟之動機則在進取耳彼方磨劍欲試盤空欲擊疇昔本為世所輕乃一舉而期自致於青雲斯不得不稍有所藉當其養晦淬厲時則豈聞有所待於外哉夫國家賴有同盟始能奮飛斯誠有之若非有同盟不能自存則其所以圖存者亦僅矣故我國人非首剗除此種謬見則其他更無可言者

國家既非恃同盟以圖存則同盟政策利害比較之程度固可得而論矣然則論者所舉同盟之利益果何如吾以為此種利益有雖無同盟國而亦可以得之者有雖有同盟國亦恐不能得之者若其必緣同盟而得緣無同盟而失者則以吾之愚苦不能逆睹也

外債得所供給此論者所謂同盟利益之一也外債之得失吾將別論之今先為簡單一言則吾固主張外債者之一人特今日漫無計畫之借法則非所敢附和耳第此勿深論惟吾有一言欲質論者論者之意得毋謂同盟條約成立後我遂能以我政府所指定之公債條件向紐約或柏林市場發行募集而應者如響乎昔俄與法結同盟而因仰給公債於巴黎前事之師也信能如是則吾於同盟論不惜距躍三百以贊成者也雖然吾有以知

其決不能也彼若有餂我之心則一二千萬或所不吝此猶是設辭耳實則並此而必不得然借此區區吾以爲不如勿借今日不借債則已借則必當以萬萬計試問以我現政府財政上之信用欲借萬萬圓以上之公債其能無特別條件而與現今歐美諸國所謂國際流通證劵同一位置乎夫以日本積屢勝之威其債尙有內外之別外債尙須以海關擔保而以普通公債之名義猶不能得一鎊金於其同盟之英國而謂我以一紙載書能收此奇效五尺之童知其誕矣此所謂雖有同盟國而不能得之者也然則今後如欲借債必仍須以各項稅源如海關鹽稅等或營造物如鐵路等作抵苟有優越之條件確實之保證則英法俄日之資本家豈患不趨之若騖寧惟美德此所謂雖無同盟而亦能得之者也且論者亦曾記各國宣言莫不有機會均等一語乎我不借債則已欲借債則能容我獨向一二國乎昔丁酉戊戌間借債以應日本償款而英俄爲爭此權幾動干戈此稍留心時事者所當尙能記憶也一年以來緣川漢粤漢鐵路借債英法德美四國代表交鬨於北京至今未已又人之所共聞見也然則我雖以欲借債故與一二國結同盟及乎議訂質劑之時同盟以外諸國仍必起而爭爲債主質而言之則必英俄德法美日六國機會均等而已有同盟與無同盟一也而同盟利益果何在焉

促我同盟論之動機者莫如日俄新協約而最令我劌心怵目者莫如日俄在滿洲蒙古之行動凡列籍於中國之人苟有血氣誠宜不能忍與此終古也雖然欲洒此恥湔此權當求諸同盟政策乎抑當求諸同盟政策以外乎此最不可不審也今且勿論蒙古專論滿洲彼日俄兩國犧牲數百兆金錢數十萬民命所得之權利我且歷歷以條約承認之者而謂以第三國之抗議能使其放棄乎若其能也則今春滿洲鐵路中立提議早爲成案矣此所謂雖有同盟國而不能得之者也然則我國今後保滿政策毋亦惟有急開鐵路與之爭地廣行移民與之

爭人改良行政機關與之爭權雖管葛復生舍此無他長計也而欲使此政策有效則其所最急者一曰人才二曰資力人才匪可求諸同盟不待論矣資力則吾前所論外債與同盟之關係盡之矣此又所謂雖無同盟而亦能得之者也若謂所憂不僅在一隅懼協商之結果將使瓜分實現而思結同盟以禦之耶我國人能知懼若此國家之福矣然不求諸我而求諸同盟君子謂其不智矣苟四國協商瓜分已決斯必非一二國所能抗刀俎既具惟思分我一杯羹耳我誠能不與亂同道則傾而未顚決而未潰扶而坊之豈曰無術趨存趨亡事誠在我人無與焉有同盟與無同盟一也而同盟利益果何在焉

八　中美德同盟之影響如何

上所論者同盟之無益也苟無益而亦無害則得一膩友亦足自娛雖然吾見其害之不勝窮也凡結同盟者必互有所賴而權利義務恆期於相償英日之同盟也日賴英以制俄英賴日以衞印度略足相償也俄法之同盟也法賴俄之兵力俄賴法之財力略足相償也若與我同盟者則何賴於我乎檀香山菲律濱告警我能遣一樓船以爲美援乎柏林受圍我能命一旅以赴德難乎抑紐約柏林金融竭蹶我能輦銅山金穴之藏以周之乎將又其尊俎之間有艱鉅我一諾則重於九鼎一怒則諸侯懼乎既已無一而欲仰首搖尾以與人同盟見擯受辱則辱而已矣尙無後災若其降心相就則意果何在者虎羊結異姓昆弟鷹雀訂刎頸之交羊與雀方以得承顧盼爲榮而虎與鷹早有所以自處矣故德美而不與我同盟則已苟其與我同盟則其所責望於我者豈有他亦政治上生計上種種之特權而已藉曰予以特權而別有所責望於彼足以相償也其奈有機會均等主義立乎

其後我雖欲以特權私諸所愛而不可得也漢詔不云乎死者不可復生斷者不可復續特權一去不可復歸我今日所爲呼號以求同盟之庇我者豈非以前此輕予人以特權今見壓而不能自拔乎欲自拔而仍以特權爲市且疇昔一者而今五六之此其愚悖豈直抱薪救火之類而已

若夫我所責望於同盟國者毋亦將賴以保我未失之權利更進則賴以恢我已失之權利也靡論同盟國未必有愛於我就令有所保有所恢其結局終以自肥也藉曰惠而好我而其力願遂能逮乎他國既得權之非易剝奪前既言之矣而彼同盟國又不能不自取特權自取之則安能禁人之繼取欲奪人所已取或自取而禁人繼取其勢非出於戰不休則同盟國果能爲我戰乎此一疑問也戰而能勝乎又一疑問也勝而爲我福乎又一疑問也英之與德日之與美皆如將鬥之雞或竦身矜豪或側睨伺殆稍明時局者固已憂其終不免於一戰顧所以盤馬彎弓故故不發者誠以今日戰禍之慘酷遠非前古之比交綏數月則十年之休養生息不足以爲償故無論何國皆憚之且英日德三國皆各各有其攻守同盟之國與一國戰卽無異與兩國戰此造既有兩國則彼造亦自必有兩國而新加入之第三國第四國又各各有其同盟焉其勢非毆全世界之强國而戰之不止也今試懸想英德政局而觀其趨勢英既與德戰則日本爲英日同盟條約所束縛不得不起而援英故德不惟與一國戰也實兼與兩國戰德僅與一國戰除與俄戰外則奧意固可中立既與兩國戰則奧意爲三國同盟條約所束縛不得不起而援德矣於斯時也美國本可中立也雖然德既敵英日而英日所長在海英國海軍本常守二國標準非德之所易敵矣又益之以日本則未交綏而勝負可決也故德人不戰英日則已欲戰英日非先與美有成言不可美不爲之援戰端不可得而啓也如是則黨於德者必不惟奧意也而更有美其時俄法本可中立

也。雖然。德法積仇也。而英法方睦。德既奔命。法必突起而議其後。不待問矣。法既起。則俄爲俄法同盟條約所束縛。又安得不起。故其結局必成爲德奧意美與英法俄日之戰。至易覩也。此言夫英德肇釁也。若日美肇釁。亦若是。則已爾於斯時也。北海地中海大西洋印度洋太平洋之鮫鱷。無一處得安睡。亞細亞歐羅巴亞美利加之雞犬。無寸刻得寧帖。彌天際皆煙也。盈大地皆血也。言念及茲。雖有賁獲。亦將股慄。而謂彼德美者能如馴豢之犬聽我指嗾。入林爲我逐狐兎以自陷於危。此談何容易耶。夫我之求同盟。不過欲保持我所未失者。而恢復我所已失者而已。而無論爲保持爲恢復。決非能以一紙抗議奏效。而決之必以戰。同盟國之不易爲我一戰。既洞若觀火。然則同盟之結果。除敬贈同盟國以種種特權。且附贈同盟以外諸國以種種特權外。更何所得也。

復次。我所以欲與美德同盟者。豈不以美德之强足以庇我乎哉。且如論者所期美德肯爲我而戰也。而美德之强。又足恃乎。竊嘗論之。使以一德戰一英。以一美戰一日。勝負之數。蓋未可知也。英海軍雖常足以敵二國。而屬地棋布。備廣力分。若『德之將來在於海上』。德皇則既昌言之。且寤寐求之。德人應用科學之能。度越他國。其海軍日進不已。今方集中於北海。意欲何爲。萬一德能仆英於海。則其視英之陸軍。若拉朽索耳。此德有可勝之道也。日本二十年間。三戰三勝。其銳固不可當。然今世戰爭。以金爲彈。以銀爲藥。美之富力十倍日本。但能持久。則可以毋戰而使日成枯腊。此美有可勝之道也。吾故曰以一敵一。勝敗之數。未可知也。然今日事勢。必無以一敵一之局。而兩造各有三四國。在勢既萬不可避。則以德美之海軍。其足以敵英日之海軍乎。英海軍常標準二國。合以日則力敵三國矣。以二敵三。烏見其可。況英夙爲海軍國之祖。而日又積累次之經驗。其戰術度越尋常乎。美海軍若鏖滅。則不惟檀香山菲律濱聽日人取攜。而短小精悍之日本陸軍。一旦在舊金山登陸。以與美國孰冰嬉戲之民兵相遇。其猶猛虎之入羊羣也。況英之加拿大。更議其後乎。德在歐洲。助之者惟奧意。奧意孱國也。所助幾何。德陸軍雖雄視全歐。然其地則四戰之衝。無險可守。俄法起肘腋。亦師子身中之蟲也。已若是乎。德美與英日之戰。英日勝算十之六七。而德美勝算不過十之三四也。我欲藉德美之强以爲我庇。德美不爲我戰耶。則庇我不過虛語。其爲我戰耶。且恐一戰而遂失其所以爲强。然則我所獲於同盟者果安在。吾之愚實無以測之。

論者或曰。夷狄相殘。中國之利也。我若能以聯盟之故。嗾德美奧意與俄法英日而鬭之。吾因作壁上觀以乘其敝。其或有意外之獲。雖然。此迂生之嚽言也。吾固言之矣。今日事勢。經强國一次協商之後。而弱國之位置必一變。經强國一次戰爭之後。而弱國之位置亦必一變。今日我國所以能幸延殘喘者。恃各國之憚於戰爭而和衷協商。又非易易耳。戰端一開。則吾之運命定矣。謂余不信。則日俄之役之與朝鮮。其前車也。吾請更不憚詞費以說明之。今茲倡同盟論者。豈非欲以撓英法俄日之協商耶。今且假定一前提曰。四國協商欲以瓜分我。徒梗於美德而未得逞也。若夫一戰之後則何如。德美而敗耶。則作梗者去。四國爲所欲爲。我亡無日矣。夫我既與德美同盟。則不願德美之敗。不待問也。然則德美而勝又何如。人有恆言。古今不乏義俠之人。古今從無義俠之國。從井救人。摩頂放踵以利天下。在人道中固爲難能可貴。自薄而厚其鄰。國際道德所不許也。今美與德方有所覬覦於我。其所以噢咻我者。無所不至。我倚之不啻慈母也。殷鑒非遠。盍一念甲午以後團匪以前俄人之所以噢咻我何如矣。持同盟論者必曰。德美殆非俄比也。則吾請與一讀腓力特列大王之遺詔。請與一讀四十年來歐洲外交史。觀柏林會議之事實。考三國同盟成立前後之掌故。則德國所謂義俠者何如。可以見矣。吾請與一讀近五年來盧斯福之演說集。請與一讀今年塔虎特所下於國會之教令。則美國所謂義俠者何如。可以見矣。夫吾非敢謂他國國際上之道義能優於美德蓋狡焉思啓何國蔑然顧吾國人必欲謂美德國際上之道義優於他國。而尤恃美之必不我謀。此其愚直等於黷貨之虞公而已。而其尤鄙悖者。乃至謂美為共和政體尊重人權。國均是亡毋寧隸美。此又如朝鮮人自謂合併日本後將成為一等國民也。嗚呼安得此不祥之言哉。是故持同盟論者。不過望同盟國之能為我一戰也。望其戰而勝也。及其戰而勝。而吾旰食之日方滋矣。

吾固言今日我國所以幸延殘喘者。恃各國之憚於戰爭。而和衷協商又非易易。雖然。我國若一旦與他國結同盟。則此局將立破。何也。我國與他國結同盟。進焉可以挑撥各國之戰爭。退焉可以促各國協商之大成也。夫使其同盟而非攻守同盟耶。則效力甚薄弱。殊不能為我助。結之何為。（持同盟論者或多主張非攻守同盟之說果爾則直是兒戲更無可駁之價值矣）使其為攻守同盟耶。則以我現在之兵力。既不能助人攻。復不能助人守。同盟國則何所得於我。其所得於我者。則必其戰爭前或戰爭中予彼以種種地勢之形便及軍食之供給而已。夫德美之思一逞於東方。匪伊朝夕。其不敢發者。徒以地利之不如人也。一旦得此。則蹶然以起。亦意中事。而全球振古未聞之大會戰。交綏遂始。而我亦隨而陷於旋濤。我獨何求。乃無端而與英法俄日四豪結不解之讎乎。所謂以結同盟之故挑發各國之戰爭者此也。雖然。戰端之開。或未必如此其易易也。我以結同盟之故。予同盟國以軍事上生計上或政治上種種之特權。非同盟國必妒之。妒必爭。爭則戰機迫矣。而當戰機將開未開之一刹那頃。若韓魏之肘跗相接以謀智伯。幡然一念。謂吾儕何苦緣此區區投地之骨。以致六七國數萬萬人肝腦塗地。不如宰割而烹之矣。則協商自茲始矣。夫今日德美所以不加入四國協商之列者。徒以四國協商各尊其既得權。而德美之既得權。未足以饜耳。既已同盟。則新得者將不劣於彼四國。而協商之結果。可以無偏枯。而各得所欲以去矣。所謂以結同盟之故促各國協商之大成者此也。

夫列强戰爭也。列强協商大成也。皆即我國滅亡之日也。而結同盟兩足以致之。吾故得下一斷語曰。中美同盟論中德同盟論。皆亡國之言也。

九　中國今日之外交方針

我國大一統久矣。環列皆小蠻夷。文化心計。遠出我下。我視之蔑如也。故以夷攻夷一語。實爲我國千年來外交術之金科玉條。近數十年。與羣雄並立。情勢稍異。乃出春秋戰國時之舊思想。欲爲優孟衣冠以扮演之。則遠交近攻一語。又其枕中祕也。近世以外交界英物爲天下所指目者。無過李文忠。文忠一生得力。舍此二語無有也。然其效則既可覩矣。前乎文忠者。則英法聯軍之役。俄人虛言相助。而坐得烏蘇里江東北數千里地。痛毒至今矣。緬甸之役。勸緬人引法自衛。而緬爲墟矣。文忠之當國也。朝鮮琉球之役。日思嗾英美以制日。而卒無效。甲午之役。不忍於一敗之辱。重賂俄以圖一洩。蓋人當困心衡慮之既極。往往不惜倒行逆施。以珠彈雀。殺子救飢。文忠之賢。顧不免乎。而金甌一缺。不可復完。以有今日。文忠一誤矣。今日寧堪再誤耶。夫投骨於地。羣犬爭焉。以縱橫捭闔之術。操縱其敵。此亦外交家之通義。至今未或能外者也。雖然投骨嗾犬可也。割臂飼鷹不可也。何也。所投者物之骨。而所割者吾之臂也。昔俾士麥與文忠齊名者也。其雄才大略。好謀善斷。兩公蓋相類。然俾公之憚法而思聯奧也。其於柏林會議。舉坡士維亞赫斯戈維納以畀奧人。坡士維亞赫斯戈維納者何。突厥之地。俄人慫恿其作亂。經俄突戰爭之後。將攘爲己有者也。而俾士麥以之市恩於奧。此投骨之說也。文忠之憎日而思聯俄也。乃舉祖宗發祥之地以畀之。此割臂之說也。今之持同盟論者。其技果能有進於割臂乎。吾竊惑之。抑李文忠之聯俄也。猶曰吾用吾縱横之術也。今之持同盟論者。則何足以語此。質言之。則倚賴心而已。不自愛而冀人之吾憐也。不自立而望人之吾庇也。自古及今。以此亡其國者。不知幾何姓矣。其在近世則波蘭也。緬甸也。波斯也。朝鮮也。當其始託庇於一國。曷嘗不自以爲安國家定社稷之遠猷。及其既入笠。從而招之。則永世不能以自拔。嗚呼。其毋使後人而復哀後人哉。

嗚呼。外交之難也久矣。而在今日爲尤難。蓋國際無道德一語。幾成爲世界之公理。機械變詐。排擠傾軋。狠心辣手。恬不爲怪。所謂大外交家者。蓋日日以賣人爲事。而被賣者猶且德之。及自覺其被賣。則已無及者。比比然也。此豈必徵諸遠。卽如現存之德奧意同盟。意大利蓋純爲俾士麥所賣。意人以此同盟之結果。所得者惟財政之窘迫。商業之彫敝。而同盟保障之利益。絲毫無可見。意人悔之。不能追也。又如最近奧大利之併呑坡士維亞赫斯戈維納。其宰相埃連達公然賣俄之外相伊斯倭奇。不以爲恥也。其他事實類此者。尚不可枚舉。蓋外交家之視人國也。不以爲一人格。而以爲供己手段之一目的物。質言之。則外交家者。以互相賣爲專業者也。所謂並世外交界四俊物。雖謂之爲人類中之四大毒虺可也。互相賣。而孰則爲能賣人者。孰則爲被賣於人者。則視其眼光之遠近。伎倆之高下。趨機之敏鈍以爲斷。羣毒交處一室。一噴氣皆足以殺人。而毒與毒或相遇而相消。而其博禍乃全中於馴善之輩。昔人有言。人心險於山川。難於知天。天猶有春秋冬夏旦暮之期。人者厚貌深情。又曰。世路險巇。一至於此。太行孟門。豈云巉絕。今世外交現象當之矣。試問我國今日當外交之衝者。爲何等人物。其與當世各國外交家相較，能否比其萬分一，而乃云欲操縱他人利用之而收漁人之利於我，寧非夢囈。此如恆思叢神與悍少年博，其不至枯悴以死焉不止也。（戰國策秦侯謂昭王曰：亦聞恆思有神叢與？恆思有悍少年請與叢博，曰：吾勝叢，叢借我神三日；不勝叢，叢困我。乃左手為叢投，右手自為投，勝叢，叢借其神三日，叢往求之，遂弗歸，五日而叢枯，七日而叢亡。）而尤下愚者，乃至欲布腹心而託焉以自庇，此如獨坐窮山引虎自衞，其不至終為所搏噬焉不止也。

（說明一）柏林會議之役，俾士麥以處分周尼士之權，兩許諸法意二國，以挑其爭（此即投骨於地之術也），因以恐脅意大利，使黨於德以敵法，實則三國同盟在意無絲毫之利。一八八六年（我光緒十二年，即德意同盟成立後之第四年也）意相羅比倫告議院云：『結盟以後，吾國徒增陸戰之危險，而海戰又曾不得保障。』自悔被賣情見乎詞矣。且意國當同盟前（一八八二年）負債不過一億二千七百萬佛郎，同盟後（一八八五年）驟增至二億一千二百萬佛郎，又以法意商約變更之故（德意同盟之結果也），其影響直接及於意國市場，前此自意國輸出於法國之額四億六百萬佛郎，忽減為二億千八百萬佛郎，意人至是大悔之，然既已結怨於法，遂不能不倚德以自固，卒為所劫者二十餘年，此如張儀詐楚懷王使絕齊交也。直至一九零六年（光緒三十二年），法意之猜嫌漸釋，意人與法結協商，然後意乃漸始脫德之羈軛，三國同盟之效力今漸減矣，然形式猶未能脫離也。一著不慎，禍延數世，有如此者。

（說明二）一九零八年（光緒三十四年），奧國突然宣言將坡士維亞、赫斯戈維納二國合併於己。此二國本為聖士的布那條約（俄土戰爭後兩國所結者）俄人所已得之權利，經柏林會議認為奧之保護國，實俾士麥賣俄之結果也。此次奧人合併二國，且承認布加利亞之獨立，而反對英俄所提之馬基頓改革案，出以迅雷不及掩耳之勢，將柏林會議之載書，視同無物。當其合併宣言之前一夕，俄國外務大臣方在奧境浴溫泉，與奧相埃連達尚與之會晤談笑如平時。及明日而宣言已布全球各國。莫不驚奧相之譎。而又歎其敏也。蓋全由德人爲之後援云。今世外交家之口蜜腹劍。大都類是也。

（說明三）近世外交家之日以相賣爲事。其例不遑枚舉。如一八六七年。（同治六年）英相的士黎里。以術愚法人。一夕而盡買收蘇彝士運河之股份票。又如柏林會議時。（一八七八年我光緒四年）俾士麥外而若處處左袒俄國。（其時俄普奧三帝同盟尚存立俾士麥常語俄以同盟之誼引之甚親）結局乃盡奪其權利以予奧。致俄之緇衣宰相俄爾查哥夫引以爲畢生大恥。又俾士麥既賣俄以成德奧同盟。及盟約既訂。又賣奧而私與俄結密約。誓言德決不發難攻俄。（茲事甚祕十餘年世無知者及德今皇嗣位俾公免職其事乃無端發露）又如光緒十年日本將朝鮮償還四十萬圓退還。（此事與美之退還我償款絕相類）未幾卽有派兵突入朝鮮宮城之事。又如光緒二十一年日本駐朝鮮公使三浦梧樓。忽結朝鮮逆黨。弒其閔妃。而日本政府旋將三浦逮捕以謝天下。最近則如德國忽出英俄之不意。借款與波斯。（今年事）凡此之類。機變之巧。殆無所不用其極。其對於我國。則如前此俄人乘英法聯軍之役。（咸豐七年）甘言相誘。割我數千里之地。日本欺我無國際法上之智識。與我結天津條約。（光緒十一年）爲後此吞韓之預備。俄法德乘我甲午之敗。索還遼東以市恩於我。而德人旋據膠州灣。俄人旋據滿洲全境。我之受創。已非一次。皆由我闇於情實。爲人所賣也。今豈有異於昔所云耶。

（說明四）並世所謂外交界四傑物者。一英國外務大臣格連。二俄國外務大臣伊斯倭奇。三奧國宰相埃連達。四法國外務大臣卑涉爾也。或益以日本之小村壽太郎。而稱五傑焉。德國則其皇帝雖不徒以外交著。然其外交手段。趨時若鷙鳥之擊。舉世莫不畏之。所謂江山如畫。一時多少豪傑也。其爲術殆如西方眩人。不可方物。而其所以謀人家國者。若矰繳彌天。坎阱徧地。一觸之立且隕絕。而還觀吾國當折衝尊俎之任者。果何等人耶。以一飄蕩游魂。而與百千之牛鬼蛇神相遇。耗矣哀哉。

然則今日我國之外交方針當何如。我國今日雖積弱矣。然使有非常之才以當外交之衝。則離間羣雄以自益。豈曰無術。彼維也納會議初開時。法國正當大敗之後。而其使臣達里蘭。乃能操縱英俄普奧四雄若弄之於股掌之上。此前事之師也。雖然。此其人固可遇而不可求。抑其術又非可先事相告語。不得已而思其次。則亦惟效英國前此所謂名譽之孤立而已。蓋我國今日所處之地位。（第一）當保列國連雞不並棲之勢。毋使得協以謀我。（第二）當持五雀六燕之均衡。毋使爭我之兩造有一焉獨能得志。是故吾之外交方針。以云進取則宜離間。以云退嬰則宜中立。若倚於一造。而以身爲彼造之的。則計之拙無過是者。吾之力排同盟論。吾豈好辨哉。吾不得已也。

抑古之從政者。貴周知四國之爲。國於今日之天下。苟爲國民者。對於世界大勢無相當之常識。猶將不足以自存。而況於秉鈞當軸者乎。今我國自外務部以迄駐箚列國之使館領事館奉公於其間者。當不下數百輩。試問能有國際公法上之智識者幾何人。能有現行條約上之智識者幾何人。能有近今外交史上之智識者幾何人。夫雖有常識。而舉而措之以致於用。猶賴相當之才能。若並常識而無之。則安往而可。我國人今日誠知外患之可以亡國。而思爲補牢之計乎。則盍於改革外交機關淘擇外交人才之法。一厝意焉。而不然者。靡論其所獻之策非策也。即有良策。一施行則僨張而已矣。

凡欲爲國家建一政策。必當衡審事理。而毋或驅役於感情。當爲百年久遠之謀。而勿作得過且過之計。言必慮其所敝。行必極其所終。凡百皆然。而外交亦其一也。是故施政之有方針者。如縣誠陳。則不可欺以曲直。如量誠立則不可嘗以長短吾自審吾國現在之位置若何將來之祈嚮若何先定一欲至之地而愼擇乎所以致之之途苟誠求焉將必有當大策既建則果志毅力以期其成有障礙則曲折以赴之可也有搖撼則鎭靜以持之可也若無方針者則異是自始未嘗爲有意識之行動也持一議而不審究其始卒舉一事而不逆計其流變樹一策而不擘析其條跗爲外境界風所激刺忽焉有所舉措激刺者轉其方嚮又旁皇無所爲計矣爲險艱困衡所逼迫貿然有所蠕動逼迫者弛其程度又疲薾不能自振矣今日中國之政治現象何一非此類耶卽以外交論二十年來國人心理之變遷蓋不知幾何度矣就中團匪禍作前後數年間若飮狂泉可忽深論甲午乙未間聯俄聯英之論大昌爲防日也壬寅癸卯間聯英聯日之論大昌爲防俄法德也今則聯美聯德之論大昌爲防英法俄日也實則所以爲防者曷嘗一奏效而所以爲聯者則一失而不可復耳嗚呼是亦不可以已乎

十　外交與內治

吾所以主張名譽孤立之外交政策者凡欲以保現勢而利用之以圖整頓內治而已蓋以列强戰爭之不易而協商又難期於大成故吾猶得及此閑暇臥薪嘗膽以求一脫競爭客體之地位進而至競爭主體之地位非謂人之暫時不能逞志於我而我遂卽安也夫英德之不兩大既洞若觀火其戰機之伏於五洲各地者殆徧吾卽無所以挑撥之而終懼必有爆發之一日一發則我爲池魚之殃必矣況今日全世界之生計舉以我爲尾閭而我之內治含有無量數擾亂之種子能致全世界於臲卼不安之域及夫土崩瓦解之象既已暴著則列强勢將不得不各捐小嫌共握手言誓以謀我此其事豈在遠五稔之內將見之矣我國民而不急起直追以改良內治

之組織也則外交雖有良策亦爲多言也已耳

（附言）吾之此論與時賢所倡導頗有異同非好爲立異心所謂危不敢默耳雖然吾所居者日本也而日本則最忌我與美同盟者也蓋其思所以妨害之破壞之者無所不用其極焉吾知國中意氣用事之輩覩吾此論或有疑爲黨於日而受其嗾使者雖然吾敢以一言正告國人曰某雖不肖固猶是人也非禽獸也賣國以求容悅於人尚非所忍出且某居東十年言論行事與天下共見平昔對於此邦人所以謀我者曉音瘏口以爲國人告非止一再國人當能記憶之今必信誓旦旦者非懼人之以此譏我期勿以有所疑而廢吾言耳嗚呼甚矣進言之不易也吾國人有聽言之餘暇者既自不得一聽言者又蔽於意氣之私什而八九焉方侈談輿論政治而言論自由之見壓迫乃較昔更甚匪獨政府也民間亦有然不見數年前之立憲論革命論一二年內之借債論與拒款論乎一語未終拔刀相向者往往而見也夫天下事利害固有兩端類各能持之有故言之成理而權輕重於利害相衡之間則見仁見智存乎其人彼所見而勝於我耶我宜降心以從之彼所見而不逮我耶我宜强聒以喻之若彼此終不能棄其所信則各堅持之可也申辯之可也立憲國之常有兩政黨對峙豈不以此耶若理屈於人而欲以力取或爲蜚語以中之則賤丈夫之行耳豈所望於士君子哉我國民而欲爲立憲國民也欲覩輿論政治之成立也則立言與聽言之間其亦思所以自處矣因草此文輒述所感如右

著者識

國會開會期與會計年度開始期

自明詔渙降。定以宣統五年召集國會。雖未足慰薄海徯蘇之望。而宣統五年之必有國會。萬無反汗之理。斯則五尺之童所能知矣。故吾於國會開會期欲有所商榷焉。

今資政院以每年九月初一日開會。十二月初一日閉會。其所以必采用此期限之故。立法者未嘗明言。就鄙見臆度之。大抵以正月初一日爲一年施政之始。資政院先期三月將各事議定。一交新年。即便施行也。此制度驟視若甚適當。然按諸實際。則將來國會開會期應否沿用之。是不能無疑。

第一　爲議員方便起見。此時期果適當乎。人民之參預國政。固爲一種應享之權利。同時亦爲一種不可辭之義務。當議院開會時。則屏棄百事。而夙夜在公。議員之職也。而國家之所責望於人民。當視其力之所能任。今資政院欽選議員。全屬官吏。其民選者。亦强半在京師有職業。故於生計季節關係至薄。一年中無論何時。皆可責以此等公務而不爲虐。若將來國會成立。則各省所選出之議員。其屬於農工商社會者。當不乏。而自九月以迄歲終。正農工商家事務最繁劇之時。（農家則十一月後稍可休息工商家又以其時最忙也）即尋常士紳。歲晚人事。亦所不免。勢必於會期方半。紛紛告假。而最重要之議案。必將以草草了事。非所以鄭重立法權也。（凡重大之議案每於會期之末始議決此各國議院共同之現象也此非有法律上之理由不過鄭重其事幾經審查宣讀乃開議耳即如今年資政院之對於預算案亦至會期之末乃付決議是可證也）故即此一事。而現在會期之不適。固已甚明。

第二　爲與諮議局聯絡起見。此時期果適當乎。我國將來國會之職權。有與他國絕異者一事。他國國會。皆禁與地方議會公文往復。我國則不能援以爲例。蓋我國行省制度。爲各國所無。督撫之地位。不能與他國之地方行政長官同視。諮議局之性質。自不能等於他國之地方議會。故既行資政院章程。其第二十二條至第二十四條。即規定資政院與各省諮議局之關係。將來國會。此規定亦萬不可缺明矣。然據吾所見。以謂欲謀此兩機關之聯絡。則以諮議局閉會前後國會銜接開會。最爲合宜。其故當別著論明之今避蔓衍不先及果爾。則國會若九月開會者。諮議局必當於六七月開會。其與次年度相隔太遠。其不適益不俟論。而現在會期之不適。亦從可知矣。然此猶細故也。其最重要者。則第三爲與會計年度銜接起見。此時果適當乎。欲答此問。則又有一應先決之問題。卽會計年度開始期問題是也。而欲解決會計年度開始問題。以次及國會開會期問題。則左方所列諸原則最不可忽也。

一　會計年度。當以國庫收入租稅最豐時開始。而國稅徵收期恆爲國中產業季節所限。

二　預算之編製期與其施行期萬不可相隔太遠。

三　立憲國之預算編製旣竣之後。仍必須經議院之議決。乃能施行。故爲編製期與施行期接近起見。則議院閉會期宜與會計年度開始緊相銜接。

吾國前此無所謂預算。自無所謂會計年度。度支部及各省收支款項。動則轇轕至數年十數年。曾不得一結束。其棼亂之狀。可無論矣。今旣辦預算。則會計年度。勢不得不劃淸界限。自每年某月某日起至每年某月某日止。定爲此一年預算案施行有限之期。此卽所謂會計年度也。而今者我國人語及會計年度。輒曰自元旦以迄除夕。是爲一年。豈復更有疑問之餘地。不知此大誤也。無論何國。其國庫所支銷。一年之中。總以會計年度初開始之一兩月爲較多。此普通之現象也。而立憲國之公例。本年度國庫所入。必適以供本年度所支銷而止。不許多有所贏餘。苟當會計年度開始後。而國庫經數月尚無所入。則所恃以爲挹注者。不外由度支部發短期債券之一法。度支部短期債券日本所謂大藏省證券也而此種短期債券所發過多。不惟國庫坐耗其息。抑易釀行政之腐敗。言治者蓋深以爲戒焉然則年度開始後一二月間國庫宜即求多有所入此事理之順序也而國庫所入以租稅爲大宗租稅所入以直接稅爲大宗然直接稅之爲物常爲金融季節所左右不能先期妄徵者也（間接稅亦受金融季節之支配但不如直接稅之甚）例如田賦當於禾稼登場後收之營業稅所得稅等當於商界結帳期後收之反是則病民矣是故不能强改徵稅期以就會計年度惟有斟酌會計年度以就徵稅期故英德日本等國皆以四月初一日爲會計年度開始期美意葡墨等國皆以七月初一日爲會計年度開始期惟法國今尚以元旦迄除夕爲一會計年度而彼中政客學者攻難不已行且改正矣（上所舉皆指陽曆）凡此皆斟酌於本國金融季節而劑其宜也以吾所見則謂我國宜以六月朔至次年五月晦爲一會計年度（若改用太陽歷則以五月初一日開始可也）若會計年度同於歷年則吾期期以爲不可也請言其理夫吾國租稅所入以田賦爲大宗徵收田賦之法以六月爲上忙以十月爲下忙故非至六月以後則國庫不能得一文之田賦此盡人所同知矣他日改正稅法則營業稅所得稅等諒須增設而此等稅之徵收宜在商界結帳期之前後我國商界慣習通以端午中秋除夕三節爲結算期此種稅亦宜隨此季節分三期徵收而亦皆在五月以後即海關稅及國內消費稅等其旺盛之期亦率皆在四五月以後蓋國家之取於民恆取其資本所殖之贏而春季方爲投下資本之時殖贏必待夏秋此至淺之理也今若以元旦爲會計年度之始則最初半年間國庫每月所入恆不過其所支者什之二三其餘不得不乞靈於度支部短期債券即以現在歲出之數計之（宣統三年預算歲出三萬萬四千餘萬兩）大約此項短期債券已須發至一萬萬五千萬元內外所虧之息最少亦須三四百萬元況將來歲出日加而此項債券又隨之俱加耶而其間接釀行政之腐敗者益無論矣故吾謂中國而欲得正確之預算必當先定會計年度必當以現曆六月初一日或陽曆五月初一日爲開始

期。稍有常識者。當必信吾說之不誣耳。

既定會計年度開始期。則國會開會期可得而繼論焉。

夫國會最重要之職權。非在其協贊預算耶。預算經國會協贊。即爲成立。而有司可奉以爲施政之鵠固也。雖然。預算之成。非獨成於協贊時也。前乎協贊者有提出焉。前乎提出者有編製焉。前乎編製者有編製準備焉。考各國編製預算之次第。大率在國會開會前六七個月。先由各部大臣編成翌年度本部歲出概算書。照會度支部大臣。（第一著）度支部大臣於接照會後一個月以內彙集之。爲歲入歲出概算書。提出內閣會議。（第二著）內閣於半個月以內將應許應裁之費分別照會各部。（第三著）各部於接照會後一個月以內編製本部經費要求書。照會度支部大臣。（第四著）度支部大臣根據各部要求書編製總預算。提出於內閣。（第五著）經內閣會議定之。提出於國會。（第六著）蓋於提出國會以前。其所以造此預算者。如彼其繁重也。萬不能不假以時日。故總預算決定之時。即前所舉第六第五著與開始施行之時相距最短者。猶四五個月。蓋中間必須經國會議決之一階級而國會會期大率三個月此間隔萬不能免也若非立憲國則閣議決定後即可施行爲道自捷而前此之準備。亦須兩三個月。此不可避之數矣。夫預算云者。立夫事前以逆料事後也。事前逆料。雖明哲固難。以悉中。而距所料之事較近。則其命中也尚較易。距愈遠則愈難。故凡言理財者。恆務竭其力所能及。以縮短預算編製期與施行期之距離。法國學者士緇廉。嘗痛嘆其國編製預算與施行預算相隔之期太遠。法國率以前兩年編製後兩年之豫算謂似此制度。則度支大臣雖有才識無所施。雖忠誠亦爲所掩。非過言也。而在立憲國國會協贊之一階級。既萬不能免。則惟有使預算編製告竣之期與國會開會期緊相銜接。而國會閉會期與會計年度開始緊相銜接。斯爲最當。資政院之以九月開會十二月閉會。在立法者之意。殆欲以元旦爲會計年度開始期。則所規定誠爲適當。然元旦開始。事實上萬不可行。既已若彼。若吾所主張六月朔日開始之說不謬。則國會開會期必應在三月初間。其理蓋不煩言而解矣。若如今制以九月朔日開會乎。則預算之編成總須在七月以前。蓋中間必須有一月爲內閣會議決定之餘地也。距施行期十一個月矣。而各部大臣之調製概算書。必須在四月以前。距施行期十四個月矣。不特此也。我國歲入歲出之大部分皆在各行省。故我國將來爲編製預算之準備。不獨當由各部提出概算書於度支部也。而各督撫提出概算書。尤爲重要。而經閣議後各費之應留應減。尤須分別與各督撫磋商。此中更大費時日。故他國之準備時期三個月而已足者。我則殆當倍之。此事實爲將來極難解決之一問題。其中障礙甚多。不止此一端也。吾將別爲專篇論之。則距施行期且十七個月矣。夫十七個月間。人事變遷。安可紀極。欲得正確之預算。雖管桑殆無術能致。其究也必至陸續提出無數之補加預算。或別設多額之預備金而已。然此皆足以釀行政之紊亂。損立憲之精神。故可已則吾欲已也。由此言之。則我國國會必當以二三月之交爲開會期。殆無疑義矣。

（附言）現資政院開會期定以三個月。蓋採日本議會之制。然日本議會會期。比較歐美各國。號稱最短。彼中學者多有違言。我國土地人民十倍日本。政務自不得不視彼爲繁。況我國會尚有與諮議局之關係乎。今茲資政院會期屆滿。而重要議案十未了一。雖其他種種原因尚多。而會期失諸太短。亦其一也。然則將來國會會期。似不可不加長。果爾。則開會之期。又當加早。要之閉會期與會計年度開始緊相銜接。實爲不易之原則。若會期定爲三個月。則當以三月初開會。定爲五個月。則當以正月初開會。他可類推。

由是而各省諮議局。可以每年正月或二月爲開會期。與國會會期略相銜接。則不相妨而能相濟矣。各議員則於新年歡聚以後。辭鄉井。朝京師。溽暑將臨。則休暇歸省。此所謂事理兩順。公私咸洽者也。

吾說若可採。則宣統五年春。卽爲國會遵旨成立之期。而宣統四年春。卽當有事於選舉。何也。我國輻員寥廓。必須總選舉完竣後四五個月開會。然後邊遠省分議員乃能應召。故選舉完竣。最遲必當在宣統四年八九月間。而諮議局現用複選制度。將來國會諒亦從同。初選約當在複選前五個月舉行。故宣統四年三四月間。初選必當開始也。

然則選舉法議院法。殆皆不可不以宣統三年上半年頒行。而此等重要法典。例須經資政院議決。今資政院閉會在卽。爲之奈何。曰資政院之開臨時會。蓋萬不容已矣。

讀日本大隈伯爵開國五十年史書後

右日本開國五十年史二卷六十二編。編一開國五十年史論。伯爵大隈重信著。編二德川慶喜公回顧錄。伯爵大隈重信著。編三帝國憲法制定之由來。公爵伊藤博文著。編四開國事歷。島田三郎著。編五明治之外交。伯爵副島種臣著。編六帝國財政。伯爵松方正義著。編七陸軍史。公爵山縣有朋著。編八海軍史。伯爵山本權兵衞著。編九政黨史。法學博士浮田和民著。而伯爵板垣退助。伯爵大隈重信審定焉。編十法制史略。法學博士富井政章著。編十一法制一斑。法學博士鳩山和夫。阪本三郎合著。編十二自治制度。法學博士清水澄著。編十三警察制度。男爵大浦兼武著。編十四監獄志。法學博士小河滋次郎。留岡幸助合著。編十五交通及通信。男爵前島密著。編十六遞信事業。男爵田健次郎著。編十七鐵道誌。子爵井上勝著。編十八海運業。近藤廉平著。編十九本邦教育史要。伯爵大隈重信著。編二十。明治教育史要。侯爵西園寺公望著。編二十一。教育瑣談。子爵田中不二麿著。編二十二。高等教育。男爵文學法學博士加藤弘之著。編二十三。民間教育。法學博士浮田和民著。編二十四。商業教育。法學博士天野爲之著。編二十五。女子教育。成瀨仁藏著。編二十六。歐洲學術傳來史。大槻如電著。編二十七。數物學。理學博士櫻井錠二著。編二十八。博物學。理學博士箕作佳吉著。編二十九。醫術之發達。醫學博士青山胤通富士川游合著。編三十。醫學及衛生。醫學博士三宅秀著。編三十一。神道與君道。久米邦武著。編三十二。儒教。文學博士井上哲次郎著。編三十三。佛教。文學博士高楠順次郎著。編三十四。基督教。本多庸一山路彌吉合著。編三十五。哲學思想。文學博士三宅雄二郎著。編三十六。泰西思想之影響。法學博士新渡戸稻造著。編三十七。新日本智識上之革新。法學博士橫井時雄著。編三十八。明治文學。文學博士芳賀矢一著。編三十九。美術小史。正木直彥著。編四十。音樂小史。東儀季次著。編四十一。國劇小史。文學博士坪內雄藏著。編四十二。政論界之新聞紙。福地源一郎著。編四十三。新聞雜誌及出版事業。鳥谷部銑太郎著。編四十四。農政及林政。農學博士酒匂常明著。編四十五。水產業。村田保著。編四十六。鑛業志。古河潤吉著。編四十七。工業志。鈴木純一郎著。編四十八。織物志。川島甚兵衛著。編四十九。染織業。高橋義雄著。編五十。銀行志。男爵澁澤榮一著。編五十一。會社志。男爵澁澤榮一著。編五十二。外國貿易。益田孝著。編五十三。北海道志。農學博士佐藤昌介著。編五十四。臺灣志。男爵後藤新平著。編五十五。慈善事業。三好退藏著。編五十六。赤十字事業。男爵石黑忠德著。編五十七。都府之發達。尾崎行雄著。編五十八。風俗之變遷。文學博士藤岡作太郎著。編五十九。社會主義小史。安部磯雄著。編六十。日本人之體格。英人埃爾溫伯著。編六十一。國語略史。藤岡勝二著。編六十二。開國五十年史結論。伯爵大隈重信著。都凡六十二編二千二百餘葉。百三十餘萬言。分任著述者五十餘人。而大隈伯實總其成。自草創以迄殺青。歷年五。爲日文漢文英文三種。頒於世。眞經國之大業。不朽之盛事也。我國自甲午以後。始稍稍知日本富强之跡。思則傚之以自廣。近十年來。則學子負笈者接踵。達官觀光者連騎。歸則以其所習所受所覩聞者。謂以施諸有政。於是日本所有者。我殆皆有之矣。雖然其擬之也彌似。而去之也彌遠。日本之所以致富强者。我襲而取之。則不得强而得弱。不得富而得貧。於是有持其短長者起。謂日本不足學。或則謂吾所固有者已足。不必求諸外。或則謂既求諸外。則與其之日本。無寧之歐美。夫吾國人所以皇皇然有求於外者。實由情見勢絀。欲已而不得已。居今日而猶欲故見自封。以終古五尺之童。知其無幸矣。若乃謂日本一切制度學藝。無一非裨販歐美。吾直求其人師。無取爲再傳弟子。此其說似也。顧吾以爲吾苟誠求而善學者。則日本已足以資我而有餘。若其不能。則事事模倣歐美。而畫虎類狗之醜態。必更甚於今日數倍。有速其亡已耳。善夫大隈氏之自序也。其論日本所以得有今日之故。則曰其間消長剝復。一彼一此。不可端倪。垂成而輒敗者有之。幾進而復卻者有之。事後論世者。乃謂中興之業。一瀉千里。殊不知旋轉回環。橫流逆行。乃始能成朝宗之勢。其策我國則曰。以余觀之。清國之宜學者神也。非形也。意也。非跡也。國各有特性元氣存焉。苟失特性。則元氣沮喪。雖有廣土衆民。無所用之。故本末輕重。不可不愼。又曰國之興也。非興於興之日。必有所由。清人觀我既成之跡。謂可襲而取。亦已至矣。大隈既歷舉其國之所由興者。及我所宜自擇者。以相詔示。而歸本於驅人者勢。用勢者人。嗚呼。可謂博深切明也已矣。竊嘗考之日本當四十年前。以區區三島。而爲侯封者數十國。各君其土。各子其民者。垂三四百年。其勢則破碎支離。而其所憑藉則根深蔕固。一旦欲撤此藩籬以歸於一。天下至難之業。殆未有過是者。此擧幸而就矣。而以此小國寡民事事已落人後。而攝於東西六七大國之間。丁數千年未經見之局。凡他國所恃以爲重者。不得不一一而步趨之。罔敢或缺。譬猶尪瘠之夫勢迫之與烏獲角力其擧鼎而幾於絕臏者蓋再四矣。準此以談。則日本之自振其艱難之情蓋十倍於我。而未有已。我國以統一之局席莫强之勢。而猶流失敗壞以至今日。使與日本易地而處。則國之爲灰燼。而民之爲沙蟲也。豈待今日哉。而今之日本顧乃若彼者。此其故豈可不深長思也。兹編所記載皆出彼都元勳碩儒自擧其所閱歷者。以資其後昆及與國之法戒。欲知日本之所以有今日。舍此殆無其途焉。詩曰。他山之石。可以攻玉。然則吾國人讀此。又豈僅爲周知四國之助云爾哉。

改鹽法議

中國鹽法之宜改久矣。千餘年來。老吏碩儒鼓舌搖筆以論其利病。著在竹帛者。高可隱人。其所說亦入出主奴。不可究詰。要之皆懲於今制之極敝而思改之者也。但所思改者或在本或在標。或擧偏或擧全。或救一時。或規久遠。此其所以異耳。夫今之鹽法非他。唐以來相沿之舊法也。雖有良法。無百年而不敝。況乃襲千餘年之舊。而所襲者又出於聚斂計臣因陋就簡者之所爲者哉。乃者司農仰屋。力竭聲嘶。於是天子愁然憂之。特設鹽政大臣。簡親賢以任其事。其或者將大有所擧措。以副天下之望。夫久養之癰。非潰決不能去毒。不調之瑟。非更張無以成聲。吾懼乎狐鼠之在城社者。其所以撓聖意必且甚力。而今玆之擧。亦將以補苴罅漏終焉。則豈惟不足以救弊。而弊且緣此而益滋。不揣檮昧。參考中外古今之制度及其學說。不爲高論。而令今可行。作爲斯議。告我大夫焉。

鹽稅非良稅也。蓋以其持民之所急而朘之。非先王子惠元元之意。而豪富之民與貧困之民。每日所食鹽略相等。則每歲所完鹽課亦略相等。其道爲厚富者而病貧者。於租稅負擔貴公正之原則大相反悖。故漢之初權鹽也。賢良文學相率廷爭指爲開利孔而梯民罪。鹽鐵論之所由作也。近世各國若英若比利時若瑞典皆廢不稅。若美若俄若葡若丹麥若那威若祕魯若紐錫蘭則惟於海關權其入口者而已。而日本自頒鹽專賣法以後民嘖有煩言。其議會頻年倡廢止三惡稅之議。鹽卽其一也。故以善良之租稅系統論之。苟有他道以充國帑之歲入。則不權鹽便。雖然鹽之爲物。雖曰人人日用飲食不可缺。然所需之量至微。其負擔之加諸民者雖創痛而非深鉅。且徵收視他稅較簡易。而所入可以至豐。故各國之理財者。猶多樂采之。若我國則管桑以降行之垂三千年。其歷史上之根柢甚厚。民習而安之也已久。其不必議汰滅蓋無論矣。然又以其性質本爲惡稅之故。立法者當益加兢兢。務令上可以裕國。而下不至厲民。知此意。乃可與語鹽法矣。

今之置大臣以整頓鹽法也。凡欲以救國帑之窮而思有所增益也。惟吾之爲此議也。亦欲以救國帑之窮而思有所增益也。惟然。故吾有亟欲研究之一問題。曰我國若以良法整頓鹽課後則國帑所入當增益於今日幾何。此可以比例於各國展轉而求得之者也。考各國鹽稅所入德國二千七百餘萬元。法國一千三百餘萬元。意大利三千一百餘萬元。日本二千三百餘萬元。就中惟意國收稅太重。當別論。其餘各國所稅。尚不爲厲民。而所得乃若彼其巨。夫鹽之爲物與他物異。每人所食日有一定。不能加多。各國之民大率相等。但使其稅率相若。則收稅之多寡。恆與民數之多寡成比例。彼德法意日諸國。其民數大率僅當我十之一。故我若采用某國稅率。則所入約當十倍於其國。比事理之至易明者也。

謂余不信。請更精算以畢余說。法當先求得每人每年平均食鹽若干。而以民數乘之。則所應課之總量可得矣。

據各國統計表。荷蘭每人每年平均食鹽十七斤。日本十六斤。法國十四斤。德國十三斤。意大利十一斤。內惟意大利因稅太昂。故食者特少。其餘各國。則不甚相遠。日本在臺灣初行鹽專賣時。預算每人十五斤。後經累年比較。則實十三斤十兩有奇。（日本每斤約當我十五兩六錢以上所列統計皆據東籍故其斤當以此為推）今綜各國之比例。而取其中數。則我國每人每年平均食鹽以十三斤起算。其數當不甚相遠。（或疑每人每年食鹽十三斤未免過多者不知各人於直接食鹽粒之外如醬油醬料燻臘鹹菜鹹魚等類莫不需鹽即如肥皁牙粉乃至一切化學品莫不需鹽其數不遑枚舉此所謂每人十三斤者即綜合此等之平均數也）我國人口。據西人所調查。謂有四萬二千六百餘萬。雖未知確否。今但舉整數。以四萬萬乘十三斤。則全國每年食鹽總額。應為五千二百萬擔也。

既推得食鹽總額之大概。則當斟酌其稅率之重輕。考諸各國。則意大利最重。每百斤稅十七元有奇。法國稅三元有奇。日本稅一元半。荷蘭稅一元有奇。德國最輕。每千斤僅稅五元。我國若折其中。則俟新幣制頒定後。每百斤約稅一元半。絕不為多。蓋以較現行稅率。非加重而實加輕也。（詳說下文）而以一元半乘五千二百萬擔。則每年鹽稅應為七千八百萬元。而今也合計各省官鹽票引。不過二千八百十二萬五千擔。僅當吾所推算者十之五。每年稅釐報銷於度支部者。不過一千三百餘萬兩。其稅率重於吾所假定者。而其收入僅當吾所推算者六之一。曷為而如是。曰惟現行鹽法之極敝有以致之。

中國所應銷之鹽及所應得之鹽稅。略如前述。雖不中當不甚遠。然今日國庫所入。曾不及吾所計算者六七分之一。此其故蓋皆由為私鹽所蝕。當不俟問。而私鹽何以如此其盛。則其原因可得言焉。

一曰由稅率太高。苛捐太多。以致官鹽之成本太重也。我國鹽稅之率。雖各省不同。然試就長蘆一區論之。每引三百斤。所徵正課銀領告費銀帑利銀三項合計。共三兩四分五釐。又地費規費每引一兩八錢。此皆解部之款。

而每百斤已稅一兩六錢矣。然惟在出鹽地販賣之鹽僅如是耳。若運至他岸。則遇卡抽釐。行地愈遠。抽釐愈重矣。況課與釐皆解部者也。其督撫外銷。官吏層層中飽者。尚不在此數。嘗讀光緒三十年鐵尚書良查明兩淮鹽務一摺。言兩淮所銷鹽共八十餘萬引。而所收課釐等項合計凡千二百餘萬兩。查淮鹽以六百斤爲一引。八十餘萬引之鹽。舉大數約爲五萬萬斤。以五萬萬斤而得稅千二百餘萬兩。則每百斤所稅已將及二兩五錢矣。況官吏中飽之數。雖以鐵尚書之精明。恐亦未能盡悉。則鹽官所收千二百餘萬者。鹽商所出又豈止千二百餘萬耶。兩淮如此。他區可推。夫民之趨利。慇不畏死。今官鹽之課。如此其重。私鹽之利。如彼其厚。雖日殺一人以警之。猶不能止也。而人民之買私鹽者。亦若是矣。今各省當仰屋之時。動以加價加釐爲救急之捷法。中央政府亦不得已而許之。每加一次。何嘗不多得百數十萬。而豈知私鹽之增長。其漏卮有不止此數者乎。不然。鹽爲人生日用所必需。其銷數當與人口之孳生成比例。曷爲人口歲增於前。而官引反滯銷於昔也。故欲整頓鹽法。其第一義宜盡除釐捐規費各種名目。減輕稅率。惟平均每百斤稅一兩五錢內外。則稅項雖若驟減。然辦理得宜。不一二年而必增數倍。可斷言也。

二曰由行鹽地各分疆界。助私鹽流行之勢也。今國中之鹽。分爲長蘆山東河東兩淮兩浙兩廣福建甘肅四川雲南之十區。區各有其引地。不許相侵軼。侵軼者以私鹽論。此實我國最奇之制度。驟以語外國人。而苦難索解者也。現今各國行專賣法。他國之鹽。不准入境。則有之矣。未聞有一國之內。各割據一方以行專賣。而相視若敵國者也。不特此也。各商又自有其引地。所領之引。限銷於某府某縣。越境卽以私論。故現在所謂私鹽者。其種雖不一。然鄰私實爲大宗。故以淮鹽而論。則有所謂川私蘆私浙私等名目。其他鹽區之互相指爲私也亦然。同爲中國之產物。同納國家之正課。然在國內甲地則爲公。在乙地則爲私。可笑孰甚於是。況引地之區畫。尤極無理。有近淮而必銷蘆鹽者。有近川而必銷淮鹽者。大率由前任督撫互相爭奪。圖本省餉源一時之豐裕。而民之便否。非所計也。夫運路遠則價昂。運路近則價賤。此事之至易見者。民孰肯取昂而舍賤。此鄰私所以盛行者一也。各省課稅規費等。互有輕重。官鹽之價。因而互殊。則稅輕者易銷。稅重者多滯。此鄰私所以盛行者二也。各區鹽質不同。其製造之成本亦異。如川鹽之成本。視淮廣等鹽殆十餘倍。人民貧富不齊。有願食佳品則不嫌價高者。有願得賤價而不嫌品劣者。宜各從其所好。今乃强干涉之。此鄰私所以盛行者三也。昔唐之劉晏以善理財聞於後世。其治鹽之法。一稅之後。任其所之。史家稱爲名言。今欲遏私鹽。莫急於先掃鄰私。而盡除引地之制限。則鄰私之名目。自無從而生。謀鹽政之統一。其基礎首在是矣。（或疑不分引地恐商人避難就易則不產鹽之省其民將有淡食之虞此前人所屢以爲憂者然此實無足慮下文更詳辨之）

三曰由鹽商壟斷權利。販鹽之業。不能普及。而奸儈得因緣爲奸也。鹽專賣法。各國盛行。中國鹽政。亦專賣之一種也。然其與各國異者。各國惟官專賣而已。中國則於官專賣之下。復加以商專賣。此所謂兩重專賣也。夫所貴乎專賣者。其一固以增國庫之收入。其一又以此業利益太大。不許少數人壟斷。而朘多數人之脂膏以自肥也。中國鹽商。當嘉道以前。其豪富殆過王侯。今卽稍遜。然猶爲商界之雄。莫能與競。其所以致此者。半由獨占其業。任取高價。（試略舉鹽商所取過當之利譬有鹽一包自蘆台運至天津復自天津運至京城其成本約幾何計鹽場買價約八錢席繩等及搬至天津之脚價約共五錢天津至北京脚價約六錢此外則正課銀六錢八分六釐帑利銀四錢二分一釐領告費金一兩九錢三分八釐鹽坨費及雜捐共一兩五錢五分五釐合共費銀七兩二錢之譜而在京城發行每包價十三兩其淨利實五兩八錢也此皆小民之脂膏爲鹽商所吸者也）半由攬運私貨。隱匿國稅。夫取高價則情猶可恕。而立法以防之也亦較易。若其帶銷私鹽。而故擱官引。則爲患益深。然以世於其業之故。作弊之技。愈久愈精。社鼠城狐。去之無術。凡今所謂私鹽。由奸商假官以行私者。實什之八九。其莠民冒險盜賣者。不過十之一二。此稍明鹽政利弊者所能知也。故今日欲整頓鹽政。非剷除商之專賣權。則萬事殆無從著手也。而論者疑爲難行。則亦有說。蓋以國家握有此鹽。不便於零賣也。故必賴有批發者。而其價既鉅。易於虧欠。非擇殷商以專責成不可。此鹽商之所由有特權。而一旦革之。極多窒礙也。吾謂在前此誠不得已而出於此舉。今日則有良法可以代之。請於下文別縷陳焉。

以上所陳。是不啻將現行鹽政制度。翻根柢而破壞之。非好爲是更張。誠以積弊太劇。不如是不足以圖廓清也。舊制既已破壞。新制當謀建設。試參酌各國專賣法。擬其綱領如下。

一　凡全國之鹽。皆歸政府專賣。

二　設提鹽使司提鹽使十人。分管現在之十鹽區。每區按鹽場之多寡大小。分設一二三等鹽務官若干人。其不產鹽而距鹽地太遠之省。或酌設督運官。

三　凡製鹽人皆須按照政府所定請願書格式。呈請提鹽使批准。給以憑照。方得開業。

四　凡製鹽人製出之鹽。祇准交付鹽務官及鹽務官所指定之人。違者除追繳憑照永不許製外。仍課罰金。

五　鹽務官點收製鹽人所交付之鹽。隨即發與買價。其買價則鑑定鹽質之高下。除製造費外。每斤約予製鹽人以銅錢一文之餘利。

六　鹽務官所買受之鹽。除買價外。每百斤再加以銀一兩五錢之鹽稅。作爲定價。批發於販鹽人。如買價爲每百斤二錢者則以一兩七錢之定價批發買價爲百斤一兩者則以二兩五錢爲定價批發

七　凡向鹽務官販鹽者。每次必五百斤以上。始行交件。

八　凡販鹽者必須先繳鹽價。但以公債券作保者。准其於三個月或六個月內隨時完納。

若行此法。則私鹽之弊。可以漸絶。蓋凡製鹽者皆須領照。全國中有製鹽人若干。所製出之鹽若干。政府皆能知之。除此之外無所得鹽。則私何從出。難者曰凡鹽一經政府之手。則每千斤價漲一兩五錢。則不領照而私造鹽。或雖領照而私賣鹽者。其利甚厚。作奸犯科。豈能盡免。況如西北鹽池四川鹽井等稽查尚易。至如沿海一帶隨地可製。何從設防。是私鹽終不能免也。答之曰。此似甚有理。然未解私鹽之性質也。凡私鹽必所銷者多而始有利。若以區區萬數千斤之所贏而觸法網。愚者不爲也。今使私製者而爲少數之大鹽場乎。若鹽務官稍盡職。斷無不能發覺之理。若爲多數之小鹽場乎。積銖累寸。所得能幾。而惴惴然日在刑罰之中。誰肯爲之。夫私製之人必非能直接私賣之人也。而恆恃私販者居間以爲之轉運。私販者冒大險以營此業。非有大利則不肯爲。故其所分與於私製者之利。不能甚多。每斤銅錢三四文極矣。製鹽者苟領照之後而售所製於政府。固可以得銅錢一文之餘利。今售與私販者。利雖二三倍。然使售一萬斤。亦不過多得二三十兩耳。而其業日在危險之中。誰肯爲之。是則不領照而私製之弊。可以無慮也。若夫已領照而額外多製以私賣者。更不必慮。各國之例。其所以稽管此業之人者。法甚周密。必須依官定格式製爲帳簿。官吏隨時可以調查。其作弊甚不易。我但仿行之足矣。且此輩大率皆安分良民。既領得此照。所製出品不患不能銷售。年年可得若干之餘利。實爲最穩固之營業。今若多製私賣。其所製者若太多。則易於發覺。若甚少。則無利可圖。稍有心計者。必不肯食目前之小利而棄終身之正業明矣。且夫私鹽之來歷。果何自乎。耳食者流。以爲皆由私製之人售與私販之人也。而豈知皆由鹽官鹽吏鹽商相狼狽聚而喝國家之財政故鄰私商私船私壩私等十居八九（甚者如數年前江蘇巡撫某與鹽梟頭目相結託而中分其利私鹽安得不盛）而竈私實不及十之一二今若行此法則各種之私無從發生矣所餘者竈私之一項而已卽使不能盡絕而爲數固已有限況如上所陳並此而不足慮耶舊制之所以畫分引地固所以保護各省及各鹽商之專利亦慮僻遠不產鹽之地民苦淡食故勅令某商之引必行銷於某地亦立法不得已之苦衷也今既倣劉晏之法一稅之後任其所之得毋慮販商畏難就易轉運不周而陬谷之民常以乏鹽爲患乎余以爲此蓋不甚足慮然補救之法亦不可不講也夫民之趨利若水就下市場上苟有一物焉求過於供則此物將不遠千里奔集而補其闕凡百皆然卽鹽亦何以異是況鹽爲人生必需之品一有缺乏其價立昻價昻則販者獲利孰不趨之前此徒以有專賣商之故別人不得侵入引地故舍此無供給之途耳一旦破除此界則鹽自與普通貨物等恆應於供求相劑之率以行於各市場而何偏枯之爲患乎故曰不必深慮也但時或有意外之變運路梗塞或販賣者少易於居奇則先事調劑之方亦不可忽故宜於運路較遠之地設督運局由官運往以供該地人就近之採買此亦便民之要著也

舊制鹽價皆官爲勒定不使鹽商得爲無藝之取今若行新制尙需此乎曰可以無需矣何也前此惟少數鹽商得有販鹽之權非其人而販賣卽以私論故鹽商得壟斷以射高利民莫如何非官爲定價以保護之不可也今既人人可販苟有欲高其價以圖過當之利則買者求諸他家而彼之門乃莫或過問矣故此法行則市面鹽價常比例於官價與運費之和而稍昻其稍昻之率卽販者之利也如是安有罔利病民之患哉惟太僻遠之地小販力不能達其業常爲一二大資本家所專（如貴州廣西等省）聯行擡價之弊不可不防此則官設督運局之所以不容

已也。舊制既由少數鹽商將全國之鹽躉購。雖弊竇叢生。然國家甚省事。可以不勞而得稅也。今行此制。則零購者較多。鹽務官自不能如前此之逸。雖然。仍必有法以便躉購巨額之商人。然後其業可以日趨於盛大。然則其道何由。凡商業之性質。其資本回復愈速。周轉愈多。則其獲利愈厚。假使販鹽者能以一萬金之資本。而隨時向官局賒得二萬金之鹽。則爲利豐矣。然賒之爲道甚危險。非官局所能許也。故有一法焉。使之以公債券作擔保。將價值一萬金之公債券爲質者。則官局隨時可賒與一萬金之鹽。使以三月或半年爲期。期至繳價。則其於販賣者蓋甚便。蓋必先繳全價。則有萬金之資本者。僅能營萬金之業。且所得爲一重利息。其數甚微。以公債作保。則有萬金之資本者。可以營數萬金之業。且所得爲兩重利息。其數甚博故也。夫如是則集股以從事者必多矣。此非徒助鹽業之發達。而又以增公債之需要。實財政家不傳之祕也。數年來國中之理財者。日思募集內債。而民莫之或應。吾常言非開公債利用之途。則募債萬無成功之望。夫所以開公債利用之途者。其道雖甚多。然此亦其一矣。既行此法。則國內之鹽政大略整理矣。然其效猶不止此。比年以來。外國鹽入口日盛。俄鹽日鹽其最也。彼其鹽煉製得法。顏色潔白。品質已優於我。而內地官鹽。合正課釐金規費等項。每百斤殆稅二兩以外。而蘆鹽淮鹽等之原價。每百斤不過值三四錢。是不啻值百稅百五六十也。而入口之外鹽。率皆逃稅。大勢所趨。將滔滔然盡爲外私所攙奪。官引閣滯。無人過問。言念及此。能無寒心。今者幸而國中私鹽之數遠過於官鹽而私鹽之價又視外鹽爲尤賤故外鹽之入有所限制耳否則我鹽業久爲人奪盡矣夫我國與各國所訂條約。本有禁鹽入口之明文。特我國之行政。無一事能實事求是。故於外私之入。熟視無覩耳。今若行新制。則亦不必禁絕外鹽也。惟將此項進口之鹽。盡行由官承受。不許與吾人民私相交易。政府則將所買得之外鹽。於原價外。仍照加每百斤一兩五錢之稅。則利源自不至外溢矣。

不特此也．現在蒙古一帶．大率行用俄鹽．西藏一帶．大率行用印度鹽．若政府專賣之後．辦理得宜．可設法運往．奪回其利．又朝鮮現爲日本鹽一大市場．南洋羣島現爲印度鹽臺灣鹽所分據．我國鹽質本極佳良．徒以製造不得法．顏色黝黑．故爲外人所不喜．若加改良之後．以我國工價之廉．成本之輕．必能與日鹽臺鹽印鹽競而壓倒之．則鹽業日旺．而國家財源亦日增矣．凡此皆非改行新制後不能爲功者也．據吾所籌畫．若能得其人而實力奉行．則每年所得鹽課．總在七八千萬兩以上．視今所入殆五六倍．不惟可以抵禁煙所缺之洋土藥稅釐．卽將釐金盡撤．而亦足以抵之．而有餘裕矣．聞者猶或以吾言爲太過乎．則盍觀粵省之鹽．前此所入僅三百餘萬．而今茲由商承辦．其繳餉非千二百萬耶．夫全國之鹽區十．而粵僅居一．平均比例．則應得一萬二千萬矣．況粵商能繳餉一千二百萬者．而一切鹽官緝私之經費．尙由商出．其苞苴之不能宣示者．益不知幾何．則商之所取於民者．其必倍於一千二百萬．又可推耳．而謂政府實力整頓．合全國之所入．不能得七八千萬．吾不信也．夫商專賣法．固與吾之主義極反對．廣東此次之新制．吾所期期以爲不可也．（次號別論之）然卽此益可以證吾說之不誣．而愈以見新制之必當采也．

要而論之．鹽稅非良稅也．苟國家能有他道以得財源．則豁免之．實爲仁政．然今日之中國．則豈可以語此．既已不能豁免．則必當圖所以整頓之方．使國家獲其實利．而人民亦不致蒙其博禍．而此稅既爲最普及之消費稅．其性質與財政學所謂自然增收者相應．苟能辦理得宜．則隨人口增加之比例．而國庫之增加．不勞自獲．故其本質雖爲惡稅．而其作用則爲良稅．今中國欲整理財政．必須從此入手．此天下所同許也．嗚呼．吾謀能用與否．是則在當局矣．

夫吾之議本非有所甚難行。惟欲行之。則凡關於鹽政之官制。不可不爲根本的改革。而所以綜覈名實者。其爲事抑須甚勤。以今日吾國人惰力性充溢。而官吏皆恃舞弊爲生涯。則其出全力以尼之者自不乏人。而當道必無此魄力以行英斷。蓋可預言。然苟不用吾法則吾敢決雖百變其名目而斷無絲毫之效也。夫不能從根本以改革官制而綜覈名實。則國事無一而可舉。又豈直鹽政也哉。

（附言）往見通州張氏謇著有衞國恤民化梟弭盜均宜變鹽法議一文。其所主者。亦劉晏一稅之後任其所之之法。與鄙見脗合。但專就淮鹽立論。而於廢行鹽區域之說未經言及。且所主爲就場徵稅。與現今各國通行之鹽專賣法。其精神雖同。而方法不無小異。吾以爲欲籌全國鹽政之統一。其第一義在廢行鹽區域。此著不行。則相緣之弊終無自而除也。若夫就場徵稅。則在將來新制實行之後。人民必有集大資本爲股份公司以從事製鹽者。其時就場以徵之。固未始不可。若在今日。則大資本之場商甚稀。而製鹽者率皆朝市鹽而暮糴米之貧民。令其先出此稅。力安能逮。其勢必仍生出專賣商而已。故就場徵稅雖爲千古良法。而昔人屢倡之而總不能見諸實行者。凡以此也。吾說所以異於張君者在此兩點。質諸張君。謂爲何如。至張君之文博徵學說。按切事勢。批卻導窾。實非吾所能逮其萬一也。